세계적인 구호단체 굿윌의 감동스토리

손수레를 끄는 목사

베아트리체 플럼 지음
전소윤 옮김

생명의말씀사

손수레를 끄는 목사

ⓒ 생명의말씀사 2019

2019년 11월 29일 1판 1쇄 발행
2020년 1월 31일   2쇄 발행

펴낸이 | 김재권
펴낸곳 | 생명의말씀사

등록 | 1962. 1. 10. No.300-1962-1
주소 | 서울시 종로구 경희궁1길 5-9(03176)
전화 | 02)738-6555(본사) · 02)3159-7979(영업)
팩스 | 02)739-3824(본사) · 080-022-8585(영업)

기획편집 | 유선영, 최은용
디자인 | 조현진
인쇄 | 영진문원
제본 | 정문바인텍

ISBN 978-89-04-16685-5 (03230)

저작권자의 허락없이 이 책의 일부 또는 전체를
무단 복제, 전재, 발췌하면 저작권법에 의해 처벌을 받습니다.

■ 본서는 평론의 목적으로 잡지와 신문, 혹은 라디오와 TV에서 짧은 구절을 인용하는 것을 제외하고는
본서 내용의 전부 또는 일부를 복제하는 것을 금합니다.

손수레를
끄는
목사

"손수레를 끄는 목사"

베아트리체 플럼 소개 글

'굿윌 인더스트리(Goodwill Industries)'는 수백만 명의 가정이 알고 있는 이름이지만, 대부분 그 창시자의 삶에 관해서는 전혀 알지 못한다. 이 책은 굿윌 운동의 배후에 있는 한 남자에 대해 이야기하려고 한다. "저자 베아트리체 플럼(Beatrice Plumb)은 사람의 깊은 내면을 꿰뚫어 보고 아직 발굴되지 않은 무한한 가능성을 발견함으로써, 한 인물의 위대함과 독특한 개성을 드러내 보여주었다." 본서의 주인공인 에드거 제임스 헬름스(Edgar James Helms)의 아들인 헨리 E. 헬름스(Henry E. Helms) 목사의 서평이다.

에드거 제임스 헬름스(Edgar James Helms)는 미국 서부 개척 시대인 어린 시절에 포장마차를 타고 아이오와 대초원 농장으로 떠났다. 그는 그 지역 신문사에서 인쇄소 수습공으로 일했으며 나중에는 아르바이트를 하면서 코넬대학과 보스턴대학의 신학과정을 마쳤다. 또한 외국인 선교사로 서원하여 봄베이(뭄바이)에 가려고 했던 계획이 어긋나는 바람에 좌절했었지만, 결국에는 그가 두 번째로 중요하게 생각했던 기회를 받아들였다. 이는 보스턴에 거주하고 있는 외국인 이민자들을 사회복지사로서 섬기라는 부르심이었는데 이것이 그의 숙명이라는 것을 알게 되었다. 그는 보스턴 최악의 빈민가이자 범죄 중심지 중의 하나였던 장소에 세워진 낡고 작은 하나님의 집, 모건 예배당(Morgan Chapel)에서 그의 사역을 시작했다.

에드거는 말 그대로 잃어버린 영혼들을 구하는 신앙의 삶을 살았다. 그는 가난한 사람들을 먹이고 입히며, 옥에 갇힌 자들을 찾아가고, 죽음의 기운이 가득한 거리에 있는 빈민가의 부랑아들을 구하며 공기가 없는 골목에서 파리처럼 죽어가는 병약한 아기들에게 맑은 공기를 마실 수 있도록 캠프 장소를 제공하는 것에 대한 의무감에 사로잡혀 살았다. 그의 일생의 가장 큰 꿈은 보스턴의 이 추악한 지역에 모든 민족을 위한 교회를 세워서 희망의 메시지를 전하고 아름다움을 선사하며 디

국어 교구에서 사역을 하는 것이었다.

  20세기 초, 에드거는 형편이 괜찮은 사람들이 버린 옷을 주워 올이 굵은 삼베 자루에 담아서 어려운 자들에게 나누어 주었다. 하지만 그는 오랜 경험으로부터 '거저 주는 것'의 악폐를 배우게 되었다. 이런 선한 행위에도 지혜가 필요함을 느끼면서 자선에 대한 의문을 품게 되었다. 어떻게 하면 가난한 사람들과 장애인들에게 '자선'이 아닌 '기회'를, 즉 일할 수 있는 기회를 주는 동시에 자존심 유지와 향상에도 도움을 줄 수 있을까?

  그는 먼저 일자리가 없는 여성들을 모집했다. 버려진 물품들을 깨끗이 닦고 수선하는 작업을 그들에게 맡겼고 그 물품들을 가난한 사람들이 지불할 수 있는 가격으로 판매했다.

  에드거는 자신도 모르는 사이에 이 위대한 운동의 창시자가 되었고 이는 미국을 넘어 외국에까지 전파되었다. 오늘날 굿윌 인더스트리는 수많은 장애인 근로자를 양성하고 고용하여, 그들 스스로가 남들이 쓰지 않는 버려진 물건을 고쳐서 급여로 전환할 수 있는 능력을 부여함으로써, 그들의 손에 '구걸하는 그릇'이 아닌 '일할 수 있는 도구'를 쥐여주고 있다.

노먼 락웰(Norman Rockwell)의 '굿윌'

용감한 장애인들에게
그리고 저들이 스스로 일어설 수 있도록
도와주는 이들에게 바칩니다.

위인의 삶이 우리에게 깨우쳐 주는 것은

우리가 우리의 삶을 숭고하게 만들 수 있다는 것,

그리고 떠날 때 남기는 것은

시간이라는 모래밭 위에 찍힌 발자국이라는 것이다.

롱펠로우(Longfellow)

목차

베아트리체 플럼 소개 글 · 04
추천의 글 · 14
머리말 · 22
저자의 말 · 23

1. 하나님께 이 아이를 바치겠습니다 · 26
2. 헛간에서 부르짖는 아버지의 기도 · 40
3. 책을 좋아하는 소년이었다 · 54
4. 대학에 가려면 100달러가 필요해요 · 68
5. 신문 사업으로 성공하다 · 82
6. 하나님의 일을 하기로 결심하다 · 94
7. 보스턴 빈민가에 할 일이 많아요 · 108
8. 가난한 노동자를 착취하는 사람들 · 120
9. 범죄 소굴에서 만난 설교자 · 134
10. 빈민가에서 크는 아이들 · 148
11. 손수레를 끄는 목사가 되다 · 162
12. 당장의 도움보다 일자리를 주세요 · 176

13. 교회가 왜 복지사업을 하지? • 192

14. 시골 농장에서 행복한 빈민가 아이들 • 206

15. 아무리 가난해도 기도는 할 수 있다 • 220

16. 무시무시한 협박 편지들 • 234

17. 장애인들이 일자리를 구했어요 • 242

18. 보안관이 남긴 유서 • 254

19. 모든 민족을 위한 예배당 • 264

20. 이름 그대로 '굿윌'이에요! • 276

21. 드디어 세계로 퍼져나가다 • 288

22. 기쁜 마음으로 기부하는 사람들 • 300

23. 사랑과 섬김의 삶이었다 • 314

일러두기 • 324

추천의 글

　1997년에 발달장애 아이들을 위한 밀알학교가 세워졌습니다. 뛰어난 건물 속에서 진심으로 학생을 사랑하는 귀한 선생님과 함께 유치원부터 고등과정까지 공부합니다. 학교생활도 즐겁게 합니다. 인라인스케이트도 배우고 자전거 타는 법도 배웁니다. 그리고 산행 실습도 다니면서 선생님과 아이들이 한 몸처럼 사랑하며 학교생활을 합니다. 부모님들도 행복합니다. 그런데 이런 행복한 학교에서 가장 가슴 아픈 날이 옵니다. 바로 졸업식입니다. 학교를 떠나 집으로 돌아간 아이들은 아무 할 일 없이 가족들에게 짐이 되고, 이제껏 살던 자기 삶이 무너져서 갑자기 식구가 모두 불행해지게 됩니다. 그래서 졸업식은 가장 슬픈 날이기도 합니다.

　이것을 해결하려고 전공과 2년을 더 만들었습니다. 그러나 전공과 공부를 시켜도 근본적인 문제가 해결되지 않았습니다. 결국 우리는 세계도처에 있는 장애인 직업재활을 연구하여 굿윌스토어(Goodwill Store)를 도입하게 되었습니다. 이 굿윌스토어는 지금부터 120여 년 전 미국 감리교 목사 에드거 헬름스(E. J. Helms)에 의해 시작되었는데 그 시작은 무척 간단했습니다. 세계

각지에서 미국으로 모여든 이민자들과 가난한 사람들의 고통을 보고 그들을 돕고 싶은 마음으로 보스턴의 추운 겨울에 옷을 걷어 리어카에 싣고 나누어주면서 그들의 필요를 공급하기 시작했습니다. 그리고 이 선한 뜻은 계속 발전되어 지금은 굿윌스토어가 미국에서 1년에 7조에 달하는 거대한 수익을 내는 기업으로 성장하여 무수한 장애인과 어려운 이를 돕고 있습니다.

여기서 중요한 것은 장애인들의 자립입니다. 대개 한 가정에서 1년을 지내면 아직 쓸 만하지만 필요하지 않은 물건이 20-30개 정도 생긴다고 합니다. 이때 아직 사용 가능한 물건을 이 굿윌스토어에서 수거하여 사람들이 사용할 수 있을 정도로 깨끗이 손질하여 매장에 비치합니다. 놀랍게도 제품 수거와 손질하고 판매하는 과정에서 장애인들에게 훌륭한 직업의 기회가 생겼습니다. 수많은 직업재활을 시도했지만, 만족스럽지 못했습니다. 그런데 굿윌스토어를 통해서 장애인들의 직업문제를 해결해주는 실질적인 도움을 줄 수 있었고 최저임금을 줄 수 있는 매장이 지금도 계속해서 늘어가고 있습니다. 뿐만 아니라 물건을 기증하신 분은 자기가 사용해서 정이 들었던 것을 꼭 필요한 사람에게 줄 수 있는 기쁨을 얻을 수 있고 상품화하는 과정에서 장애인들은 온전한 직업을 갖습니다. 그리고 소비자는 생각할 수도 없는 저렴한 가격으로 물건을 구입할 수 있습니다. 일부 소비자의 경우 경제적인 여유가 없기 때문에 남을 돕는 좋은 일은 평생 할 수 없다고 생각합니다. 그런데 이곳에서 물건을 사주는 것으로 장애인들에게 월급을 줄 수 있습니다. 이렇게 아름다운 일들이 굿윌스토어에서 계속 이루어지고 있습니다.

굿윌스토어에서 일을 시작하고 가정에서 스스로 독립하여 장애인들을 위한 임대주택에서 혼자 사는 사람들도 늘어가고 있습니다. 심지어는 주변인들의 도움으로 결혼도 하는 상상하지도 못한 일들을 봅니다. 아름다운 일들이 함께 이루어지는 굿윌스토어! 이는 한 목사님의 작은 헌신에서부터 출발했습니다. 이 책을 읽는 여러분도 이 일에 동참할 수 있습니다. 그리고 돕는 과정에서 인생을 새롭게 배울 뿐 아니라 보람과 가치를 누리는 축복을 만날 것입니다. 그 축복의 발자취가 담긴 이 책이 많은 분에게 읽히고 알려지기 원합니다.

_ **남서울은혜교회 원로목사, 홍정길**

어려운 사람들을 위한 가장 좋은 복지는 일자리를 제공하는 것이고 장애인 재활은 직업재활이 가장 좋다고 합니다. 그런 점에서 굿윌스토어는 매우 훌륭한 복지 방식이고 장애인들을 돕는 데 가장 효과적입니다. 굿윌스토어는 사람들이 쓰던 헌 물건을 기부받아 세탁하고 수리해서 싼값으로 판매하는 가게인데 한국에서도 밀알복지법인을 비롯해서 몇몇 단체가 운영하여 좋은 결과를 만들어 내고 있습니다. 그것은 동시에 새 물건을 살 돈이 부족한 사람에게 싼값으로 생필품을 제공하고 쓰레기로 버려질 물건들을 재활용함으로 물자절약과 환경보호에도 공헌하고 있습니다.

이렇게 기발한 방식을 처음으로 개발하고 시작한 사람이 바로 이 책의 주인공인 에드거 헬름스 목사입니다. 1900년을 전후해서 미국이 심각한 경제공황을 겪을 때 보스턴의 사우스 엔드 빈민가에서 이민자, 실업자, 장애인, 부랑인 등 극빈자들 구제활동에 헌신하던 헬름스 목사는 가난한 사람들이 거지처럼 공짜로 얻어먹는 것이 그들의 존엄성에 위배되고 그들의 자존심에 상처를 준다는 사실에 주목하고, 부유층이 쓰다 버린 물건들을 수집하고 수리하여 소액이라도 값을 받고 판매하는 사업을 시작한 것입니다. 헌 물건을 가득 담은 자루를 전차가 실어주지 않아 자기가 수레에 싣고 수송하기도 했습니다. 그 덕으로 수리하는 사람들은 일 한 대가를 받게 되고 구매하는 사람들은 정해놓은 대가를 지불해서 그들의 수요도 충족되고 자존심도 유지할 수 있게 되었습니다.

그러나 그런 좋은 생각이 우연히 생겨난 것은 아닙니다. 헬름스 목사는 그 시대 대부분의 사람, 심지어 교회와 기독교인들조차도 큰 관심을 기울이지 않았던 이민자들, 장애인들, 부랑인들을 돕는 일에 온갖 난관에도 불구하고 열정적으로 헌신하고 있었고 어떻게 하면 좀 더 효과적으로 그들에게 도움을 줄지를 찾고 생각했기 때문에 굿윌스토어 같은 방식을 생각해 낼 수 있었던 것입니다. 그는 그 시대를 훨씬 앞서가는 선각자로 보편적인 인간애, 철저한 평등사상, 약자들에 대한 배려를 기독교의 기본 정신으로 인식했으며, 특히 도움을 받는 사람들의 자존심을 존중하는 세심한 관심까지 보였습니다.

그러나 그는 복지활동에만 몰두하지는 않았습니다. 하나님께 드리는 예배, 찬양, 기도에도 철저했고 설교와 성경공부도 게을리하지 않았습니다. 매우 유능했으면서도 겸손했고 엄청난 성취에도 불구하고 자기 성취가 아니라 어려운 이웃의 이익에 그의 관심이 모였습니다. 바로 그런 겸손과 헌신이 사람들에게 감동을 주었고 수많은 사람이 그의 활동에 동참하고 도울 수 있었습니다. 그는 유언에서도 신앙이 결여된 복지활동은 오래 가지 못한다는 사실을 강조할 정도로 균형 잡힌 그리스도인 지도자였고 복지활동가였습니다.

한 사람의 위대한 헌신이 그가 활동한 시대뿐 아니라 그의 사후에도 두고두고 얼마나 많은 사람의 고통을 줄일 수 있었으며, 얼마나 많은 사람을 사랑의 헌신에 동참할 수 있게 했는지 모릅니다. 그 덕분에 사회가 얼마나 평화롭고 정의롭게 되었는지, 그로 말미암아 기독교의 명예와 하나님의 영광이 얼마나 높아졌는지 생각하면 하나님께서 그런 인물을 세상에 보내신 것에 감사할 뿐 아니라 우리가 어떻게 봉사해야 할 것인가를 깨닫게 됩니다.

이 책은 단순히 뛰어난 한 인물의 평범한 전기가 아닙니다. 소설 형식으로 쓰인 이야기책 같아 읽기가 쉽고 재미도 있는데 형식만 소설 같은 것이 아니라 내용도 소설 못지않게 극적인 장면이 많습니다. 그와 그의 동역자들이 드린 간절한 기도가 극적으로 응답받은 경우가 한두 번이 아닙니다. 재미있게 읽으면서도 동시에 많은 감동과 유익을 얻을 수 있는 좋은 책입니다.

_ 서울대학교 명예교수, 고신대학교 석좌교수, 손봉호

현재 한국 굿윌은 장애인들의 능력을 키워 자립할 수 있도록 기회를 주는 위대한 일을 하고 있습니다. 한국 굿윌은 미국 굿윌 사역이 2003년에 한국에 소개되어 시작되었습니다. 미국 굿윌은 이보다 100여 년 앞서 1902년에 '에드거 헬름스' 목사님께서 시작하셨습니다. 에드거 목사님은 많은 가난한 사람과 장애인에게 일할 수 있는 기회를 주면서 동시에 그들의 존엄성을 세워주는 비전으로 이 일을 시작하였습니다.

에드거 목사님은 유언에서 이 귀한 사역의 창시자가 자신이 아니라 '예수 그리스도'임을 고백하셨습니다. '남은 조각을 거두고 버리는 것이 없게 하라'는 예수님의 말씀이 이 사역의 시작임을 고백하신 것입니다.

예수님 아래에서 겸손하게 무릎 꿇었던 에드거 헬름스 목사님의 삶의 이야기를 들을 수 있어서 감사합니다. 에드거 목사님을 통해 예수님을 보게 되기를 원합니다. 그리고 오늘 우리를 향하신 예수님의 말씀을 깨닫게 되기를 원합니다.

_ 온누리교회 담임목사, 이재훈

이 책은 굿윌 인더스트리(Goodwill Industries)가 누구에 의해서 어떻게 시작이 되었으며 어떤 과정에서 오늘 이 사업으로 성장했는가를 소개해주는 책입니다. 그러나 우리가 이 이야기의 가치를 단순히 소외된 이들과 장애인들을 위한 한 사람의 성공적인 사역 스토리로 남겨둘 수 없는 이유는 이 이야기 안에 한국 교회를 살릴 키워드가 있다는 확신이 들기 때문입니다.

한 사람의 말씀(눅 4:18)에 대한 진지한 응답이 어떻게 복음의 능력을 드러내며 이 땅을 변화시키는가를 보면서 오늘 우리의 교회와 사역자들, 신앙인들에게 무엇이 필요한지를 충분하게 얘기해주고 있기 때문입니다.

장애인의 친구가 되기 이전에 하나님의 친구가 되기를 소망했던 에드거 헬름스(Edgar James Helms) 목사의 이야기는 우리를 흥미진진한 스토리 속으로 푹 빠져들게 하지만, 한편으로는 점점 읽어갈수록 내 안에 숨겨뒀던 많은 부끄러움을 끄집어내기에 약간의 불편함이 있는 것도 사실입니다. 그러나 그 불편함은 결국 독자들에게 있어서 신앙인의 삶을 바르게 가도록 이끌어 줄 것이라 확신합니다. 한국 교회 교인 모두에게 기쁜 마음으로 이 책을 소개하며, 특히 모든 신학생에게 일독을 권하고 싶습니다.

_ 높은뜻덕소교회 담임목사, 오대식

우리 교회가 굿윌스토어 사역에 동참한 지 몇 년이 되었지만, 이 사역의 창시자인 에드거 목사님의 이야기는 처음 접하게 되었습니다. 하나님의 놀라운 은혜와 또 많은 이의 수고와 눈물을 통해 이 사역이 자리 잡았다는 것을 알 수 있었습니다. 여전히 우리 사회는 장애인들과 어려운 이웃에 대한 냉소적인 시선이 짙은 것 같습니다. 장애인 복지에 있어서도 시혜적인 태도로 접근하는 경우도 많은 것 같습니다. 부디 이 책을 통해 '자선이 아닌 기회를!'이란 굿윌의 구호처럼 장애인들을 동반자로 이해하게 되는 지평이 넓어지고, 기독교의 사회적 책임에 대해서 고민할 수 있게 되길 기대합니다.

_ 삼일교회 담임목사, 송태근

굿윌 사역을 시작하신 에드거 헬름스 목사님의 전기를 출간하게 됨을 진심으로 축하드립니다. 목사님의 전기를 읽으며 목사님의 사회복지에 대한 열정뿐 아니라 미국 초기 감리교의 사회복지에 대해서도 엿볼 수 있었습니다. 이렇게 신앙과 사역에 있어 좋은 선배가 계시다는 것이 자랑스럽습니다. 에드거 헬름스 목사님의 발자취와 정신을 이어받아 굿윌의 모든 사역이 앞으로도 세상의 빛의 역할을 온전히 감당하기를 진심으로 기도합니다.

_ 만나교회 담임목사, 김병삼

『손수레를 끄는 목사』는 굿윌스토어를 사랑하고 함께하는 모든 사람이 꼭 읽어야 하는 책이라 생각합니다. 굿윌스토어가 어떻게 해서 비즈니스 플러스(이익이 아닌 봉사), 사회 복지 플러스(자선이 아닌 기회), 종교 단체 플러스(모두를 실질적으로 섬기는 곳)가 되었는지를 창업자 에드거 제임스 헬름스의 삶을 통해서 잘 알 수 있기 때문입니다.

_ 꿈의동산 이한교회 담임목사, 신기형

머리말

나는 어렸을 적, 다른 아이들과 다를 바 없이 "우리 아빠가 너희들 아빠보다 백 배는 더 강해"라는 말을 종종 했었는데, 지금도 생각이 바뀌지 않았다. 나의 아버지, 에드거 제임스 헬름스는 내가 만났던 사람 중 가장 훌륭하고 위대한 사람인 것 같다.

그는 사회 개혁의 선구자였고 가난과의 투쟁에 앞장섰으며, 수많은 장애인에게 희망의 빛과 실질적인 도움을 가져다준 계몽가였다. 신실한 목사였던 에드거는 신앙과 믿음으로 그 시대의 심각한 사회 문제들을 해결하기 위해 힘썼고, 장애인과 소외계층에 그가 말하는 "자선이 아닌 기회"를 제공하는 아주 특별한 기관인 굿윌 인더스트리를 설립했다.

모건 기념관 주식회사(Morgan Memorial, Inc.)의 사무국장,
에드거 제임스 헬름스(Edgar James Helms)의 아들,
헨리 E. 헬름스(Henry E. Helms)

저자의 말

　1963년 봄, 플로리다주 마이애미 해변 컨트리클럽에서 가진 간단한 식후 연설이 아니었다면, 이 책은 결코 쓰이지 않았을 것이다. 나는 그날 저녁, 시민으로서의 의무감만으로 그곳에 있었다. 지역 개선회의 일원이었던 나는 매년 봄마다 열리는 그 만찬에 반드시 참석해야 했다.

　거기에는 3백 명 정도의 전문가들과 사업가들, 그들의 아내와 손님들, 은퇴했거나 아직 현직에 있는 사람들이 긴 테이블에 둘러앉아 있었다. 모두 저녁 식사를 마친 후 사회자가 연설자에 대해 소개하는 시간을 기다리고 있었다. 과거에는 주로 정치 분야의 사람들이 많이 참석했었다. 시장이거나, 시의원이거나, 소년 법원 판사 같은 사람들 말이다. 그러거나 말거나 나는 신경 쓰지 않았다. 너무 많이 먹어서 그런지 하품이 나오는 것을 힘들게 참았다.
　드디어 연설이 시작되었다. 그 연설자는 매우 침착하게, 진지하게, 그리고 명료하게 말을 이어나갔다. 나는 그때 정신이 번쩍 들었고, 한

마디 한마디를 집중해서 듣기 시작했다. 이는 다른 사람들도 마찬가지였다.

참으로 기묘한 일이 아닐 수가 없었다. 단순하기 그지없는 그날의 주제에서 짜릿함을 느꼈다니 말이다. 보스턴 빈민가에 있는 작은 예배당에서 사역하는 젊은 성직자에 관한 이야기였다. 그는 심각한 불황 가운데, 올이 굵은 삼베 자루를 어깨에 메고 부유한 사람들이 버린 옷을 주우러 다녔고, 추위에 몸을 떨 수밖에 없는 가난한 자들에게 나누어 주었다. 이 초라한 시작이 오늘날 미국 굿윌 인더스트리 주식회사로 알려진 세계적인 거대한 글로벌 운동으로 발전했다. 이 단체는 재수선된 의류와 가구들을 판매함으로써 매년 수백만의 달러를 벌어 수천 명의 장애인의 급여로 사용하고 있다.

연설이 시작된 지 얼마 되지도 않아 나는 흥분한 상태로 필기하고 있었고 '내 다음 책은 이걸로 정했어!'라고 혼잣말을 했다.

다음 날 아침, 나는 아침도 먹지 않은 채 어제 만찬 때 연설자와 같은 테이블에 앉았었던 이웃의 집으로 급히 달려가 물었다. "어제 연설한 사람의 이름과 주소를 말씀해주실 수 있나요?"

"물론이죠." 그가 흔쾌히 응해주었다. "그의 집과 회사 전화번호도 알려 드리죠. 그의 이름은 로이 A. 페리(Roy A. Perry)이고, 마이애미 시티은행의 부사장이자 플로리다 남부 굿윌 인더스트리의 사장이에요. 무슨 이유로 찾으시는지 모르겠지만, 그는 매우 바쁜 사람이에요."

"혹시 어제 연설문 사본을 구할 수 있을까요?" "그건 왜죠?"

"책을 쓰려고 해요. 제목은 이미 정해져 있어요. 바로 『손수레를 끄는 목사』예요."

그렇게 시작된 책이 드디어 완성이 되었다. 바라건대 본서가 그날의 연설문만큼이나 사람의 마음을 감동시켰으면 좋겠다.

베아트리체 플럼(Beatrice Plumb)

1.

하나님께
이 아이를
바치겠습니다

때는 내전이 3년째 계속되고 있던 시기였다. 나라에는 더 이상 평화가 없었고 형제가 형제를, 친구가 친구를, 이웃이 이웃을 대적하는 그런 슬픔으로 물든 시대여서 아기가 태어나기에 적합한 환경이 절대 아니었다.

어머니 품에 안겨 잠자고 있던 갓난아기 에드거는 마치 저 헐벗고 굶주린 군인들, 부상자들과 불구가 된 자들, 죽은 자들, 또 한 때는 아름다웠던 집들이 불에 타 연기가 뭉게뭉게 피어오르는 폐허로 변한 모습과 전쟁으로 분열되고 병들어 죽어가는 나라, 그리고 외롭고 무거운 짐에 억눌려 밤을 지새우는 링컨 대통령의 마음을 알고 있기라도 한 듯 뒤척거리며 훌쩍였다.

에드거의 어머니, 레로나 헬름스(Lerona Helms)는 건강하고 든든하게 태어난 아기를 바라보며 감사함으로 벅찼다. 하나님께서는 그녀의 아기가 아무런 장애 없이 세상으로 나올 수 있게 해주셨고 생명을 보존시켜 주셨다. 아기가 태어났던, 끔찍했었던 날의 기도를 그녀는 기억한다. 지금도 그때의 일을 생각하면 그녀의 몸이 떨린다. 바로 그녀가 오두막 밖으로 떨어졌던 날이었는데 그녀는 온통 배 속의 아기 생각뿐이었다.

하필이면 그때 남편은 숲으로 일하러 가서 곁에 없었다. 그녀는 마치 마비된 것처럼 꼼짝도 하지 못한 채 기도했다. "긍휼하신 아버지, 저를 일으켜 주세요. 배 속의 아이가 이 충격의 영향을 받지 않고 무사히 태어날 수 있게 해주세요." 그녀는 여전히 그 딱딱한 곳에 힘없이 누워있을 뿐이었다. 그리고 애원했다. "하나님, 만약 저와 아이의 목숨을 살려주시고, 이 아이가 아들이거든, 하나님의 사역을 위해 바치겠습니다."

시간이 지나면서 그녀의 마비되었던 몸에 감각이 서서히 돌아왔다. 타박상이 가져온 통증이 너무나 반가운 순간이었다. 그리고 1863년 1월 19일, 뉴욕에 있는 말론 마을 근처의 한 오두막집에서 그녀의 아기가 태어났는데 아주 건강하고 튼튼했다.

벌목꾼들의 대장이었던 아버지와 벌목장 요리사였던 어머니는 아기의 이름을 에드거 제임스라고 지었다. 훗날 수많은 장애인에게 희망과 도움을 안겨주는 세계적인 인물이 될 이 아기는 "목재다!"라는 벌목꾼들의 고함과 함께 숲속의 거목들이 큰소리로 쓰러져가는 와중에도 벌목장 한쪽의 작은 오두막집에서 평화롭게 잠을 자고 있었다.

레로나 헬름스는 허기진 벌목꾼들을 배불리 먹이는 고된 일을 겨우 마치고 돌아와서 고이 잠들어 있는 아들과 함께 잠깐의 휴식을 취했다. 그녀는 아기를 바라보며 "에드거 제임스 헬름스"라고 부드러운 목소리로 불렀고 한층 더 부드러운 목소리로 "복음 전도자"라고 불렀다.

바로 그때, 거친 벌목꾼들을 능숙하게 지휘하는 아기의 아버지 윌리엄 S. 헬름스(William S. Helms)가 큰소리로 아주 자랑스럽게 외쳤다. "에드거 제임스 헬름스, 농부가 될 자여."

그는 아들이 당연히 농부가 될 거라고 생각했다. 농부들의 선구자였던 아버지와 어머니 두 가문의 오랜 농부의 혈통을 물려받지 않았던가? 그리고 이 잔혹한 전쟁이 끝나면, 포장마차를 한 대 구해서 아이오와로 모여드는 이민자들의 대열에 합류하여 새로운 땅에서 농사를 지을 거라는 계획을 머릿속에 그렸다. 햇볕에 그을린 윌리엄의 얼굴은 흥분과 기쁨으로 물들었다.

그가 낮에 벌목꾼들을 지휘하며 바쁘게 보내는 동안에는 그런 앞날의 모험에 대한 생각을 할 겨를이 거의 없었다. 그래서 일을 마치고 집으로 돌아오면 그저 등불 아래 누워 휴식을 취하고 아내와 앞날에 대한 이야기를 잠시 하고는 했다.

그의 형 제임스는 8년 전에 아이오와주 서부 나슈아로 이주했다. 그 당시 마을에는 통나무집 두 채와 판잣집 한 채가 전부였다.

"제임스는 시더 강에 최초의 다리를 놓았소." 윌리엄은 다시금 그의 아내에게 이야기했다. 그녀는 푸르른 눈동자로 남편을 바라보면서 그의 두 눈에 담긴 뜻을 이해할 수 있었다. 그들은 개척자들의 혈통을 지닌 사람들이었지 않은가.

윌리엄의 형 제임스와 그 가족이 보내온 열정 가득한 편지들이 그의 마음을 뜨겁게 했다. 제임스는 서부의 발전 가능성을 두루 설명했고, 가끔 아이오와 신문들에서 초기 정착민들에 관한 기사를 오려내어 동봉하기도 했다. 윌리엄은 이를 조심스럽게 보관했고, 읽고 또 읽었다.

"제임스는 40에이커(야드 파운드법에 의한 논밭 넓이의 단위, 1에이커는 약 4,047m²) 규모의 농장에 살고 있소." 윌리엄이 또 다른 장작을 불에 던지면서 말했다. "하지만 우리는 더 큰 땅이 필요하오. 그래야 에드거가 크면 나와 같이 농장 일을 할 수 있지. 그게 아니더라도 우리 옆에 자기 농장을 꾸려서 살 수 있지 않겠소."

바로 그때, 어린 에드거가 마치 항의라도 하는 것처럼 불편하다는 듯 소리를 냈고 레로나는 재빨리 달려가 아기를 달랬다. 그리고는 남편에게 물었다. "대초원에도 학교가 있나요?"

"교회가 생길 것이오." 윌리엄이 약속했다. "그리고 감리교단 소속의 순회 목사* 한 분이 오실 것이오. 확실하오! 그는 우리의 난롯가에 오면 항상 환영받을 것이고 필요하면 음식과 침대를 내어줄 것이오. 교회가

---

*   빠르게 정착지들이 만들어지던 미국 개척시대에 특정지역을 여행하면서 정착민들을 섬기고 교회를 조직하는 성직자들이었다. 대부분 감리교단의 목사들로 구성되어 있었지만, 소수 교단의 그룹에서도 유사한 일을 했다.

세워질 때까지 그는 우리 오두막집에서 기도모임을 인도하면 되오."

"하지만 학교는 어떡하죠?" 어린 에드거의 어머니, 레로나는 학교를 고집했다. 그도 그럴 것이, 결혼하기 전 그녀의 아버지는 아내의 바람과는 달리 레로나가 여성 신학교에 가서 공부하게 했고, 졸업한 후 그녀는 윌리엄 헬름스와 결혼할 때까지 학교에서 가르쳤었다.

"에드거가 공부할 나이가 될 때쯤이면 좋은 학교가 세워질 것이오." 윌리엄이 확신하며 말했다. "다만 농장에 할 일이 많아서 에드거도 일을 도와야 할 테니 공부할 시간이 그리 많지 않을 것이오."

레로나가 고개를 끄덕였다. 어떻게 모를 수가 있겠는가! 에드거의 어머니, 레로나 키샤 셜윈(Lerona Kesiah Sherwin)은 일이 아주 많은 농장에서 자랐다. 그것도 여자아이에게 있어 학교는 시간 낭비라고 생각하는 엄마의 엄한 교육 아래서 말이다. 레로나는 아버지께 낭독하는 것을 들려드리기 위해, 매일 아침 4시에 가족들이 잠에서 깨기 전에 일어났다. 그녀가 책을 얼마나 사랑했는지 알 수 있었다.

그녀는 남편이 수년간 제임스로부터 받아온 낡은 편지 묶음을 서랍에서 뒤지고 있는 모습을 지켜봤다. 아이오와 신문에서 오려낸 누렇게 바랜 종잇조각들도 함께 묶여 있었는데 10년이 다 된 것들도 있었다.

윌리엄은 오래된 기사들에서 발췌한 내용부터 읽어주기 시작했고, 레로나는 듣는 동안 인쇄된 문자들의 배경 현장을 상상력을 발휘해서 시각화해 나갔다. 그녀는 상상 속에서 어마어마한 수의 이민자들이 아이오와주로 들어오는 광경을 보았다. 먼저, 일리노이 출신의 초기 개척자들이, 많게는 일주일에 천 명씩, 미개척지에 새 집을 짓기 위해 서쪽으로 향했다. 그녀는 그들이 낮에 캔버스 천으로 덮인 마차로 이동하다가, 밤이 되면 그 아래에서 잠을 자거나 혹은 작은 숲이나 삼림지대, 또는 대초원에 텐트를 치고 휴식하는 광경을 보게 되었다.

그녀가 본 초기 정착민들의 이동 속도는 매우 느렸고 그들이 아이오와로 향하는 여정은 매우 험난했다. 언제 어디서 습격할지 모르는 인디언들에 대한 경계를 한시도 늦추지 않았다. 그들의 대열에는 펜실베이니아 사람들과 유럽 난민들도 있었고 나중에는 뉴욕과 영국에서도 많은 사람이 이주했다.

곧 그녀는 낡은 신문 조각을 들고 있는 남편을 불안한 눈빛으로 바라보았다. "스피릿 레이크 대학살에 관한 내용이라면 읽지 말아요!" 레로나가 떨리는 목소리로 말했다. "윌리엄, 내 말뜻을 알잖아요. 인디언들이 가드너 일가의 캠프장을 전멸한 내용 말이에요. 정말이지 간담이 서늘해요. 생각만 해도 끔찍해요!"

"그럼 읽지 마시오." 남편은 나무라듯 말했다. 아내를 책망하려는 마음은 아니었지만, 남편은 근엄하게 말했다. "8년 전에 일어났던 일이죠. 가드너 일가는 가장 초기에 이주한 일반 정착민 중 하나일 뿐이에요. 그들은 어떤 보호도 받지 못했어요."

"윌리엄, 그 인디언들은 사악하기 그지없는 야만인들이에요! 어떻게 그 불쌍한 가드너 뒤에서 총을 쏠 수가 있었죠? 당시 가드너는 그들에게 먹을 것을 가져다주려고 막 돌아섰던 참이었어요. 분명 그들의 양식도 날로 줄어가고 있는 상황이었음에도 말이에요. 그들은 가드너를 그렇게 죽인 후, 가드너의 부인과 루스 부인을 총부리로 쳐서 죽이고, 승리의 표시로 그들의 머리가죽을 벗겨 갔어요."

"잊어버리시오." 윌리엄이 말했다. "우리가 이주하게 되면 친척들에게 가는 것이오. 제임스의 농장과 그의 가족들 말이오. 제임스는 10년 넘게 그곳에 살고 있소. 그러니 스피릿 레이크 대학살은 그만 잊으시오."

그녀도 잊고 싶었다. 하지만 그 불행한 운명을 가진 캠프장의 아기들이 문기둥과 나무에 세게 던져져 죽은 일을 도저히 잊을 수가 없었다. 당시 세 그룹의 초기 정착민들이 그 끔찍했던 대학살의 첫날에 몰살을 당했다. 생존자는 4명의 백인 여성뿐이었다. 그녀들은 노예로 끌려갔고 그중 금발의 아비가일은 가드너의 14살 된 딸이었다.

"가여운 소녀예요!" 레로나는 슬퍼하지 않을 수 없었다. "윌리엄, 그 아이는 겨우 14살이었어요. 우리 매리 알지나보다 겨우 6살 많을 뿐이에요."

윌리엄은 예쁘고 사랑스러운 그의 아내를 조금 화난 표정으로 바라보았다. "하지만 이건 오래된 일이지 않소?" 그는 아내에게 설명하기 시작했다. "당신은 왜 아직도 과거의 상처를 곱씹고 있는 것이오? 어쨌든 아비가일은 결국 풀려났소. 이 기사에는 그녀를 구출해준 양크턴 사람이 그녀의 몸값으로 어떤 대가를 지불했는지도 자세히 말해주고 있소. 바로 말 두 마리, 담요 열두 개, 밀가루 두 통, 담배 20파운드, 청색 인디언 문양으로 만든 천 32야드, 거친 면으로 만든 천 37.5야드, 리본과 다른 사소한 물품들이 있소. 그리고 거액의 돈도 지불했소. 아비가일은 용감한 소녀였소. 당신도 개척자의 삶을 살려면 더 담대해져야 하오."

윌리엄은 다시 신문 조각들에 담긴 기사 내용에 집중했고 레로나는 어린 아들 에드거에게 시선이 향했다. 그녀는 같은 개척자의 삶을 살아가야 할 에드거가 용감한 사내가 되길 바랐다. 윌리엄과 그녀의 친지 중에는 용감한 사람들이 많았다. 가족모임을 가질 때면 그들의 업적에 대해서 이야기를 하곤 했다. 그중에는 어리지만 매우 용감했었던 소년 존 홀덴(John Holden)도 있었다. 그는 워싱턴 육군부대의 최연소 군인이었다.

홀덴(Holden)! 레로나의 할머니인 유니스가 프란시스 해리스 주니어(Francis Harris, JR)와 결혼하기 전에 가졌던 성이었다. 그들의 자녀 중 한 명인 검은 눈동자에 활발한 성격을 가진 사랑스러운 매리가 나중에 레로나의 아버지 다니엘 셜윈(Daniel Sherwin)과 결혼했다.

매사추세츠주 워터타운의 초기 정착민 중의 하나였던 영국의 유스티니아누스 홀덴은 1637년에 명예시민으로 선정되기도 했었다. 그리고 그의 가문에는 용감하고 충성스러운 남자들이 다수 있었다. 하지만 자유를 노래했었던 어린 소년 존 홀덴과 같이 빛나는 전설로 남은 사람은 아무도 없었다.

영국으로부터의 독립전쟁 직전, 매사추세츠의 농부였던 존의 아버지는 짙은 색 원목 재질의 은색 장식이 달린 아름다운 피리를 존에게 생일 선물로 주었다. "부는 법을 배워라." 아버지가 존에게 말했다. "너는 좋은 귀를 가졌다."

존은 잠시도 허비하지 않았고, 매일 틈만 나면 연습했다. 몇 달 후, 그는 영혼을 울리는 연주로 마을 사람들을 크게 놀라게 했다. "저 소년은 대단한 음악성을 타고났어." 보스턴에서 온 한 방문객이 열광하며 말했고 곧 웃으며 덧붙였다. "그는 머지않아 영국의 황소와 사자 같은 영국군에 맞설 준비가 되어 있네."

존은 이 농담 같은 말들을 소중히 여겼다. 그에게는 농담이 아니었다. 이는 '식민지 혁명군'에 가입하는 것이 그의 소원이었기 때문이었다. 그날 밤 잠자리에 들기 전에 존은 아주 진지하게 물었다. "아버지, 만약 '영국의 황소와 사자 같은 군인들'이 정말 쳐들어온다면, 저도 이 피리와 함께 전쟁에 나갈 수 있나요?"

"물론이다." 존의 아버지가 웃으며 말했다. "너는 그들에게 없어서는 안 될 존재가 될 것이다."

존은 매일같이 그의 강아지 지프를 데리고 그가 자주 가던 언덕으로 올라가 피리 부는 연습을 했다. 그러던 어느 암울한 날에 혼자 돌아온 지프가 주인의 방에 들어가서 애절하게 울었다.

많은 사람이 숲과 들판을 샅샅이 뒤졌지만, 실종된 소년의 흔적은 찾지 못했다. 존을 찾는다는 공지는 인근 마을들에까지 붙여졌지만, 아무 소용이 없었다. 몇 달이 지나도 소식이 없자 사람들은 결국 존이 사망했거나 인디언들에게 붙잡혀갔다는 결론을 내렸다.

그때까지 전쟁이 한창이었다. 존의 고향에서도 백 명 가까이 되는 사람들이 할당되어 참여했다. 그리고 그들 중 한 사람을 통해 홀덴 농가로 어떤 소식이 전해져 왔다. 어떤 열두 살짜리 소년이 워싱턴 육군부대에서 피리 연주자로 활동하고 있다는 것이었다.

또 헛걸음일 수도 있었지만, 농부 홀덴은 7일 동안 말을 타고 달려 뉴욕에 있는 육군본부에 도착했고 당시 그곳에 있던 헨리 녹스(Henry Knox) 장군에게 그의 사정을 이야기했다.

"저기 저 소년이 당신의 아들이오." 장군은 군복을 입고 피리를 불고 있는 한 소년을 가리키며 말했다. "그는 신병들을 훈련하고 있소. 저 소년은 우리 모두의 대장과 같은 존재라고 할 수 있소. 나는 한 번도 그가 힘들다고 투덜대거나 포기하거나 하는 모습을 본 적이 없소. 비록 부대에서 가장 어리지만, '하지 못한다'는 말을 한 적이 한 번도 없소."

불과 몇 분 후, 그 어린 소년군이 아버지의 품에 와락 안겼고 목이 멘 소리로 엄마와 강아지 지프에 대해 묻기 시작했다.

그때 자리를 비켜주었던 녹스 장군이 다시 돌아와서, 아버지와 아들을 사령부로 안내하라는 총사령관의 명령을 전했다.

조지 워싱턴(George Washington) 총사령관은 울먹이는 존을 보고 미소 지으며 말했다. "아이야, 네가 어떻게 이 어린 나이에 부모의 허락도 없이 그들을 떠나 우리 군에 합류하게 되었는지 말해주지 않겠니? 너는 우리 부대의 가장 용감한 소년 중 한 명이란다. 그러니 말해보렴. 도망쳐 온 건 아닌 거지?"

"아니요, 절대 아니에요!" 존이 놀라며 대답했다. "저는 소집되어 온 거예요. 제가 강아지 지프를 데리고 소렐 언덕으로 가서 피리 부는 연습을 하고 있었을 때, 남자들이 가득 탄 큰 마차 한 대가 다가왔어요. 그들이 저를 보더니 멈춰 섰고 '안녕, 피리 부는 어린 소년! 올라타! 우린 네가 필요해!'라고 했어요. 저는 그들에게 '영국군'이 쳐들어왔는지에 대해 물었고, 그들은 '맞아. 그러니 서둘러!'라고 했어요. 그래서 저는 마차에 올라탔고 마차는 아주 빠르게 보스턴을 향해 달렸어요. 저희는 거기서 부대에 합류했어요. 이게 전부예요!"

조지 워싱턴 총사령관은 특유의 호탕한 웃음소리와 함께 소년의 뺨을 어루만지며 피리를 불어 보라고 했다. 존은 당대의 가장 위대한 인물 앞에서 씩씩한 행진곡을 매우 자랑스럽게 연주했다.

그리고 존은 총사령관의 명을 받고 그가 훈련하고 있던 신병들을 해산시킨 다음, 그의 장관들에게 경례와 함께 무언의 작별 인사를 하고 돌아섰다. 존의 그런 모습이 아버지의 마음을 벅차게 만들었다. 소년이 돌아오자 녹스 장군이 물었다. "네가 그들에게 집으로 돌아간다는 말을 했을 때 그들의 반응은 어땠니?"

존은 귀까지 빨개지면서 더듬더듬 말했다. "전… 말할 수 없었어요."
그리고는 아버지를 향해 애원했다. "제발 1년만 더 있게 해주세요. 그땐 저도 13살이에요. 아버지를 도와 농장 일을 할 수 있는 나이예요. 이제 어머니도 잘 지내고 있다는 것을 확인했으니 남아 있고 싶어요. 곧 전쟁이 끝날 거예요. 그때 돌아갈게요."

존의 이름은 워싱턴 DC의 혁명군 명단에 올라갔고 전쟁 이후 수년간 정부로부터 연금을 받았다.

"그는 워싱턴 육군부대의 가장 용감한 소년 중 한 명이었어요. 우리 아이도 그와 같이 용감한 사람이 될 거예요." 레로나가 말했다.

그녀의 남편은 아이오와에 관한 마지막 신문 조각까지 서랍 안에 넣으며 고개를 끄덕였다. 그리고는 크게 하품을 했다. 잠잘 시간이 한참 지났기 때문이었다. 그는 어린 두 딸 매리 알지나와 아이다 에스텔의 생년월일, 그리고 에드거 헬름스의 생년월일도 같이 적어둔 낡고 오래된 성경을 펼쳤다. 그리고 아이오와 대초원에서부터 받은 편지를 꽂아놓은 시편부터 읽어나갔다.

레로나는 가끔 남편이 유명한 성경 구절을 큰 소리로 읽을 때마다 약간 혼란스러웠지만, 그가 기도할 때는 전혀 그렇지 않았다. 그때가 바로 그녀가 하나님께 이렇게 좋은 남편과 결혼한 것에 대해 겸손하게 감사드리는 때였다. 그는 하나님과 아주 친밀한 모습으로 기도했다.

순회 목사. 빠르게 정착지들이 만들어지던 미국 개척시대에 특정지역을 여행하면서 정착민들을 섬기고 교회를 조직하는 성직자들이었다. 대부분 감리교단의 목사들로 구성되어 있었지만, 소수 교단의 그룹에서도 유사한 일을 했다.

윌리엄 헬름스와 자녀들. 맨 오른쪽 키가 큰 사람이 에드거 헬름스, 그 옆의 작은 여자가 아내 진 헬름스, 중앙에 있는 두 노인이 윌리엄 헬름스와 레로나 헬름스이다.

2.

헛간에서
부르짖는
아버지의 기도

1865년, 내전이 끝난 직후, 헬름스 가족도 포장마차를 타고 이동하는 대열에 합류하여 아이오와로 향했다.

당시의 에드거는 야무지고 당돌하며 고집이 매우 센 2살짜리 꼬마였다. 그는 무엇인가를 강조하고 싶을 때면 종종 가까이 있는 물건을 주먹으로 탕탕 치곤 했다. 이러한 성격은 평생을 그와 함께했다.

"에드거는 무엇에 마음을 정하면 절대 포기하지 않을 것이오." 그의 아버지가 나무라듯 말했다.

그때 황갈색 머리카락을 산들바람에 흩날리며 햇살로 인해 볼까지 발그레해진 레로나가 바로 옆에서 신나게 황소들을 몰고 있는 듬직한 벌목꾼들의 대장을 짓궂은 눈짓으로 힐끗 쳐다보았다.

"윌리엄, 당신도 똑같아요." 레로나가 장난스럽게 말했다. "우리가 지금 여기에 있다는 것이 그 증서예요. 내가 그렇게 말했음에도 불구하고 결국 대초원 농장으로 가서 살기로 정했잖아요!"

덜거덕거리는 포장마차는 몇 날 며칠을 계속 달렸다. 그들 위에는 푸르고 푸른 하늘과 단조로운 풍경이 이어졌고 몇 킬로를 지날 때마다 판잣집이 한 채씩 보이곤 했다.

윌리엄은 앞으로의 모험에 대한 생각으로 매우 들떠 있었다. 훌륭한 그의 목소리를 높여 찬송가를 신나게 불렀고 레로나도 이에 동참했다. 하지만 어딘가 숨어 있을 인디언들에 대한 경계는 항상 늦추지 않았다.

곧 옛적 부흥회 때 자주 불렀던 찬송의 노랫소리가 대초원으로 향하는 길에 울려 퍼졌다. 윌리엄과 레로나는 독실한 감리교 신자였다. 그들은 새로운 지역으로 이동하려면 무엇이든 버리고 가야 했지만, 옛 선조들로부터 물려받은 복음은 반드시 새로운 곳으로 가지고 갔다.

레로나는 그 단조로운 풍경을 보면서 지루함을 느꼈다. 그녀는 그녀와 항상 함께하던 나무와 관목들이 그리워졌다. 게다가 거침없이 부는 바람 때문에 깔끔함을 유지하는 것은 불가능했고 계속되는 햇빛에 눈까지 상했다. 그녀가 가장 좋아했던 것은 별이 밝게 빛나는 시원한 저녁에 같이 이동하던 사람들과 함께 모닥불에 둘러앉아 식사를 하고 시끄럽게 떠들던 아이들이 별일 없이 잠자리에 들고 나머지 가족들은 헬름스 부부의 커다란 포장마차 주변에 모여 앉아 웃고 떠들다가 결국에는 멈출 줄 모르는 하품을 참지 못하고 모두 돌아가 잠을 청하는 시간이었다. 그리고 자기 전 부르는 찬송과 윌리엄의 간결하고 직설적이지만 마음으로 하나님께 드리는 진심이 어린 대화 같은 기도였다.

  헬름스 가족은 아이오와주에 도착한 후, 처음 몇 년간은 나슈아에 머무르면서 형 제임스에게서 많은 것을 배우며 개척자의 삶을 경험했다. 그리고 그들도 수많은 이주자와 마찬가지로 아름답기로 유명하며 또 제임스의 아들 뉴웰 헬름스(Newell Helms)가 1863년에 정착한 곳이기도 한 스피릿 레이크로의 긴 여행을 떠났다.

  이 무렵 어린 에드거는 9살의 건장한 소년으로 성장해 있었다. 그에게 있어 매일 야생 닭을 사냥하고 개울에서 물고기를 잡는 것은 정말 스릴 넘치는 일이었다.

  하지만 그의 부모는 생각이 많아졌다. 레로나는 돌아가신 아버지로부터 물려받은 유산이 있었다. 윌리엄과 그녀는 이를 땅을 사는 데 투자하여 그들만의 농장을 꾸려 정착하고 싶었다.

  그리고 1872년 가을, 마침내 그들이 원했던 땅을 발견했고 그들의 소유가 되었다. 이는 동쪽 오코보지 호수(East Lake Okoboji) 호반에 113에이커 규모의 농장이었고, 스피릿 레이크(Spirit Lake)라는 작은 마을과는 약 1.5마일의 거리였다.

  이보다 더 좋은 시기가 없다고 할 만큼 출발은 최적의 시기에 이루어졌다. 그 지역에 새로운 번영의 시기가 찾아왔기 때문이었다. 처음 5년간의 수확이 좋았다. 초창기의 경제 침체는 이제 옛말이 되었다. 남자들은 더 이상 곡물 자루로 만든 바지를 입지 않아도 되었고 여자들은 붉은색 뿌리를 가진 식물로 일명 '대초원의 차'를 우려내지 않아도 되었다.

대부분의 비어있던 땅이 하나둘씩 채워져 갔다. 공립학교가 몇 군데 세워졌고 우편제도도 완성되어 가는 중이었다. 순회 목사가 새 건물에서 교회를 개척했고 이제는 누구도 굶주리지 않았다. 무엇을 더 바라겠는가?

헬름스 가족은 바로 이런 희망이 넘쳐나는 시기에 이주한 것이었다. 1873년에 새로운 농지에서 막 농사를 시작했을 당시에는 전혀 상상하지 못했었던 광경이었다. 나이에 비해서 힘이 세고 키도 컸던 어린 에드거는 새벽부터 일어나 본인 몫의 농장 일을 시작했고 또 밭에 나가 일하기도 했다. 레로나와 딸들은 그곳에서의 첫해를 큰 성공으로 마무리하기 위해 비버가 집을 짓듯이 열심히 일했다.

그런데 첫 수확이 한창이던 시기에 엄청난 재앙이 닥쳤다. 이는 아이오와주 북서부 역사에 길이 남게 될 '메뚜기 재앙'의 맹습이었다. 그 끔찍한 재앙은 엄청난 파괴를 초래했고 지역의 경제에 거의 회복이 힘들 정도의 타격을 입혔다.

그날은 한없이 맑은 날이었는데 처음엔 그저 거대한 먹구름이 하늘에 떠 있는 것처럼 보였다. 그런데 그 물체가 점점 가까이 다가오더니 윙윙거리는 소리가 들려왔고 곧 불길한 굉음으로 울려 퍼졌다. 정착민들은 공포에 질려 쳐다봤는데 구름으로 보였던 형체는 알고 보니 수만 마리의 메뚜기 떼가 뭉쳐져 만들어진 것이었다. 그 규모는 태양을 가릴 정도로 어마어마했다.

메뚜기 떼는 급강하하면서 모든 농장의 작물을 집어 삼켜버렸고 하나도 남김없이 파괴했다. 심지어 정원에 있는 모든 녹색의 식물도 이 공격을 면하지 못했다.

어린 에드거는 공포에 질려 망연자실했다. 그 흉포한 무리가 가져다 준 피해를 확인하기 위해 큰 충격에 할 말을 잃은 아버지와 함께 농장으로 터덜터덜 걸어갔는데 그의 근심 걱정 없던 소년 시절도 그렇게 사라져 가는 것 같았다. 결과는 당연히 참혹했다. 옥수수 껍질은 다 벗겨져 있었고 밀은 전부 쓰러져 있었다. 정말 온전하게 살아있는 것이 하나도 없었는데 알지나가 홀로 키우던 제라늄 꽃도 무사하지 못했다.

"심지어 우리 야생 건초까지 다 먹어버렸어요." 에드거가 한탄했다. "이제 소와 말 그리고 돼지들에게 줄 먹이도 전혀 없어요."

"내년에 심을 씨앗도 없어요." 그의 어머니가 걱정스럽게 말했다. "그렇다고 겨울을 보낼 자금이 있는 것도 아니에요. 우리는 농작물에 의지하며 살아왔잖아요. 윌리엄, 이제 어떡하면 좋지요?"

"뭐든 해봐야지." 윌리엄이 무뚝뚝하게 대답하며 아들을 불렀다. "아들아, 따라오너라!"

어린 에드거는 곧 따라나섰고 이런 재난 앞에 무엇을 할 수 있을지 몹시 궁금했다. 그리고 그는 기이한 모습을 한 기계를 바쁘게 다루고 있는 아버지를 신기하게 바라보았다. 바퀴에 여물통이 달린 것처럼 보였고 뒤에는 돛이 달려 있었다.

"아버지, 그건 무엇에 쓰는 거예요?

"곧 알게 될 거다. 너희도 도울 준비를 하고 있어라."

그리고는 에드거와 그의 누나들에게 나무통과 끓는 물을 준비하여 첫 '사냥'을 준비하라고 했다. 아이들은 완전히 어리둥절한 채 서로를 바라보았다. 바퀴에 달린 여물통으로 물고기를 잡는 것을 한 번도 본 적이 없었다.

그들은 아버지가 돛이 달린 여물통을 호숫가 주변에서 이리저리 작동하는 모습을 지켜보았다. 그리고 메뚜기 떼가 돛에 부딪혀 여물통 안으로 떨어지는 모습을 보게 되었다. 저 행동의 목적은 해충들의 소멸이라는 것을 에드거는 어렴풋이 눈치챘다. 하지만 메뚜기가 저렇게 많은데 무슨 의미가 있을까?

아버지가 아이들을 호출하자 아이들은 즉각 반응하여 준비한 나무통을 아버지에게 가져갔고 윌리엄은 기절시킨 메뚜기들을 옮겨 담았다. 그것들을 뜨거운 물에 데워서 말릴 생각이었다. "이것들을 돼지와 칠면조들의 먹이로 사용할 거란다." 그의 목소리에서는 조금 잔인한 만족감이 묻어났다.

그는 해냈다! 이 기발한 먹을거리로 돼지와 칠면조들을 살찌워서 팔아 마련한 돈으로 충분한 양의 씨앗을 살 수 있었고 또 말들이 겨울 동안 먹을 사료도 준비할 수 있었다.

첫 메뚜기 재앙은 1873년 6월에 그들을 덮쳤다. 이로 인해 심한 손해를 입은 농부들은 그것이 그들과의 마지막 만남이었길 바랐다.

그 지역의 한 역사가는 다음과 같이 기록했다. "이 침략은 시작에 불과했다. 그들은 수없이 많은 알을 그 지역에 낳아 두었다. 그 알들은 1874년 이른 봄, 예정된 계절이 오기도 전에 부화해 버렸다. 1cm도 되지 않아 보잘것없어 보이지만, 왕성한 생명력과 놀라운 식욕을 가진 곤충으로 인해 지면은 말 그대로 살아 움직이는 것처럼 보였다."

메뚜기 떼는 4년 연속해서 나타났고 농작물과 밭을 파괴함과 동시에 사람들의 마음과 희망도 산산이 부숴버렸다. 정착민 중 많은 가구가 농작물에 의존하며 살았기 때문이었다.

이것이 어린 에드거가 경험한 첫 빈곤과 절망이었다. 그의 집은 언제나 도움이 필요한 자들의 피난처였는데 이제는 수많은 사람의 비극으로 인해 슬픔의 소리만 가득했다. 메뚜기 떼의 공격으로 인해 농장들은 폐허가 되었고, 노동에 지친 사람들은 어쩔 수 없이 집을 저당 잡히거나 손해를 보면서까지 농장을 헐값에 팔아야 했다. 그리고 그냥 체념해버리는 사람들의 이야기들이 그의 가족을 슬프게 했다. 모든 것이 다 메뚜기 때문에 일어난 일이었다.

그는 희망차게 시작했지만 이제 살아있는 식물이라고는 찾아볼 수 없을 정도로 황폐해진 작은 농장들을 지나치면서 마음이 아픈 동시에 이해할 수 없는 그런 불편한 감정을 느꼈다. 그런 비극적인 4년을 보내면서 불안 속에 하루하루를 살아가는 생존자들이 얼어붙은 호수의 얼음을 깨서 작살로 물고기를 잡으려고 애쓰는 모습을 지켜보는 심정도 마찬가지였다. 심지어 잡을 수 있는 물고기조차 부족했다.

불행 중 다행이었던 것은 그의 가족들은 아무도 배고픔으로 굶주리지 않았다. 그러다가 그 절망적인 상황이 다가왔다.

지역 정착민 중 가장 큰 타격을 입은 사람은 윌리엄 프레스턴(William Preston) 목사였다. 그의 급여는 신자들의 헌금에 달려 있었는데 신자들에게 어려움이 닥치면서 그들이 헌금할 수 없었다. 극에 달한 가난과 고난이 온 지역에서 그는 도움을 구해야 했다. 그의 아내는 병으로 앓고 있었고 아이들은 추위에 떨며 굶주리고 있었다. 아이들이 학교에 입고 갈 옷이 절실히 필요한 상황이었다.

에드거는 가족의 식탁에서 목사님들을 보는 것에 익숙해져 있었다. 그의 집은 그곳을 지나가는 모든 순회 목사들의 본부였다. 그는 자기 침대를 목사님에게 내어주고 본인은 바닥이나 건초더미에서 자는 것이 익숙했다.

에드거는 연세가 많으신 프레스턴 목사님을 특별히 좋아했다. 에드거는 그분과 그분의 가족들, 특히 진(Jean)이 굶주리지 않길 바랐다.

50년 후, 에드거 헬름스 목사는 자신이 모든 어려운 상황에 처한 사람들을 돕기 위해 해왔던 일을 더 많은 나라에 알리기 위해서 배를 타고 전 세계로 항해하는 동안, 어린 시절에 경험했던 이 사건에 대해 기록하면서 하나님은 가끔 정말 기적 같은 방법으로 기도에 응답하신다는 것에 깊은 감명을 받게 된 내용을 이렇게 썼다.

"내 아버지는 교회 집사였다. 집마다 돌아다니면서 목사님들께 드릴 급여를 모금하는 것이 그의 임무였다. 그것은 매우 어려운 일이었다. 특히 중서부 지역은 당시 '메뚜기 떼'의 농작물 파괴로 인해 힘든 시기를 보내고 있었다.

우리가 식탁에 둘러앉아 프레스턴 목사님의 가족에게 음식과 옷을 제공할 수 있는 방법을 찾기 위해 나누었던 그 엄숙한 대화를 나는 절대 잊을 수가 없다. 내가 그 대화에 흥미를 느낄 수 있었던 이유는 목사님의 자녀 중 한 명이었던 진이 나의 동창이었고 나이도 같았기 때문이었다. 나는 그녀와 사랑에 빠졌다. 그 사랑에서 한 번도 헤어 나온 적이 없었다. 나중에 나의 아내가 된 그녀는 내가 아는 가장 헌신적인 선교사 중 한 명이다."

이 뜻깊은 날, 이제 거의 10대로 접어든 에드거는 아버지를 따라 그의 집에 온 어린 연인을 동정의 눈빛으로 몰래 훔쳐보았다. 구석에 있는 의자에 앉은 그녀의 시선이 아래로 향했다. 기도가 곧 시작될 것을 알고 두 손을 곱게 모아 기도할 준비를 하고 있었다.

"프레스턴 형제님." 그 지역 감리교의 든든한 기둥인 헬름스 형제가 말했다, "우리의 어려운 상황을 주님께로 가지고 나갑시다."

아버지의 기도는 늘 어린 에드거의 마음을 울렸다. 교회에서, 모임에서, 식탁에서, 난로 주변에서, 혹은 본인만의 '비밀 장소'로 정한 헛간의 어느 비어있는 공간인 건초 더미 위에 무릎을 꿇고, 농부 특유의 투박하지만 진심 어린 말로 그의 심령을 힘들게 하는 모든 일에 대해 하나님께 이야기하곤 했다.

에드거는 머리를 숙여 아버지의 기도에 귀를 기울였다. 아버지는 은혜의 보좌에 계신 하나님께서 목사님 일가족의 필요를 공급해주시기를 간청했다. 기도를 마친 후, 소년은 "아멘"이라고 대답하는 진의 목소리를 들었다. 그도 그렇게 말하고 싶었으나 가슴이 뭉클해져 말을 잇지 못했다.

"프레스턴 형제님." 윌리엄이 자신 있게 말했다. "분명 방법을 찾을 수 있을 것입니다. 이 문제는 제게 맡기시고 집으로 돌아가십시오."

다음 날 아침, 교회 집사인 헬름스는 아내에게 호수에서 얼음 낚시하는 사람들을 모두 찾아가서 매주 월요일에 잡는 물고기 전부를 목사님께 드릴 수 있도록 간청해 보겠다고 했다. 그들의 동의를 구하는 것이 그리 어렵지만은 않았다. 근래에 물고기가 많이 잡히지 않아서 반대하는 사람들도 있었지만, 자신들의 이런 베풂이 그들에게 행운을 가져오기를 바랐던 사람들도 있었기 때문이었다.

일단 그만큼의 성과를 이루어낸 헬름스는 스피릿 레이크에 거주하는 마음씨 좋은 현지 상인 존슨 씨를 찾아가서 고마운 어부들이 잡은 물고기들을 일정한 가격으로 거래할 수 있도록 설득하는 데 성공했다.

50년 후의 헬름스 목사는 이렇게 기록했다. "나는 그 월요일 아침에 가졌던 기도모임에서 아버지가 프레스턴 목사님과 아픈 아내 그리고 자녀들을 위해 얼마나 간절히 간구했는지 아직도 생생하게 기억한다. 그는 주님께서 제자들을 위해 행하신 일을 상기시켜 드리려는 듯이 간구했다. 주님께서는 밤새 수고했지만, 아무것도 잡지 못한 제자들에게 배 오른쪽으로 그물을 던지라고 말씀하셨고, 그들이 주님의 명령을 이행하자 곧 배가 넘쳐날 정도의 물고기를 잡지 않았는가! 이 오코보지 호수의 어부들도 역시 메뚜기 떼의 파괴로 인해 도움이 필요한 상황이었지만, 선한 마음으로 그날에 잡게 될 물고기 전부를 목사님께 드리는 것이라고 말했다. 아버지는 목사님과 어부들을 위해 물고기가 잘 잡힐 수 있기를 기도했다.

그날부터 남풍이 불기 시작했다. 그리고 남쪽에서 바람이 불어오자 여느 때와 마찬가지로 물고기들은 떼를 지어 움직였다. 그 월요일은 지역 역사상 어획량이 가장 많았던 날이었다. 바람은 계속해서 남쪽에서 불어왔고 이삼일 동안 어부들은 충분한 보상을 받을 수 있었다. 그래서 그 감리교 목사님과 가족들은 겨울 동안 필요한 옷과 식량을 충분히 공급받았다. 정말 그 누구도 아버지와 프레스턴 목사님의 기도에 하나님께서 응답하셨다는 것을 부인할 수 없었다.

물고기 더미를 쌓고 또 쌓아 썰매에 실어 스피릿 레이크로 운반하는 동안, 그 정착지는 흥분의 도가니에 빠져 있었다. 그중 가장 흥분한 사람은 아마도 그날 잡은 물고기 전부를 구매하기로 약속한 상인이었을 것이다! 비록 물고기 종류나 모양, 그리고 크기는 각기 달랐지만, 그는 대범하게 전에 맺은 계약대로 이행했고 전부 매각하기 위해 물고기를 가득 실은 썰매를 오십 마일 이내에 있는 모든 지역으로 보냈다."

에드거는 주일 예배는 너무 길어서 별로 좋아하지 않았다. 예배 중에 연필을 깎고 손톱을 다듬는 것으로 잘 알려진 그였다. 하지만 주일 바로 다음 날, 기적 같은 물고기 어획 후에 가졌던 모임은 절대 잊지 않았다. 그 예배는 정말 환희로 가득했다! 마을 주민 모두가 충분한 식량을 소유하고도 남은 것이다. 이제 누구도 겨울을 두려워할 필요가 없었다. 할렐루야!

그는 새 신발을 신은 진을 바라보며 행복감에 벅찼다. 그래서 비록 자기 목소리가 변하고 있는 것과 그가 부르는 것이 소프라노인지 바리톤인지 구분할 줄은 몰랐지만, 찬송은 아주 힘차게 불렀다. 그는 "아멘"을 외쳐야 하는 부분은 절대로 놓치지 않았고 묵도하는 시간에는 아무도 굶주리지 않아도 되는 상황에 대해 정말 기쁜 마음으로 하나님께 감사드렸다.

청년 때의 헬름스와 그의 가족. 왼쪽에 서 있는 남자가 에드거 헬름스이며, 아버지와 어머니, 두 누나와 남동생이다.

3.

책을
좋아하는
소년이었다

아버지의 소원은 아들이 농부가 되는 거라는 것을 에드거는 잘 알았지만, 그의 영혼은 이를 거부했다. 그는 밭에서 일하는 것을 좋아했으나 잡일은 싫었다. 농사일이 시작되는 이른 시간 전부터 그리고 농사일이 끝나 해가 진 후에도 일과의 반에 해당하는 허드렛일을 해야만 했다. 그래서 에드거는 기회만 된다면 당장이라도 농장을 떠날 생각이었다. 그러나 그가 확신할 수 있는 건 그것뿐이었지 그 외의 것들은 다 불확실했다. 과연 농장을 떠나서 무엇을 할 수 있단 말인가?

그가 마음속 깊이 간절히 원했던 것은 목사가 되는 것이었다. 이는 떨쳐버릴 수 없는 소원이었다. 그는 늘 설교단 위에 서 있는 상상을 했다. 하지만 이 타고난 성향에 맞선 것이 바로 명예와 부에 대해 치솟는 야망이었다! 그는 사역을 통해서는 이러한 것들을 누릴 수 없음을 알고 있었다. 사실, 세상적인 것들에 대한 어떤 욕망도 하나님께 받은 목사로서의 소명에 비하면 아무것도 아니라는 생각에는 늘 변함이 없었다.

그는 자신이 어쩌면 선생님이 될 수도 있다고 생각했다. 그의 어머니가 그랬고 두 누나 역시 메뚜기 재앙으로 인해 어려운 나날을 보내고 있는 동안 가족에게 보탬이 되기 위해 학교에서 학생들을 가르쳤었다. 하지만 이는 교육을 받아야만 가능한 일이었다.

그는 싫어하는 농장 일을 계속하면서도 그것으로부터 도망칠 생각만 하다가 마음이 복잡해질 때면, 항상 똑같은 생각에 도달했다. 바로 공부였다. 어머니가 좋은 교육의 중요성을 계속 말해주지 않아도 이제는 잘 알았다. 어쩌면 그는 태어나면서부터 자연스럽게 알고 있었던 것 같다. 하지만 어떻게 해야 할까? 책으로? 해야 할 농장 일이 이토록 많은데 책을 읽을 기회가 어디서 나온단 말인가?

그때까지만 해도 아이오와주 북서부에는 고등학교는 물론 야간 학교조차 없었다. 하지만 매년 교사 자격증을 취득하여 지역 학교에서 가르치기를 원하는 이들을 위해, 교사 양성기관들이 스피릿 레이크에서 문을 열었다. 에드거는 이제 겨우 10대 초반의 나이로 이 교육 기관에 입학했고 현재 다니는 학교보다 더 높은 레벨의 교육을 받는 것이 소원이었다. 그는 학기 말에 다른 학생들과 같은 시험을 쳤는데 가끔은 다니고 있는 지역 학교에 임직이 예정된 사람보다 더 높은 성적으로 통과하기도 했다.

좌절감에 빠져 살았던 지난 몇 년의 시간을 뒤돌아보던 에드거는 이를 농부의 언어로 '오래된 밀짚을 탈곡하는 것'에 비유하기를 좋아했다. 그는 고등교육을 계속 받기 원했기에, 남아서 그의 선생님이 가르치셨던 과목들을 꼼꼼히 반복하며 배워나갔다.

교사 양성기관에서 했던 그의 공부는 아주 뜻밖의 방식으로 좋은 결과를 얻었다. 매년 학생들이 직접 준비한 특별 프로그램으로 폐막식을 개최하는 것이 그곳의 전통이었다. 에드거는 진짜 웃기는 작품을 선보여서 관중들의 웃음을 자아냈는데 놀랍게도 그의 작품이 최고의 인기를 얻었다는 말을 들었다.

관중석에서는 지역 신문 〈스피릿 레이크 비컨(The Spirit Lake Beacon)〉의 편집장 존 스미스(John A. Smith)가 취재 목적으로 행사를 관람하고 있었다. 그도 다른 이들과 마찬가지로 폭소를 터뜨렸다. 그 후 몇 주 동안 그는 이 말재주가 좋고 사람을 잘 다룰 줄 아는 어린 소년에게로 자꾸만 생각이 쏠리는 것을 발견했다.

에드거는 배우려는 열의가 있고 책을 좋아하며 이루고자 하는 목표가 분명한 소년이었다. 이 소년이라면 믿고 맡길 수 있는 '인쇄소 수습공'이 될 수 있지 않을까? 그는 자기 신문 작업을 도울 사람, 즉 인쇄 업무를 배우고 신문업을 원하는 수습생이 필요했던 터였다.

몇 달 후, 봄기운이 완연하고 밝은 햇살 아래 새들도 지저귀며 노래하던 어느 날, 에드거가 쟁기질하며 휘파람을 불고 있을 때였다. 그가 갑자기 멈춰 섰다. 아버지가 집에서 그를 부르고 있었다. "에드거! 에드거! 널 찾아온 사람이 있어!" 긴급함이 느껴지는 목소리였다. 뭔가 잘못된 것이 분명했다.

그가 서둘러 헛간까지 왔을 때 집 근처에 서 있는 마차를 보게 되었다. 그의 부모님 옆에는 존 스미스 편집장이 함께 있었다. 에드거는 재빨리 아버지를 쳐다보았고 그의 들떠있는 모습을 볼 수 있었다. 아버지에게선 보기 힘든 모습이었다. 그리고 어머니를 쳐다보았다. 그녀는 걱정스러운 듯하면서 동시에 단호한 표정을 하고 있었다.

"에드거." 그의 아버지가 이상하게 목이 멘 듯한 목소리로 말문을 열었다. "미스터 스미스는 네가 그의 사무실로 들어가서 인쇄 업무를 배웠으면 하는구나."

드디어 허드렛일에서 해방이었다. 소도시에서 생활할 수도 있고 책을 읽거나 공부하면서 길고 자유로운 저녁 시간을 보내는 것도 가능해진 것이다!

에드거의 눈은 조금 특이했다. 어린 시절에 인디언 놀이를 하던 중 같이 놀던 친구의 화살에 맞아 한쪽 눈을 다쳤다. 치료를 받고 좋아지긴 했으나 그 눈은 갈색으로 변해버렸다. 그래서 한쪽 눈은 파란색, 다른 한쪽은 갈색이었다. 그의 눈을 계속 바라보면 최면술과 비슷한 효과를 볼 수 있었다. 그가 격한 감정 기복이 있을 때 그의 파란색 눈과 갈색 눈은 마치 야생 자두처럼 까맣게 보였다.

바로 지금이 그랬다. 스미스 편집장의 차분하고 꿰뚫어 보는 듯한 눈과 마주치자 에드거의 눈은 푸른빛이 도는 검은색으로 변해버렸다. "네, 미스터 스미스, 하겠습니다!" 에드거는 숨을 헐떡이며 말을 꺼냈다. "기꺼이 가겠습니다! 언제부터 나갈까요?"

하지만 아버지는 뭔가 할 말이 있는 듯했다. 에드거는 힘이 세고 건장하여 다른 일꾼들과 똑같은 역할을 해낼 수 있어 집에서도 필요하다고 편집장에게 말했다. 게다가 편집장의 말대로라면, 인쇄소에서 1년째는 일주일에 1달러와 숙식을, 2년째는 2달러, 3년째는 3달러를 제공한다는 것인데, 농장에서는 더 많이 줄 수 있다는 것이었다.

어머니의 의사는 나중에야 들을 수 있었는데 역시 반대하는 입장이었다. 비컨 사무실은 사실 부정으로 가득한 곳으로 알려져 있었고 그는 일부 무신론 작가들이 쓴 책을 홍보해주기도 했다.

"일주일의 시간을 줄 테니 잘 생각해 봐요." 편집장이 말했다. 그리고는 멋진 그의 마차로 뛰어올랐고 손질이 잘 된 그의 말을 향해 "이랴!"라는 외침과 함께 먼지를 자욱하게 일으키며 스피릿 레이크로 출발했다.

일주일씩이나! 에드거는 고민할 시간이 전혀 필요하지 않았지만, 부모님은 그게 아니었다. 편집장이 다녀간 날 저녁에 두 분은 식탁에서뿐만 아니라 자기 전까지 그 제안에 대한 토론을 활발하게 계속 이어갔다. 한참 후에야 잠자리에 들려고 방으로 들어가면서 겨우 조용해졌다. 만약 그가 부모님의 닫힌 침실 문 열쇠 구멍에 귀를 대고 있었다면, 그의 어머니가 부드럽지만 확고한 어조로 하는 말을 들을 수 있었을 것이다. "윌리엄, 에드거는 언제까지 농장에만 있을 애가 아니에요. 아이가 스스로 선택하게 해줘요. 난 처음부터 그 아이는 농부가 될 수 없다는 걸 알고 있었어요."

다음 날 아침에 가진 가족 기도모임 중에 성경을 읽고 기도하는 아버지의 목소리에서는 슬픔이 묻어났다. 그리고는 공지사항을 전하는 시간이 왔다. 에드거가 스스로 결정할 수 있게 해준다는 소식이었다! 하지만 아들이 현명한 판단을 내리길 바랐기에 말을 아끼지 않았다.

에드거는 후에 아버지의 입장에 대해 이렇게 설명했다. "아버지는 내가 집에 있는 것이 더 좋은 것 같다고 말했다. 그러면 나는 망아지들을 키울 수 있을 것이고 담보 대출도 3년 안에는 다 갚을 수 있을 거라고 말했다. 그리고 오코보지 호수 동쪽에 위치한 우리 농장과 인접한 학교 용지를 살 건데 나중에 우리가 힘을 합쳐 모든 금액을 다 지불하게 되면 그 땅은 내 소유가 될 것이라고 말했다. 이 일을 아버지 혼자 할 수 없다고 하셨고 우리가 '함께' 해야만 가능하다고 했다."

'함께'라는 말을 내뱉는 것이 조금 어려웠던 그였지만, 다시 목을 가다듬고 에드거에게 자기 뜻을 전달했다. 에드거는 이제 아버지에게 도움을 줄 수 있는 나이가 되었고 많은 남자아이가 집을 떠나 도시로 나가면 도덕적인 면에서 타락하게 된다고 말했다. "게다가…" 목소리가 약간 떨리는 듯했지만, 곧 눈을 반짝거리며 말을 이어갔다. "하루도 집을 떠나 본 적이 없어서 엄마가 해주는 밥만 먹던 네가 어떻게 식사를 해결할 수 있을까?"

그 운명적인 일주일이 천천히 흘러가는 가운데 비록 농장으로부터 떠나는 것이 소원이었던 에드거였으나 그는 아버지의 말을 곰곰이 생각해 보았다. '나는 아버지와 함께 일하는 것을 정말 좋아해.' 그 자신도 인정했다. '아버지는 고결하고 훌륭한 사람이지. 아버지와 이야기하면 즐거워. 우리가 함께 일하고 대화할 기회가 흔치 않은 건 사실이지만. 그리고 확실히 난 그 새 땅을 소유하고 싶어. 하지만 나의 가녀린 손목으로 우유를 짜야 하는 대가를 그만큼 치러야만 가능할 테지. 결국 다른 일들처럼 힘들 게 뻔해. 또 내가 공부하고 싶은 시간에도 우유를 짜고 있겠지.'

갑자기 주방에서 어머니의 고기 굽는 냄새가 그의 코를 스쳤다. '아버지 말이 맞아.' 그는 인정했다. '스피릿 레이크에 있으면 어머니의 요리가 분명 그리울 거야. 하지만 한 주 혹은 두 주에 한 번 집에 와서 먹으면 돼.'

에드거는 마구간으로 슬그머니 들어가 그가 여태껏 키워온 망아지 바니와 베씨를 애틋하게 바라보았다. 그는 아버지가 언젠가 저들을 자기에게 줬으면 했었다. 이제 저 둘은 그의 남동생이나 누나들의 것이 될 것이다. 창피하게 눈에 눈물이 고이자 재빨리 그곳을 나왔다.

에드거는 어머니와 이야기해서 매듭짓고 싶었다. 어머니는 그가 어떤 중요한 일에 대해 이야기할 때 그의 말을 가로막은 적이 한 번도 없었다. 그리고 편집장이 왔던 주의 주일에 어머니와 이야기할 수 있는 기회를 얻어냈다. 그녀는 주일 오후마다 아이들에게 성경 이야기를 들려주고 설명하는 시간을 가졌다. 하지만 이번 주일에는 그 대신에 에드거와 같이 산책하러 나가기로 했다. 어머니는 그녀가 가장 좋아하는 장소로 그를 데려갔다. 그곳은 그들의 농장 위에 있는 조그마한 언덕이었다. 그 언덕 위에 있으면 주변의 풍경과 오코보지 호수의 일렁이는 물결이 뚜렷하게 보였다. 머리 위로는 새들이 노래하고 있었고 발밑에는 향긋한 제비꽃이 피어 있었다. 하지만 그 평화롭고 아름다운 광경에 취해 있을 수 없는 에드거였다. 그는 즉시 두 사람이 고심하고 있는 그 문제를 들고나왔다.

"어머니." 에드거가 말을 시작했다. "저요, 훌륭한 변호사가 되기로 결정했어요. 그것도 유명한 변호사요!" 그리고는 어머니의 답변을 기다렸다. 하지만 어머니는 아무 말이 없었다. 그의 생각이 잘못되었다고 느끼는 것일까? 그는 이 직업을 선택한 이유를 서둘러 이야기했다.

"제가 유명한 사람이 되고 싶다고 했잖아요. 그런데 미국의 거의 모든 위인은 변호사 출신이었어요. 제가 만약 국회의원이나 주지사, 혹은 대통령이 되려면 반드시 변호사부터 되어야 한다는 거죠."

무표정한 그녀의 얼굴에서는 아무것도 읽어낼 수 없었다. 단지 아들의 이야기를 들어줄 뿐이었다. 에드거가 늘 원했던 반응이었다. 하지만 이번에는 달랐다. 어머니의 대답이 몹시 궁금했다.

"어머니, 저는 공부를 열심히 해서 그 목표를 이룰 거예요." 그녀는 여전히 아무런 대답이 없었다. 에드거는 그녀가 반대하는 것으로 생각했다.

"변호사가 되는 걸 반대하는 건가요?" 그가 물었다.

"에드거, 그게 아니란다. 만약 그것이 하나님의 뜻이라면, 난 반대하지 않아."

"그럼 어머니의 바람은 무엇인가요?"

"아들아, 나는 네가 어떤 길을 가든지 가장 먼저 선하고 정직한 사람이 되길 바란단다."

"선하고 정직한 변호사는 안 되나요?" 그가 이의를 제기했다. "에이브라햄 링컨은 그랬잖아요. 모든 변호사가 사기꾼인 건 아니에요."

또다시 이상한 침묵이 찾아왔다. 그러다가 그녀가 "아니지"라고 말했고 다시 침묵이 흘렀다. 에드거는 이제 언제라도 다른 가족들의 등장으로 인해 방해를 받거나, 이 은밀한 대화를 이어나갈 기회를 완전히 잃어버릴 것 같은 생각이 들었다.

"어머니." 그가 간절히 애원했다. "말해주세요. 어머니는 진심으로 제가 어떤 사람이 되기를 바라세요?" 그러자 그가 평생 잊지 못할 대답이 돌아왔다. "전에도 말했듯이 난 네가 그저 하나님께서 원하시는 대로 된다면, 그걸로 만족한단다. 난 하나님께서 네가 선하고 정직한 사람이 되길 바라신다고 확신한단다. 그런데 난 하나님께서 네가 복음을 증거하는 목사가 되길 원하실지도 모른다는 생각이 늘 들었어. 그 이유를 지금 말할 수는 없지만, 언젠가는 말해줄게."

　금요일 저녁 일과를 마친 후, 가족들은 모두 거실에 모였다. 에드거는 그때 자신의 결정을 가족에게 말했다. 그는 미스터 스미스의 제안을 받아들여 지역 신문사에서 일하기로 했다고 말이다.
　몇 분 동안 괴로운 정적이 흘렀다. 그 정적을 깬 것은 그의 어머니였다. "만약 하나님의 뜻이 그러하다면…." 그녀는 부드럽게 말을 이었다. "에드거, 하나님의 은혜가 네게 충분하다는 것을 알았으면 한다. 난 네가 선하고 정직한 성품을 잃어버리지 않고 가족을 욕보이는 그 어떤 일도 하지 않을 것이라 믿는단다."
　아버지는 한마디도 하지 않았다. 그는 일어나 밖으로 나갔다. 에드거는 아버지가 헛간으로 기도하러 갔음을 알았다. 지난 몇 년간, 그를 따라다니던 에드거가 자주 보던 광경이었다. 헛간의 갈라진 나무 벽 틈으로 보였던 것은 아버지가 빈 마구간 공간에 무릎을 꿇고, 모은 두 손에는 등불을 들고 있는 모습이었다. 그는 아버지가 가족 한 명 한 명의 이름을 불러가며 기도하고 또 이웃들을 위해, 특히 몸이 아프거나 곤경에 처한 사람들을 위해 기도하는 것을 들었다.
　그가 그의 결정을 알린 날에는 그저 상상 속에서만 아버지를 뒤따라갔다. 그리고 훗날, 그 자신이 아버지가 되고 나서야 당시 건초 더미에 무릎을 꿇고는 하나님께서 저 농부가 되기를 거부하는 에드거 제임스 헬름스를 지켜주시고 인도해주시기를 슬프게 간구하던 남자의 마음속

깊이 자리했던 걱정과 실망에 대해 알 수 있게 되었다.

그 다음 주, 집을 떠나기 전에 에드거는 바니와 베씨에게 작별을 고하기 위해 홀로 마구간으로 갔다. 옥수수와 귀리를 주머니에서 꺼내 그들을 먹이면서 다시금 그의 눈에 눈물이 고이고 있음을 느꼈지만, 이번엔 그냥 흘러내리도록 내버려 두었다. 어쩌면 망아지 두 마리를 잃는 것 그 이상의 뭔가를 잃었음을 알고 있었을 것이었다.

도시에서 일자리를 구하자마자 에드거가 했던 일은 변호사가 되기 위한 최선의 공부법을 가르쳐 줄 사람을 찾는 것이었다. 존 코리(John W. Corey) 변호사는 1874년 스피릿 레이크에 법률 사무소를 차렸고 언젠가 지방 검사로 선출될 사람이었다. 그는 명성 높은 변호사가 되려는 계획에 대한 열심 어린 에드거의 이야기를 아버지처럼 자상한 표정으로 들어주었다. 그리고 에드거는 변호사 공부를 시작하려고 하는데 법률책이 있으면 빌려줄 수 있는지 코리에게 물어보았다.

코리는 그 소년이 받은 교육의 한계를 잘 알고 있었기에 저녁 시간을 활용해 역사와 문학에 관한 책을 읽을 것을 제안했다. 하지만 에드거는 이 조언을 귀담아듣지 않았다. 미래의 변호사로서 그는 반드시 법률책을 공부하는 것부터 시작해야 한다고 주장했다. 그는 경외심을 가지고 그 검소한 사무실을 둘러보았고 그러다가 책장 속의 곰팡이 낀 두꺼운 책들을 보고는 이에 사로잡혔.

"선생님, 저 중에서 한두 권만 제게 빌려주실 수 있나요? 조심해서 보관할게요. 믿어주세요." 그가 애원했다.

코리는 책장으로 다가가더니 가장 따분하고 지루한 참고서 몇 권을 능수능란하게 골라냈다. 그 자신도 끝까지 읽어보지 못한 책들이었다.

"네가 이것들을 완전히 익혔을 때 돌려주렴. 그럼 이보다 더 높은 레벨의 책들을 주도록 하지." 그는 간신히 웃음을 참으며 말했다.

하지만 1차로 그 정도면 충분했다. 에드거는 기쁜 마음으로 돌아가 역사와 문학에 관한 책을 읽었다. 그는 자기 생애 처음으로 갖게 된 이토록 길고 조용한 저녁 시간을 책을 읽고 공부하는 데 사용했다. 그는 충분히 이 시간을 활용하며 즐겼다. 하지만 때로는 훌륭하고 유명한 사람이 더 빨리 될 수 있는 방법을 찾았으면 했다.

4.

대학에 가려면 100달러가 필요해요

에드거는 자기 몸 안에 흐르는 것이 피가 아닌 잉크라도 되는 것처럼 새로운 직업에 금방 적응했다. 스미스 편집장은 자신이 수습생 선택을 얼마나 잘했는지 금방 알 수 있었다. 에드거는 기술을 빨리 익혔다. 유형 설정과 인쇄기 관리뿐 아니라 당시 그 소도시의 신문을 성공적으로 인쇄하고 발행하기까지의 모든 작업이 포함되어 있었다.

"그의 적성에 맞는 일을 찾은 거야!" 스미스 편집장이 웃으며 말했다. "그가 있어야 할 곳은 아버지의 농장이 아니라는 뜻이기도 하지."

사실 에드거가 아직 어렸듯이 그 신문사도 아직은 성장 중이었다. 초판은 불과 당시로부터 8년 전인 1870년에 발행되었다. 그것은 그 지역의 첫 신문이기도 했다. 그때는 스피릿 레이크도 아직 세워진 지 얼마 되지 않아 십여 개의 목조 건물로 형성되었을 뿐이었다. 그래도 그곳은 은행과 잡화점, 그리고 도서관까지 보유했었기에 이주민들에게는 중심가였다.

그 소도시가 헬름스네 농장으로부터 2마일이 조금 안 되는 거리에 있었기에 에드거는 주말마다 집으로 돌아가 가족들과 함께 예배에 참석하고 또 어머니의 요리로 배도 채울 수 있었다. 풍성한 주일 만찬 후에는 보통 교리와 윤리, 그리고 제자훈련에 관한 어머니와의 진지한 이야기가 이어졌는데 대개는 에드거가 어머니에게 제시한 의견이나 질문 또는 궁금증을 풀어주기 위함이었다.

"어머니, 이 모든 자잘한 교리들은 왜 한 주 동안의 행실이 아니라 교인들에게 이해하기 어려운 믿음만 강조하는 거죠? 주님께서는 신앙을 이렇게 복잡하게 만들지 않으셨어요. 주님을 더 가까이하고 교리에는 무게를 덜 두는 건 불가능한가요? 만약 제가 정직하면서 선한 사람이 되길 원한다면 전 제가 이해한 대로 말해야겠어요! 어머니, 전 성경이 증언하는 주님을 따를 거예요. 그분께서는 줄곧 선을 행하셨어요. 문둥병 환자들을 치유하셨고 일어서지 못하는 자를 다시 걸을 수 있게 해주셨고 맹인들이 보게 하셨으며 가난하고 어려운 상황에 처한 사람들을 섬기셨어요. 저는 그것이 진정한 믿음이라고 생각해요."

"외국 선교지에선 다 그렇게 하고 있단다." 그의 어머니가 말했다. "최근에 너의 사명 리스트에 무엇이라도 넣었니?"

"어째서 우리나라에선 남을 돕는 일을 더 많이 하지 않는 거죠? 여기에도 불쌍하고 가난한 사람들이 있잖아요." 그건 어쩌면 젊은 세대가

구세대의 규칙에 맞선 단순한 반항이었을지도 모른다.

"어른들은 춤을 추거나 카드 게임을 하는 젊은 사람들을 보면 다 지옥으로 향하는 길이라고 말하죠. 그런데 그들 가족 중 누군가가 말을 매매할 때 사기를 치거나 하면, 못 본 체하거나 빚을 회피하거나 가족을 그냥 방치하는 거예요. 어머니, 어째서 그런 위선자들이 교회에 있을 수 있죠?"

한 젊고 멋진 목사가 프레스턴 목사의 뒤를 이어 스피릿 레이크에 있는 교회의 담임목사로 임명되었다. 바로 에그미(P. H Eighmy) 목사였다. 에드거도 그분이 사역하는 교회에 참석했는데 목사는 에드거에게 많은 관심을 가졌다. 에드거의 영적 상태뿐만 아니라 야심 가득한 그의 꿈도 마찬가지였다. 목사는 에드거의 어머니인 레로나와 가만히 있지 못하는 에드거에 대한 이야기를 진지하게 나눴는데 그녀를 안심시키는 말로 대화를 마무리했다. "에드거에게 진정 필요한 건 회심(Conversion)입니다. 그때가 올 것입니다!"

에드거는 인쇄소에서 3년간 일하면서 그의 인생에 큰 영향을 미치게 될 두 가지 중요한 사실을 배웠다. 하나는 작은 도시에서도 신문을 발행함으로써 돈을 벌 수 있다는 것이었는데 다른 하나가 훨씬 중요했다. 그것은 인쇄된 이야기가 가진 마법의 힘이었다. 누군가는 인쇄된 이야기로 운동을 이끌 수 있었다. 누군가는 여론을 좌지우지할 수 있었고 또 누군가는 훌륭한 사람을 정부로 선출해낼 수 있었다. 그리고 누군가는 인쇄된 자신에 대한 이야기를 통해 영원히 살아갈 수 있었다. 바로 게티즈버그 연설문을 작성한 링컨처럼 말이다.

인쇄소에서 일한 지 3년째, 견습 기간도 거의 끝나가던 어느 날, 경영부서로 불려간 에드거는 조금 화가 나 있었다. 마침 다음 판 신문 작업으로 한창 바쁜 시간이어서 그랬다. 그런데 스미스 편집장이 에드거를 보기 원했던 방문객을 소개했을 때는 그는 그저 황송할 따름이었다. 방문객이 다름 아닌 아이오와주 마운트 버넌에 있는 코넬대학의(Cornell College) 윌리엄스(S. N Williams) 교수였기 때문이었다.

그 박식한 신사분은 그의 앞에 서 있는 큰 체격에 특이한 눈을 가진 소년을 천천히 살펴보았다. 윌리엄 교수가 학자만이 가질 법한 하얀 손을 내밀자 에드거는 자신의 잉크 묻은 손을 의식하는 티가 확연히 났다.

"에드거, 당신에 대해 들은 바가 있어요." 교수가 웃으며 말했다. "난 에그미 목사와 논의할 것이 있어 지금 이 스피릿 레이크에 왔어요. 그는 훌륭한 사람이죠. 지금 막 그와 이야기를 나누고 온 참이에요. 당신에 대해 이야기하더군요. 코넬이 바로 당신과 같이 야심 찬 젊은이들을 위한 학교예요. 곧 그곳에서 당신을 볼 수 있으면 좋겠네요. 코넬대학 카탈로그를 가지고 왔어요. 두고 갈게요."

모든 것이 너무 빠르게 진행되어 정신이 멍해진 에드거였다! 꿈만 같았다. 하지만 그의 팔 안에 끼고 있는 카탈로그가 현실임을 증명해주고 있었다. 에드거는 그것을 일하면서 볼 수 있도록 선반 위에 세워 두었다. 그리고 그것이 마치 연기처럼 사라질까 봐 두려워 이따금 일을 멈추고 쳐다보곤 했다. 그때마다 그에게 손짓하며 '명예와 부'를 속삭이는 것 같았다.

매일 신문 작업을 마치면, 곧바로 그의 소중한 카탈로그를 팔 밑에 끼고 방으로 달려가 내용을 반복하여 암기하듯 익혔다.

에드거는 빨리 집에 가서 어머니와 이야기하고 싶었다. 그리고 그녀의 찬성에 안도하고 기뻐한 에드거였다. "넌 지금까지 신앙인들이 쓰지 않은 책을 읽어 왔다." 그녀가 꾸짖듯 말했다. "이제 네가 기독교 대학에 들어갈 때가 왔구나!"

그는 3년째 주급이 겨우 3달러임에도 불구하고, 조금이라도 아끼며 저축했다. 그리고 이를 어머니에게 자랑스럽게 이야기했다. "내 아버지가 남긴 백 달러를 네게 줄 거란다." 그의 어머니가 약속했다. 그녀는 수년간, 심지어 메뚜기 재앙으로 인한 불황을 겪는 중에도 그 귀중한 유산만은 지켜냈다.

그러나 이 뜻밖의 제안에 대한 에드거의 기쁨도 그리 오래가진 못했다. 그의 아버지는 그 백 달러로 곡물 창고를 짓고자 했다. "에드거." 그가 반대 의사를 표했다. "집을 떠나는 순간 혼자가 되는 거라고 내가 말했을 텐데. 만약 네가 대학에 가길 원한다면 신문사에서 1년 더 일하면서 1년 학비를 벌어야 한다."

"에드거는 이번 가을에 학교에 가야 해요." 그의 어머니가 고집하고 나섰다. 자기 아들을 잘 아는 그녀였다. 지난 수년간, 주일마다 나누었던 대화 가운데 에드거가 많은 것을 털어놓지 않았던가! 그녀는 아들이 하는 비평을 한동안은 저지할 수 있었다. 그의 말에 의하면, 몇몇 경건한 기독교인이라 칭하는 자들이 자신들에게 유리할 때만 온유한 태도를 보이며 '비판을 받지 아니하려거든 비판하지 말라'는 구절을 인용하여 타협했던 것이었다. 하지만 이제는 그의 비판적인 생각을 저지하는 것은 불가능하다고 생각했다. 지금이라면 그는 타협하지 않으려는 눈빛을 하고 그녀를 바라볼 것이고, 뒤돌아서 가버릴 것이다. 그녀는 에드거가 이제 코넬로 가야 할 때인 것을 알고 있었다.

하지만 남편의 생각은 달랐다. 그는 건장한 아들 없이 홀로 무거운 짐을 감당하며 어렵게 보낸 지난 몇 년간을 뒤돌아보았다. 그는 지금 가지고 있는 땅 옆에 새로운 땅을 용케도 살 수 있었다. 에드거가 현재 하는 이 모든 어리석은 짓을 멈추고 그 새로운 땅에 안착한 뒤에 때가 되면 결혼하여 그들의 집 바로 옆에 새 집을 마련하고 가정을 꾸려 가기를 아직도 바라고 있었다.

3년 전의 상황이 재연되고 있었다. 그때 그의 부모님은 그가 생애 첫 직업을 위해 스피릿 레이크로 떠나는 일에 대해 의논에 의논을 거친 것을 알고 있었고 그는 침대에서 몸을 뒤척거리며 듣고 있었다. 에드거는 또 그때처럼 잠을 이루지 못한 채 그가 고등교육을 받기 위한 첫걸음으로 코넬을 선택한 것에 대해 부모님이 논의하는 소리를 두려운 마음으로 듣고 있었다. 현재로서는 그 백 달러가 없이는 코넬에 갈 수 없었다!

어머니는 지혜롭게 아버지를 설득하였고 그녀의 뜻대로 되었다. 에드거는 하늘을 날 것만 같았다. 그의 아버지는 조용히 헛간으로 가서 기도로 위안을 삼았다.

이제 에드거의 걱정은 포트 다지 역까지 어떻게 가느냐였다. 거기서 기차를 타고 마운트 버넌까지 가야 했다. 그 역은 집에서 50마일 떨어진 곳에 있었고 그의 집에서 가장 가까운 기차역이었다. 그러다가 에그미 목사가 농장에 찾아와 전한 소식에 크게 안도했다. 그는 마침 한스 그로브에서 열리는 전도집회에 참여하는 중이었고, 끝나면 포트 다지에 갈 예정이었기에 에드거를 태워다 줄 수 있다는 것이었다.

"그 말은 에드거가 예정보다 며칠 빨리 떠나야 한다는 뜻이에요." 에그미 목사가 레로나에게 말했다. "하지만 에드거도 저와 함께 전도집회에 참석할 수 있어요. 그런 다음 포트 다지 역으로 데려다주고 그가 표를 사는 것도 도와줄 수 있어요."

여태껏 기차 여행을 한 번도 해본 적이 없었던 에드거였기에 목사님이 동행해주는 것에 그녀는 안심했다. 특히 에드거가 전도집회에 참석한다는 것이 좋았다.

다음 날부터의 시간은 에드거가 들뜬 마음으로 짐을 싸고 스미스 편집장과 그의 동료 미스터 펑크(Mr. A. B Funk)에게 작별 인사를 하는 가운데 흘러갔다. 그리고 마침내 중요한 날이 찾아왔다. 그는 아주 활기 넘치게 에그미 목사와 그의 4륜 짐마차를 맞이했다. 지금 당장 위대한 모험을 향해 떠날 기세였다.

하지만 "우선 기도합시다"라는 아버지의 말이 떨어졌다. 그들은 모두 무릎을 꿇고 에드거가 새롭게 내딛는 이 중요한 발걸음에 하나님의 축복이 있기를 기도했다. "이 소년을 향한 하나님의 뜻을 그에게 보여주십시오." 아버지의 간구였다.

"아멘." 그의 어머니가 작은 목소리로 대답했다.

"아멘"과 함께 기도를 마친 에그미 목사의 마음은 그가 한스 그로브 (Hans' Grove)에서 선포할 부흥의 메시지에 대한 생각만 있었다. 그는 바쁜 일정 탓에 메시지를 준비할 시간이 없었다. 대초원의 길을 따라 여행하는 중에야 조금 생각을 정리할 수 있었다. 마침 좋은 기회였던 것이 그간 품었던 수많은 의혹과 의구심을 털어낸 에드거 때문이었다. 에드거는 수년 후, 그 대초원의 여정에 대해 이렇게 말했다.

"나는 에그미 목사와 4륜 짐마차에서 나눈 이야기를 잊을 수가 없었다! 이 긍정적이면서 착하고 온화한 개척교회 목사님과의 논쟁에서 나는 이겼다고 생각했다. 하지만 그는 늘 신앙 여정에서의 회심의 경험이야말로 나의 의혹에 대한 유일한 답이라며 말을 돌렸다."

목사님의 주장은 에드거를 심각한 고민에 빠지게 했다. 자기 내면의 불안감을 없애기 위해서라도 평안을 구해야 한단 말인가? 그렇다면 한스 그로브 전도집회에서 그런 경험을 할 수 있도록 최선을 다해 볼 것이었다. 그는 진심으로 노력했다.

하지만 이 집회는 그가 참석했던 것 중 가장 지루한 부흥집회였다. 그날의 날씨는 눅눅하고 추웠다. 그는 찬양과 설교, 둘 다 형편없다고 생각했다. 그가 보기에 참석자 수는 한심할 정도로 적었다. 간증이나 고백을 원하는 사람이 있다면 앞으로 나오라는 요청이 있기도 했지만, 몇몇 아이들만이 나왔다.

만약 한 백발의 연로하신 목사님의 간증이 없었더라면, 그 집회에 참석한 것이 완전히 손해였다고 생각했을 에드거였다. 그 목사님은 구약에 나오는 여느 선지자들처럼 그곳에 서서 반복하고 또 반복해서 말했다. "이 집회에서 누군가가 회심할 것이며, 수천 명의 사람을 그리스도에게로 인도할 것이라고 선하신 주께서 제게 말씀하셨습니다!"

에드거는 산을 움직일 것 같은 믿음의 열의로 달아올라 있는 그 어르신의 얼굴을 보면서 그의 아버지가 그 월요일 아침에 많은 물고기가 잡히길 간구하던 모습이 떠올랐다.

"수천 명을 주님께로 인도할 것입니다." 그 연로하신 목사님이 크게 기뻐하며 말했다. "그 회심한 죄인은 지금 이 자리에 있을 것입니다."

차갑고 오싹한 기운이 에드거의 척추를 타고 내려갔다. 하지만 그는 앞으로 나갈 수 없었다. 대신 그는 옆에 앉아 있던 친구에게 시선을 돌렸다. 그는 인근 농장에 고용된 사람이었는데 에드거와 같은 방을 쓰고 있었다. 그 친구는 지금 지루한데 춥기까지 한 이 형편없는 집회에 대한 경멸감을 토로하고 있었다.

그때 한 줄기 희망이 찾아왔다. 에그미 목사가 집회 마지막 날 저녁에 설교할 것이라는 공고였다.

"그는 멋진 설교를 보여줄 거야!" 에드거는 그 비웃고 있는 친구에게 장담했다. 그리고 그때는 자신이 앞으로 나가서 그 젊은 목사님을 기쁘게 해줄 것이라 다짐했다. 그는 정말 좋은 친구였고 대학에 입학하는 데도 중요한 역할을 해주지 않았던가.

그런데 목사님이 그런 형편없는 설교를 할 줄은 정말 몰랐다! 에드거에게는 그 예배가 너무 밋밋하게 느껴져서 앞으로 나오라는 요청조차 없을까 걱정되었다. 에드거 옆에 앉아 있던 그 친구의 조롱하는 소리는 더 커졌다.

그럼에도 불구하고 그 목사님의 요청이 있자 에드거는 딱딱한 의자에서 일어나 앞으로 나갔다. 그곳에 모인 대부분의 사람이 그랬듯이 옆에 있던 친구도 넋을 잃더니 눈만 깜박깜박했다. 에그미 목사님은 눈을 의심했다. 그 집회에서 이런 일이 일어날 것을 예상했던 분은 바로 감격하여 몸까지 떨고 있는 그 연로하신 목사님이었다. 하나님께서 그 목사님에게 주시는 마음을 크게 외쳤다. "농부 헬름스의 아들! 주님을 찬양할지어다! 할렐루야!"

사람들이 '내 모습 이대로 주께 나아갑니다'라는 찬송을 부를 때, 전도집회의 여정을 걷고 있는 그의 모습에 가장 놀란 사람은 에드거 자신이었다. 대중 앞에서 하는 그의 간증을 듣는 것에 가장 놀란 사람도 에드거였다. 이는 매우 진실된 간증이었다. 그는 간략하게 이야기했다. "제 평생에 지금처럼 추하고 심술궂다고 느껴본 적이 없습니다. 하지만 기독교에 대해 공정한 시험을 해봐야 한다는 생각이 듭니다."

집회가 끝나고 나서 에드거는 몸이 꽁꽁 얼어 있는 상태로 묵고 있던 농가에 도착했다. 그 농가의 가족은 자기 전에 가지는 저녁 기도모임을 위해 불 주변에 모여 앉아 있었다. 나이 많은 인도자가 기도하고 있었다. 에드거는 엄청난 위로가 그의 전신에 만연하는 것을 느꼈다. '지금 느껴지는 것은 믿음으로 인한 건가?' 그는 스스로 물었다. '아니면 그냥 불 앞에 있어서 따뜻하게 느껴지는 건가?'

그는 이를 증명하고 싶었다. 그래서 그는 차가운 추위 속으로 걸어가 큰 나무 옆에 무릎을 꿇고 기도했다. 처음에는 아무 말도 나오지 않았다. 그렇게 고통 속에서 믿음을 구하려고 애쓰는데 기도가 나왔다. "주님, 저의 회심이 진짜인지 확인하고 싶습니다. 만약 이것이 진정 신앙 여정에서의 회심의 경험이라면 제가 절대 의심하지 않게 해주십시오."

하지만 기적은 일어나지 않았다. 그리고 절망감이 그의 영혼을 감쌌다. 그는 몸을 떨면서 집으로 돌아가 재빨리 잠자리에 들었다. 그는 몇 시간 동안 이리저리 뒹굴면서 생각하고 고뇌했다. 그러다가 잠들기 전에 하나님을 찾을 수 있을 때까지 계속 구할 것이라고 하나님께 약속했다. 그리고 새롭게 겸손한 마음으로 그의 의심에 대해서도 용서를 구했다.

그는 다음 날 아침, 해가 떠오르며 그의 방을 환하게 비추자 잠에서 깼다. 하지만 그 축복의 날 아침, 그 방에는 햇빛 외에 또 하나의 빛이 존재했다. 이는 형언할 수 없는 평안으로 그의 영혼을 감싸 안았다. 그것은 그의 회심에 대한 증거였다.

그날은 포트 다지로 가는 중에 목사님과 함께 신앙에 대한 논쟁을 펼치지 않았다. "에그미 목사님." 에드거가 고백했다. "당신이 옳았어요! 어떤 신앙적인 의혹들에 대한 최고의 해결법은 신앙 여정에서의 회심의 경험이에요."

다음 날 이른 아침, 에그미 목사는 포트 다지 역에서 에드거를 만나 티켓을 샀고, 이제 교회에서 그의 이름은 '관찰대상 멤버'로 등록될 것이며 다음 분기별 모임에선 그에게 권사 자격증을 부여할 것이라 말했다.

17살의 파릇파릇한 사춘기 소년은 기차에 올라타서 휘파람으로 찬송가를 불렀다. 에드거는 온종일 휘파람을 불거나 찬송가를 부르며 보냈는데 그는 그가 왜 그러는지 잘 알고 있었다.

5.

신문 사업으로
성공하다

코넬대학에서 예비과목 공부를 시작하게 된 에드거는 믿지 못할 정도로 기뻤다. 그는 그가 꿈꾸던 명예와 부를 향해 달리고 있었다. 이제 아무것도 그를 멈출 수 없었다!

하지만 기쁨도 잠시, 에드거는 무겁고 힘겨운 학교생활의 길로 끌려다녀야 했다. 공부가 어려웠던 것은 아니었다. 그는 두뇌가 명석했고 오랫동안 글을 익히는 데 푹 빠져 살았으므로 책은 그야말로 친구 같은 존재였다.

주된 문제는 재정이었다. 어머니에게서 전해 받은 백 달러가 처음에는 엄청나게 큰돈으로 보였지만, 급속도로 소모되고 있었다. 그는 어떻게든 아끼려고 애썼다. 다림질을 따로 해야 할 수밖에 없는 셔츠를 제외한 모든 빨래는 혼자 했다. 그는 토요일이나 공휴일을 활용해 나무를 톱질하거나 옥수수 껍질을 빗기거나 또는 인쇄 작업을 하면서 단돈 얼마라도 벌 기회를 절대 놓치지 않았다.

그는 먹는 것도 아꼈다. 그것이 그의 실패의 원인이었다. 그는 그가 찾을 수 있는 가장 저렴한 식사 동호회에 가입했다. 앉기만 하면 배고픈 나날들이 반복되는 가운데 빈약한 식사를 앞에 두고 매번 똑같은 후식인 말린 자두를 보면서 어머니의 요리와 신선한 과일, 그리고 부모님의 대초원 농장에서 나는 풍부한 크림이 그리웠다.

나중에 반세기도 더 지났을 때쯤, 에드거가 다른 나라의 리더들에게 굿윌 인더스트리를 시작하는 방법을 전파하여 그들도 그가 했던 것처럼 장애를 가진 사람들이 스스로 일어설 수 있게 도와주는 사업을 해주길 염원하며 세계 곳곳을 항해하던 중, 그때 그렇게 싫어했던 말린 자두에 관해 쓴 내용이 있다.

그는 이렇게 썼다. "그 후 20년 동안 나는 말린 자두를 먹을 수 없었다. 그 동호회에서 정말이지 싫증이 날 정도로 먹었다."

다 닳은 신발을 신고서 성공으로 향하는 사다리의 첫 단에 서게 된 에드거 학생은 그만 그 자리에 발목이 묶여 버렸다. 부족한 것이 너무 많았다. 그는 조기 교육에서 놓쳤던 부분을 만회하기 위해 늦은 시간까지 공부했는데, 경작지와 옥수수밭의 신선한 공기를 마시는 대신 작은 방에 틀어박혀 공부할 수밖에 없었다. 옷도 부족했다. 그는 어른이 될 때까지도 평소 검소했던 어머니가 아버지의 오래된 양복을 고쳐 만들어 주신 옷을 입고 다녔다. 무엇보다 부족했던 것은 키 182센티미터가 넘는 건장한 시골 청년이 섭취해야 했던 영양가 있는 음식이었다.

결국 불가피한 일이 발생했다. 그의 건강이 아주 안 좋아진 것이었다. 그리고 치료비가 그를 절망에 빠뜨리려는 듯이 괴롭히고 또 괴롭혔다. 코넬에서 일 년도 마치지 못한 채 패배자처럼 집으로 돌아가야 할까? 건강한 이웃들의 은밀한 경멸을 직면해야 한단 말인가? 아니면 그보다 더한 그들의 동정을 받아야 하는 건가?

그런 어려운 상황을 전해 들은 그의 누나 알지나가 치료비를 대신 지불해주었고 집으로 가는 티켓을 구할 돈도 보내주었다. 포트 다지 역에서 내렸을 때, 그의 마음은 칼에 꽂힌 듯 아파왔다. 불과 몇 달 전, 이곳에서 기차에 탑승했을 때 느꼈던 흥분과 기쁨이 생각났기 때문이었다. 그는 그때처럼 휘파람을 불면서 그날에 불렀던 부흥회 찬송가를 비통하게 다시 불렀다.

그는 너무 아파서 머리도 들지 못한 채 그 광활하고 완만하게 경사진 대초원을 달려 집으로 가면서 생각했다. "이제 끝이야!" 하지만 그는 알지 못했다. 어떤 해는 일 년에 1학기씩만 수강하기도 하면서 코넬대학을 마쳤을 때, 나중에 그가 이를 '영광스러운 9년의 싸움'이라 부르게 될 것을 말이다. 지금은 그 시작에 불과했다.

아픈 아들이 집으로 돌아오자, 그의 어머니는 온통 그에게 집중했다. "잘 먹고 잘 쉬어라." 그녀가 단호히 말했다. "애가 거의 굶어 죽어가는 상태까지 갔네!" 그리고는 몇 달 만에 처음 먹어보는 영양이 풍부하고 맛있는 좋은 식사를 서둘러 준비해주었다.

에드거는 낙담한 채 그의 방에 누워서 그들이 지경에 이르게 한 원인을 생각했다. 분명한 것은 그가 스스로 챙겨야 할 것들을 챙기지 못했다는 것이었다. 눈물로 인해 눈이 아려왔다. 그는 옷과 음식을 충분히 구할 만큼의 돈을 모을 때까지 결코 코넬로 돌아가지 않을 거라고 맹세했다. 직업을 반드시 구해야 했다!

"네가 좀 더 강해질 때까지 기다려봐." 그의 가족들이 권고했다. 그렇게 집에서 회복하고 있는데 〈스피릿 레이크 비컨〉 신문사에서 일자리 제의가 들어왔다. 현장 주임으로 오라는 것이었다. 그곳은 에드거가 3년 전에 '인쇄소 수습공'으로 처음 일을 시작했던 곳이었다. 그들은 그가 다시 돌아오길 바랐다.

에드거는 그 제안을 고맙게 받아들였는데 다시 희망이 보였다. 다 타버린 재처럼 사라진 줄만 알았던 야망이 서서히 다시 타오르기 시작했다. 그는 놀라울 정도로 열심히 일했을 뿐 아니라 지역 신문 인쇄 작업을 감독하는 일도 만족스럽게 처리했다.

그는 언젠가 소유할 자신만의 신문을 꿈꾸며 일했다. 그냥 인쇄하는 것이 아닌, 편집하고 발행하며 소유하는 것을 꿈꿨다. 6개월이 채 되지 않아 스피릿 레이크 남서쪽 40마일 지점에 있는 피터슨 정착지에서 이를 실현할 기회가 찾아왔다. 사실, 그곳에 가려면 인디언들이 주로 다니는 오솔길을 따라가거나 사람의 발길이 닿지 않은 대초원을 가로질러야만 했다. 하지만 개척하는 환경에 익숙했던 10대의 에드거에게 그것은 일도 아니었다.

투자금이 어느 정도 있었던 비컨 회사 동료인 에드워드 블랙커트가 에드거와 함께하기로 결정했다. 피터슨 정착지로 가는 가장 가까운 기차역은 아이오와주 체로키(Iowa, Cherokee)에 있었다. 두 젊은 인쇄공은 자신들의 중고 인쇄기와 다른 필요한 장비들을 그곳으로 먼저 보냈다. 하지만 그 무거운 짐은 소가 끄는 수레로 대초원을 이동해야 했는데 봄비로 인해 엄청나게 깊어진 늪지의 진창과 위험할 정도로 물이 불어난 작은 강을 건너야 했다.

이러한 어려움이 그들을 두렵게 하지는 못했다. 그들은 급할 필요가 없었기 때문이었다. 하지만 그들이 역에서 들은 소식은 확실히 그들을 당황하게 만들었다. 피터슨으로 향하는 인쇄기가 그들의 것만 있는 것이 아니었기 때문이다. 피터슨에서 25마일 떨어진 스톰 레이크(Storm Lake)에 사는 또 다른 인쇄업자도 그들처럼 신문사를 열망했고, 이미 진행 중이었다!

에드거와 그의 파트너는 더 이상 여유를 부릴 시간이 없었다. 이제 어느 인쇄업자가 먼저 피터슨에 도착해서 장소를 마련하고 신문 초판을 다른 이보다 먼저 낼 수 있는지를 가리는 정신없는 경쟁이 시작된 것이었다. 경쟁 출판사가 가야 할 거리도 사실상 같았다.

진창길을 따라 고된 여정이 지속되는 가운데 이따금 에드거와 그의 동료는 수레에서 내려야 했고 소들은 주인들이 채찍질하자 다시 고군분투하며 앞으로 나아갔다. 마침내 그들이 두려워했던 지점인 물이 불어난 강에 도달했다. 반드시 건너야만 했다.

"수레를 타고 건너는 것은 불가능하겠네요." 그의 동료 에드워드가 말했다. "절대 안 돼요!"

"수레에 물이 들어가지 않게 틈새를 메워야겠어요." 에드거는 굴하지 않고 거침없이 말했다. 가족들과 함께 걸어서 개척지까지 이동했던 많은 초기 이주민이 그에게 해줬던 말이 기억났다.

"짐을 내리죠!" 그들은 무거운 짐을 강기슭에 내리고 넘치는 강물에 맞설 방수 마차를 조립했다. 또 엄청난 무게를 자랑하는 기계를 다시 들어 올리기 위해 허리가 부러지는 듯한 고된 작업이 시작됐다. 그리고 이런 와중에 혹시라도 그들의 경쟁자가 눈에 보일까 걱정 어린 눈빛으로 대초원을 바라보았다.

소를 몰고 강을 건널 때 에드거는 숨을 죽여 핏기가 사라진 입술로 기도했다. 과연 저쪽에 도착할 수 있을까? 성공하지 못하면 다 잃게 되는 건데 말이다.

비록 때때로 아슬아슬한 순간들도 있었지만, 결국은 해냈다. 이제 옥수수밭을 가로질러 세워진 피터슨의 중심가까지 10마일이 남았을 뿐이었다! 마침내 그들은 도착했고 '피터슨 애국자(Peterson Patriot)'의 첫판을 숨 가쁘게 진행했다.

14년 후, 에드거는 초청 강연을 위해 피터슨에 다시 돌아왔다. 그때의 그는 명성이 자자한 에드거 제임스 헬름스 박사였지만, 그 신문사사장에게는 그저 '피터슨 애국자(Peterson Patriot)'의 편집자 에드거일 뿐이었다. 그리고 신문의 첫 편집자를 환영하는 의미로 그와의 추억을 신문에 인쇄했다. 다음은 그 내용이다.

"우리가 '에드거'라고 친근하게 부르는 그는 14년 전에 피터슨에 왔다. 그는 지금의 머윈 씨의 뒤뜰에서 그의 소에게 '워워'라고 말하고는 '피터슨 애국자(Peterson Patriot)'에 사용될 첫 유물을 마차에서 내렸다. 그리고는 햇빛과 비를 피할 용도로 몇 개의 판자로 지붕을 만들고 바로 일을 시작했다. 그리고 눈 깜짝할 사이에 재미있는 소식으로 가득 채워진 하얀 종이 한 장인 '애국자(Patriot)'를 뽑아냈다. 반면 스톰 레이크에서 출발한 그의 경쟁자는 여기서 반 마일도 안 되는 장소에 발이 묶여 피터슨에는 영영 닿지 못했다."

'재미있는 소식으로 가득 채워진 하얗고 작은 종이'는 작고 가난한 정착지의 이주민들에게 늘 빛나는 희망을 안겨주었다. 철도가 곧 그들에게 닿을 것이고 그들 모두를 부유하게 만들어 줄 석탄이 채굴될 거라는 소식, 그리고 그들이 매달릴 수 있는 희망과 미래에 대한 믿음을 주는 소식들이 가득 담겨 있었다.

그런 에드거는 훗날, 미국과 다른 나라에 있는 희망 없이 사는 수백만 명의 사람들을 위해 다른 일을 하고 있을 것이었다. 가난하거나 장애를 가졌거나 버림을 받은 모든 사람에게 미래에 대한 새로운 믿음을 줄 것이었다.

그 신문사는 1882년에 큰 성공을 거두었고, 70년이 넘는 시간 동안 계속 이어져 왔다. 1926년에는 천2백 명이 안 되는 소도시에서 발행한 신문이 아이오와주 최고의 신문으로 인정받아 신문협회로부터 은상을 받는 영광을 누렸다.

60주년 기념판 사본에는 세계적으로 널리 알려진 에드거로부터 온 편지 한 통이 실려 있었다. 그때 그는 미국의 155개 도시와 19개국에 지점을 두고 있는 굿윌 인더스트리의 사무국장이 되어있었다. 편지의 일부 내용은 다음과 같았다.

"내가 이 신문사를 시작할 당시의 나이는 18살이었다. 나는 나를 보고 수줍어하던 여성들을 좋아하지 않았다. 나이보다 몇 살 더 많아 보였던 나는 실제 나이를 숨기지 않았다. 선거 날에는 어린 나이로 인해 선거권이 없어서 투표하지 않기 위해 잠시 피터슨을 떠났다."

어린 에드거는 그가 머지않아 지역 정치에 개입하게 될 것이며 이로 인해 두통과 심적 고통도 함께 받게 되리라고는 생각조차도 못 했다.

자신의 신문을 발행한 첫 출발에서 빠른 성공을 거둔 것에 힘을 얻은 에드거는 또 다른 신문사를 샀다. 이는 '수 신문(Sioux Press)'이었고, 피터슨에서 10마일 떨어진 소도시에서 발행되었다. 이제 그는 두 개의 신문을 발행할 수 있게 되었고 이를 위해 광고주를 찾아야 했는데 무엇보다 중요한 것은 구독자가 있어야 했다.

모든 시간을 그에 투자해야 할 만큼 어려운 일이었지만, 그는 4년간 용케도 두 신문을 발행해왔고 업무 정리를 잘했던 덕에 2백 마일이나 떨어진 코넬대학에서 3학기나 공부할 수 있었다!

그걸 어떻게 해냈을까? 기차나 4륜 짐마차나 말을 타고, 혹은 지친 발을 이끌며 이동하는 힘겨운 나날들은 모두 가장 어려운 조건 속에 일어났고 이제는 정치적 의무와 학업까지 더해져 더 바쁜 나날들이 이어졌다.

에드거가 정계에 발을 딛게 된 것은 불가피한 일이었다. 그의 신문은 공화당의 대변자 역할을 했다. 그는 이를 통해 주 전체에 금주 운동을 벌였다. 금주에 대한 그의 확고한 입장은 공화당 대표들의 관심을 끌었다. 당시 그는 21살도 채 안 된 나이였다. 그는 공화당 전당대회에서 아이오와주 전체에 대한 금주령을 최초로 찬성한 클레이 카운티 대표단의 회장(Clay County Delegation to the state Republican Convention)으로 임명되었다.

에드거는 활기차게 지역 대표단을 이끌었고 이에 힘입어 금주 운동에 찬성하는 의회 입후보자 한 명을 당선시켰다. 그가 지명한 필모어(C. W. Filmore)는 같은 동네 사람인데 상원의원으로 선출되고 나서는 결정적인 한 표를 던져 아이오와를 금주의 주로 만들었다. 공화당 대표들은 이 승리를 위해 애쓴 에드거를 칭찬했다.

그럴 때쯤 집에서는 그의 어머니가 주일 오후, 제비꽃이 피고 새들이 노래하던 호숫가에서 울려 퍼졌던 아들의 간절한 애원을 회상하고 있었다. "어머니, 제가 국회의원이나 주지사 혹은 대통령이 되려면 반드시 변호사가 되어야 해요. 선하고 정직한 변호사는 될 수 없을까요? 링컨 대통령은 그랬잖아요. 어머니는 제가 훌륭한 사람이 되길 바라지 않나요?"

그리고 이어진 것은 3학년 대학 생활과의 격렬한 싸움이었다. 당시의 그는 신앙적으로 거의 타락한 상태였다. 그나마 유지할 수 있었던 이유는 숲속 깊숙이 들어가 기도라도 했기 때문이었다.

이는 경제적 어려움이 아니라 영혼의 싸움이었다. 결여된 것이 또 있었는데 이번에는 전에 경험했던 것보다 훨씬 더 충격적이었다. 바로 앞으로의 방향과 이에 대한 결단이었다. 한없이 긍정적이고 솔직 담백한 사람인 그에게 있어 이는 고문과 같았다. 그는 그에게 가장 적합한 삶이 무엇인지 혼란스러웠다. 정신이 왔다 갔다 하면서 이번엔 이렇게, 다음엔 저렇게, 그의 생각은 바람이 부는 대로 돌아가는 풍향계 같았다.

한때 강렬했던 사역에 대한 소명은 이제 다른 분야로의 강력한 이끌림으로 인해 잠잠해졌다. 한스 그로브(Hans' Grove)에서의 회심 이후 느꼈던 열정은 사라진 상태였다. 소년 시절에 어머니를 그렇게 불안하게 했던 교회에 대한 비판 현상이 다시 나타나고 있었다.

그가 신문을 발행한 작은 도시에서의 교회생활은 행복과는 거리가 멀었다. 국내 선교단체들의 지원을 받는 여러 종파 간의 거룩하지 못한 대립 때문이었다. 기독교를 실천하지 않는 자들이 경건한 척하는 모습이 그의 본능을 건드렸다.

에드거는 신문 분야에서 큰 성공을 거두었다. 그래서 그는 자연스럽게 평생을 사역이 아니라 이 신문 사업을 해야 한다고 자신을 확신시키려 했다. 신문 사업은 그에게 있어 생계나 학업을 계속하기 위한 수단 그 이상의 것이었다. 이 일은 그에게 자신의 신념을 표현할 수 있는 무대를 만들어주었다. 바로 편집 플랫폼과 사회를 무대로 한 강단이었다.

그는 약자에 대해 강한 연민을 품고 있었다. 그는 잘못된 개념으로 인해 '하층 계급'이라 불리는 사람들을, 그렇게 만든 것이 무엇이든 간에, 그들에 대한 존중을 잃지 않았다. 그는 그들을 짓밟거나 착취한 모든 것을 경멸했다. 가난, 범죄, 질병, 불의, 교육과 기회의 결여 등 인류의 모든 적은 그의 적이 되었고 마찬가지로 그의 하나님과 그의 나라의 적이 되었다. 그는 이 모든 것과 싸울 수 있다고 스스로 말했다. 신문 편집을 통해서나 그가 정계에 발을 내딛거나 해서 말이다.

그의 영혼의 싸움은 계속되었다. 그와 논쟁했던 그 누구도 그가 정계에서 이룬 성공을 부인할 수 없었다. 그는 어릴 때부터 변호사가 되길 원했다. 물론, 모든 이가 진실로 훌륭한 사람이라고 인정하는 성공한 변호사를 말하는 것이었다.

"명예! 부!" 어떤 목소리가 외쳤다. 마치 그가 존경했던 상원 의원의 목소리처럼 깊고 중후했다. 또 다른 목소리는 "복음을 증거하는 목사"라고 속삭였는데 그것은 어느 여인의 기도처럼 부드러웠다.

6.

하나님의
일을 하기로
결심하다

그 상원 의원의 목소리가 이겼다. 에드거는 정계가 맞는 길이라고 생각하여 이를 선택한 것이다. 이로써 골치 아픈 문제가 해결되었다. 그 길이라면, 금주 운동을 계속할 수 있었고 극심한 술의 악폐에서 불쌍한 사람들을 구제하는 것이 가능하다고 생각했다.

그는 자기 노력이 이전처럼 그에게 승리를 안겨줄 것이라 기대하며 정계로 돌아갔다. 하지만 그는 공화당 후보 경선에서 패했다. 그러자 금주법을 지지하는 사람들이 그가 단독 출마할 것을 권고했다. 그는 찬성했고 지칠 줄 모르는 열정을 가지고 선거 운동에 뛰어들었다.

그러나 예상과는 다르게 그는 투표에서 결정적인 패배를 당했다. 이는 엄청난 타격이었다. 정신적인 타격은 물론이며 자존심도 크게 상했다. 금주법의 최고 지지자였던 그는 다시 숲으로 들어가 마음의 상처를 먼저 치료한 뒤에 그의 부모님이 믿는 하나님께 인도하심을 간구했다.

하지만 아무런 응답도 없었다. 심한 영적 혼란을 겪어야 하는 날들만 더 남아 있을 뿐이었다. 그리고 결정적인 밤이 찾아왔다. 그는 밤새 혼자 방에서 기도하며 씨름했다. 사역의 소명에 대해 고심하고 있는 동안, 시간은 그저 느리게 흘러갔다. 그는 과연 세속적인 야망과 명예를 향한 욕망을 포기할 수 있을까? 하나님께서 어떤 급여를 주시든지 만족하며 받아들일 수 있을까? 험난한 사역 현장으로 갈 수 있을까? 무엇보다 그의 약혼녀 진이 그와 함께 가지 않겠다는 상황이라면 그녀를 포기할 수 있을까?

날이 밝자, 자신의 질문에 대한 답을 찾은 에드거는 무릎을 펴고 반듯하게 일어섰다. 사역에 대한 그의 부르심은 완전한 순종과 헌신 그리고 그의 모든 것을 다 바치는 것이었다. 그는 그 부르심대로 나아갈 생각이었다. 하나님의 도우심이 함께하신다면 그도 복음을 증거하는 목사가 될 수 있을 것이다.

그는 바로 계획을 세워나갔는데 먼저 신문사를 팔아야 했다. 그 돈이라면 코넬에서의 마지막 학년을 마칠 수 있었고 보스턴 신학대학에서도 좋은 출발을 할 수 있을 것이었다. 그 결정을 부모님께 말씀드리고 약혼녀 진에게는 그와 함께 인도로 가서 섬길 의향이 있는지 물어봐야 했다.

"할렐루야! 하나님께 영광을!" 그는 부드러운 목소리로 하나님을 찬양했다. 마침내 훌륭한 결정을 내린 것이다. 드디어 내적 갈등을 극복하고 온전한 그 자신이 된 것을 기뻐했다.

그는 신문사를 매입할 사람을 금방 찾았고 1890년의 어느 오후, '수 래피즈 신문(Sioux Rapids Press)' 사무실에서 미스터 크로울리를 만나서 계약을 체결했다.

미스터 크로울리가 인쇄기들을 검사하더니 말했다. "좋아 보이네요. 무슨 유형인가요?"

"크로울리, 중고지만 좋은 기계입니다. 자세히 살펴보셔도 됩니다. 모든 크기의 고딕체와 어느 정도의 고대영어, 그리고 원고 작업도 가능합니다."

크로울리는 살펴보고 흡족해했다. "에드거, 여기는 정리 정돈이 잘 되어 있군요. 이제 회계장부들을 좀 둘러볼까요?"

에드거는 잘 보관된 그의 장부들에 대해 자부심을 느꼈다. "크로울리, 이미 당신을 위해 준비해 두었습니다. '수 래피즈 신문(Sioux Rapids Press)'과 '피터슨 애국자(Peterson Patriot)' 신문에 대한 계좌도 보여드리겠습니다. 그리고 두 신문사는 빚이 없습니다. 발행 부수는 1,156부까지 가능합니다."

멋진 관람이었다. 나이가 더 많았던 그 남자가 에드거를 쳐다보며 말했다. "에드거, 난 이해할 수가 없어요! 지역 주간지를 2개나 가지고 있는 당신이에요. 돈이 되는데도 팔려고 하는데 무엇 때문에 그러는 거죠?"

"신앙입니다."

"뭐라고 했죠?"

에드거는 그 작은 사무실을 둘러보았다. 그가 마감 시간을 맞추기 위해 수많은 작업을 해왔던 곳이었다. 그들이 낡은 책상을 지나 그나마 편안하다고 할 수 있는 의자로 다가갔을 때, 그의 눈에서 어떤 아쉬움의 흔적이 보였다. 그의 인생의 한 부분에 대한 작별이었다. 에드거는 어린 시절 살던 집과 그의 기쁨이 되어주었던 망아지들을 떠올렸다. '그들에게 안녕이라고 작별하며 눈물을 흘렸었지.' 그런 다음 미소를 지으며 평정심을 찾아간 그였다.

"신앙."

크로울리는 계속 놀라며 빤히 쳐다보았다. 하지만 그리 오래가지는 않았다. "자!" 그가 폭발했다. "날 봐요! 굳이 신앙 때문에 돈이 되는 사업을 포기할 필요는 없어요!"

"크로울리, 제 입장이 된다면 당신도 이렇게 할 것입니다. 저는 선교사가 되길 원합니다."

크로울리의 표정은 이제 놀라움에서 진심이 어린 염려로 바뀌었다. 이 젊은이는 자기가 무엇을 하고 있는지 알고 있는 것일까?

"에드거." 그는 아버지 같은 목소리로 그를 타일렀다. "내 말을 들어보세요. 현재 수많은 젊은이가 아프리카나 인도 쪽으로 나가는 것을 로맨틱하다고 생각하고 있어요! 내가 아는데 그렇지 않아요. 내 처남이 이교도들을 구하겠다고 떠났다가, 결국에는 우리가 그와 그의 가족을 지원했는데 절반의 시간을 소모했어요. 그들은 때때로 먹을 것이 부족한 상황에도 처했었어요!"

에드거가 고개를 끄덕였다. 그와 진에게도 충분히 일어날 수 있는 일이었다. 가장 힘든 선교현장으로 보내 달라고 기도하지 않았던가?

"크로울리, 그 모든 상황을 다 생각해봤어요. 보시다시피 이 길이 맞아요. 한때 전 변호사가 되어 유명한 사람이 되고 싶었어요. 그리고 나중에는 돈을 벌기 위해 신문 사업자가 되고 싶었죠. 하지만 지금은 그저 인도에서 가장 가난한 지역의 선교사가 되길 바랄 뿐이에요."

크로울리는 여전히 미심쩍게 바라보았다. "당신이 신문사를 매각하는 이유가 그것이 확실한 거지요?"

"그게 맞습니다. 전 코넬을 졸업할 돈이 필요해요. 그다음엔 보스턴 신학대학에 가서 공부할 거예요."

크로울리는 한숨을 쉬더니 어깨를 으쓱했다. 어쨌든 그는 경고했다. 누구도 뭐라 할 수 없을 것이었다.

"그럼 됐어요." 그가 말했다. "난 판사를 찾아가 서류를 작성해 달라고 할게요. 오늘 저녁에 서명합시다. 에드거, 이제 마음이 바뀌면 안 됩니다. 난 이미 당신의 모든 걸 살 준비가 되어 있어요."

다음은 약혼녀 진의 아버지 프레스턴 목사님의 차례였다. 에드거는 프레스턴 목사님의 집으로 찾아가서 그와 그 가족에게 자신의 결정을 이야기했다. 그는 신학 공부를 하고, 또 외국 선교현장에 나갈 훈련을 받을 생각이었다.

"에드거, 선교사역은 힘든 일이다." 그가 경고했다. 그는 순회 목사로서 개척사역의 어려움을 겪었었기에 잘 알고 있었다. 게다가 에드거가 어릴 때 그의 세상적인 야망에 대해 그의 어머니와 이야기를 나눈 적이 있었다. "에드거, 네가 이루려는 목표는 그냥 평범한 것이 아니란다. 그 이상의 노력이 필요할 거다."

"알고 있어요. 전 명예와 돈에 대한 모든 욕심을 포기했어요. 하나님의 사역에 관한 일이라면 무엇이든 받아들일 수 있어요. 저는…." 그는 침을 꿀꺽 삼키고는 용기를 내어 말을 이어갔다. "저는 진이 저와 함께 가지 않겠다고 하면 그녀도 포기할 수 있어요."

그녀는 재빠르게 그의 곁으로 왔다. 이 다정한 여인과의 사랑은 그녀가 아직 수줍음이 많은 11살의 어린 소녀였을 때 시작되었다. 당시 그녀는 학교에 입고 갈 옷이 없어 도움이 필요했던 상황이었다.

그를 바라보는 파란 눈에는 그를 향한 사랑이 넘쳐났다. "하지만 에드거." 그녀가 항의했다. "난 당신을 기꺼이 따라갈 수 있어요! 난 당신과 함께 사역할 것이고 당신이 부르심 받은 그 어떤 곳도 함께 갈 거에요!"

그녀를 한 팔로 끌어안은 에드거의 검은색 눈동자에는 북받치는 감정이 확연히 드러났다. 그리고 에드거는 그녀에게 말했다. "그러면 여기서 학교를 마치는 대로 보스턴으로 가서 함께 선교훈련을 받읍시다."

진은 간절함을 담아 아버지를 바라봤다. "그래도 되나요?" 그녀가 물었다.

고통스러운 표정이 프레스턴 목사의 주름진 얼굴을 스쳤다. "난 다만 그것이 이루어지길 바랄 뿐이란다." 그가 말했다. "하지만 우리가 재정적으로 부담할 형편이 안 될지도 모르겠구나."

"그것 때문에 힘들어하지는 마세요." 에드거가 자연스럽게 말했다. "제가 방법을 찾아볼게요."

"보스턴에서 생활하려면 비용이 많이 들 것이다." 진의 아버지가 콕 찍어서 말했다. "이후 몇 년간은 오직 에드거 너만을 위해서 돈을 써야 할 텐데."

"하지만 방법을 찾아볼게요. 그리고 허락하신다면 진의 비용도 제가 부담할게요. 나중에 저희 둘 다 졸업하면 결혼할 거예요. 그리고 인도에 갈게요." 그는 의기양양하게 말했다. "전 더 이상 부탁할 것이 없어요." 에드거는 활짝 웃으며 말했다. "그저 목사님의 축복을 바랄 뿐입니다."

이 땅에서의 사역에 거의 종점을 찍고 계시는 그 은퇴하신 노 목사님은 애정이 듬뿍 담긴 팔을 뻗어 이제 자신의 사역을 향해 달려가는 이 강인하고 건장한 젊은이를 안아주었다. "에드거." 그가 웃으며 말을 꺼냈다. "난 널 어릴 때부터 봐 왔단다. 네가 무엇을 선택하든지 난 널 믿었을 것이다. 그게 목사라서 나는 기쁘구나."

에드거는 발에 날개라도 달린 듯이 서둘러 코넬로 돌아갔다. 모든 것이 순조롭게 진행되고 있었다. 그는 가능하면 국내 선교사역에도 참여할 계획이었다.

대학에서 마지막 학년을 보내는 동안, 그는 다른 학생들과 연합하여 마운트 버넌 밖의 대학교들을 방문하는 설교 순례를 시작했다. 이로써 자신도 모르는 사이에 훗날 '마운트 버넌 순례(Mount Vernon circuit)'로 발전한 사역의 길을 닦았다.

그는 가장 어려운 선교지로 가겠다고 했던 자신의 다짐을 늘 기억했고 근처에서 그런 도전을 할 수 있는 기회를 찾던 중에 '솔론(Solon)'이라는 험난한 마을을 발견했다. 그는 사방의 죄와 싸우며 때로는 충격을 받아 몸서리치면서 과연 온순하고 보호받으며 자란 진과 그가 이런 험악한 곳에서 사역할 수 있을지 궁금했다. 그래서 그녀를 초청해서 시험해보기로 했다. 자신과 동료 전도사들이 함께 사역하는 데 동참하게 했다. 그렇게 그들은 마운트 버넌에서의 마지막 여름, 험악한 솔론 마을에서 그가 훗날 기쁨에 차서 '가장 은혜로운 부흥'으로 묘사한 그 사역을 시작했다.

그는 철학학사 학위 수료증을 받은 것에 자부심을 느끼며 코넬을 졸업하고 나서 일 년 후에 그와 합류하게 될 진이 여성 집사 훈련학교에 입학해 인도에서의 그들의 사역을 준비하게 될 일들을 생각하며 보스턴으로 떠났다.

그는 진의 비용을 자신이 부담하겠다고 했었다. 그리고 몇 달이 지나자 그는 몇 번이고 그 노 목사님이 했던 말을 떠올렸다. "보스턴에서 생활하려면 비용이 많이 들 것이다. 넌 모든 돈을 너 자신에게 써야 할 것이다." 그 혼자라면 신중하게 예산을 짤 경우 경제적으로 큰 어려움은 없을 테지만, 그의 약혼녀의 훈련 비용은 부담할 길이 없어 보였다. 그 초조한 나날들 속에서 그의 생각은 자꾸만 그의 아버지와 아버지가 기도하러 가던 그 마구간의 어느 텅 빈 장소로 향했다. '아버지가 기도하시는 옆에 있으면 좋으련만.' 에드거는 진을 보스턴으로 데려오는 것에 대해 기도하면서 그런 생각을 했다.

그리고 기적 같은 일이 일어났다. 마치 메뚜기 재앙으로 인해 힘들게 보내던 시절에 기적같이 어마어마한 양의 물고기를 잡았던 것처럼 말이다! 그는 아버지로부터 농장을 팔아 오리건주로 이주하고 있다는 편지를 받았다. 아버지는 목사가 되기 위해 보스턴에서 공부하는 아들에게 2백 달러를 보내야겠다는 생각이 들었다고 했다.

이러한 일들의 반복으로 에드거는 만나가 하늘에서 떨어지는 기적 같은 일을 기대하는 것에 익숙해져 있었다. 하지만 정말 이번에는 엄청난 의미를 부여했다. 이것은 그들이 인도로 향하는 계획을 하나님께서 허락하셨다는 증표였기 때문이었다!

그러는 동안 그는 도시 선교활동에 뛰어들었다. 그가 이 구원사역에서 이끈 신학생 그룹은 이례적인 성공을 거두었다. 그는 학비에 보탬이 되고자 웨스트 애빙턴(West Abington)에 있는 작은 교회의 목사 직분을 받아들였고 그는 임직 기간에 가장 놀라운 부흥을 끌어냈다.

에드거의 급우 중 한 명이었던 라일 터번(Lyle Thoburn)의 삼촌은 제임스 터번(Bishop James M. Thoburn) 주교였다. 그들은 그 훌륭한 사람의 도움을 구하기로 했다. 그래서 진 프레스턴이 보스턴으로 오기 전에 두 젊은이는 희망을 품고 터번 주교를 찾아 노스필드 기독교위원회(Northfield Christian Conference)로 갔다.

"제임스 삼촌." 라일이 말을 시작했다. "저희는 삼촌의 도움이 필요해요."

"라일, 단지 네가 내 조카라는 이유로…."

"삼촌, 그런 게 아니에요! 에드거, 네가 설명해."

에드거가 원하는 바였다. 그는 늘 준비된 연설가였고 무엇보다 이번 건은 그가 가장 좋아하는 주제였다.

"터번 주교님, 라일과 저는 선교사역에 관심이 있습니다. 저희를 인도로 보내주셨으면 합니다."

주교는 긴장을 풀었다. "글쎄, 그건 다른 문제인 거 같은데." 그가 대답했다. "인도는 우리의 주요 배정지역이 아니라네."

"그건 알고 있습니다. 그리고 저희도 그 어려움은 잘 아는 바입니다. 그래서 가고 싶다는 것입니다. 또 다른 이유는 그곳 사역의 많은 부분이 우리가 출판할 신문과 책을 판매하는 데 달려 있기 때문입니다."

주교는 눈썹을 치켜올리더니 그의 말을 막았다. "거기 젊은이, 잠깐, 왜 그대가 자격이 있다고 생각하는 건가?"

에드거는 순간 무안했다. "라일, 네가 말해." 그는 말을 더듬었다.

"삼촌, 그러니까 저희 둘 다 그 방면에 능하다는 뜻이에요. 에드거는 아이오와주에서 두 개의 신문사를 9년간 운영했었어요. 그는 능력 있는 편집장이자 인쇄공이에요."

"맞습니다, 주교님." 에드거가 거들었다. "또한 라일은 신학대학에서 책을 가장 잘 파는 사람이에요."

"흠…." 주교가 곰곰이 생각하는 듯했다. "아주 흥미롭군!" 그리고는 절실한 두 젊은이를 은밀한 눈빛으로 쳐다보더니 "슈츠(Dr. Shutz) 박사가 내년에 미국으로 돌아온다는 이야기를 자네들이 들었을 거라고 생각하는데."

그들 모두 그 대목에 웃음을 터뜨렸다. 바로 이 정보가 그 면담을 있게 해주었기 때문이었다.

"책 판매와 신문 사업 외에 또 무슨 일을 해봤지?"

"주교님, 저흰 보스턴에서 많은 선교사역을 해왔습니다." 에드거가 이야기했다. "그리고 인도에서의 사역은 더 엄청나다는 것을 저희 둘 다 인지하고 있습니다." 자신감이 충만하던 청년은 금세 겸손해졌다. "주교님, 만약 교회에서 저희를 사용해준다면…." 그가 간청했다. "저희는 기꺼이 섬기겠습니다."

주교는 그런 그의 모습이 더 좋아 보였다. "글쎄…." 곰곰이 생각하던 그가 말을 이었다. "그 빈자리는 아직 채워지지 않았다네. 개인적으로는 그대들이 딱 적합한 팀이 될 거라고 믿네만."

"오, 감사해요, 제임스 삼촌. 그렇게 될 거예요!"

"그렇게 빠르게 되는 게 아니야! 에드거, 자네는 현재 교회를 가지고 있는 건가?"

"네, 터번 주교님. 전 웨스트 에빙턴 교회의 목사예요. 제 학교생활에 필요한 비용을 그것으로 보태고 있습니다."

"그것도 인도 사역을 위해 기꺼이 포기할 수 있다는 거고?"

"네, 주교님!"

주교는 갑자기 그들을 향해 환한 미소를 띠었다.

"아주 좋아! 둘을 받아주도록 하지. 내년에 학교를 졸업하면 슈츠 박사 대신 둘을 보내주겠네."

라일이 흥분에 겨워 감사의 말을 전하는 한편 에드거는 '너희 둘'이라는 불길한 말에 사로잡혀 있었다. 그럼 진은 어떡하고?

"주교님." 그가 다급하게 말했다. "말씀드릴 것이 하나 더 있습니다. 혹시… 그러니까… 아내를 동반해도 됩니까? 아내 역시 선교사역에 대해 훈련을 받은 사람입니다. 가능합니까?"

주교의 눈이 반짝거렸다. "에드거, 당신의 이야기요? 라일의 이야기요?"

"제 이야기입니다. 진 프레스턴에게 소식을 보냈습니다. 그녀의 아버지는 주교님도 알고 계시는 분입니다. 그녀는 공부하러 보스턴에 올 것이고 졸업하면 저희는 결혼할 생각입니다."

주교는 머뭇거리더니 잠시 생각했다. "그러니까 프레스턴 형제의 딸인 그녀가 기꺼이 그대와 함께 인도로 간다는 것인가?" 그는 손가락 끝으로 책상을 톡톡 두드리며 생각에 잠겼다. 그리고는 진심을 담아 말했다. "여성 선교사가 한 명 있는 것도 좋다고 생각되는군."

"봄베이(뭄바이)로 가는 거야!" 에드거는 그 감격스러운 소식을 진에게 전하면서 크게 기뻐했다. "할렐루야!"

7.

보스턴
빈민가에
할 일이 많아요

1893년 봄, 보스턴대학에서 신학학사 학위를 받으며 졸업하게 된 에드거는 그 소중한 학위를 하나님의 선물이라고 생각했다. 해외 선교지에서의 섬김을 위한 수년간의 준비는 이제 끝났다. 그의 뒤에는 전쟁이, 앞에는 봄베이가 있었다!

그는 부모님이 얼마나 자랑스러워할지 알고 있었다. 그는 당시 학생으로서 받을 수 있는 최고의 성적으로 졸업했기 때문이었다. 교수진은 그를 파이 배타 카파 회원장(Phi Beta Kappa Key)으로 선정했다.

그가 생각할 때마다 감정에 겨워 눈 색깔마저 검은색으로 변하게 만든 일이 여기 또 있었다. 다름 아니라 대학에서 모두가 탐낼 만한 '잠자는 야곱 펠로우십(Jacob Sleeper Fellowship)' 장학금을 그에게 수여한 것이었다. 이것으로 그는 영국과 유럽을 여행하며 그곳 노동자들의 사회와 경세생활에 관한 서사과정의 공부를 할 수 있게 되었다.

진 역시 여성 집사 학교에서의 훈련 결과에 만족했다. 그녀는 보스턴 남부의 빈민가에서 선교 실습을 이행했었고 이와 같은 일을 봄베이에서도 할 수 있길 간절히 바랐다.

그들은 터번 주교를 만나러 가서 이제 인도로 파견될 준비가 다 끝났다고 보고했다. 하지만 주교가 그들에게 건네는 인사에서 어떤 변화를 감지하게 되었다. 평소처럼 바로 시선을 보내고는 손에 있는 일을 빠르게 처리하던 습관 대신, 불편한 침묵이 흐르는 가운데 허공만을 멍하니 바라보고 있었다.

마침내 그가 입을 열었다. "에드거, 인도에 대해서 말인데 선교 비용이 급감하고 있네. 자네도 알다시피…. 달리 생각은 말아 주게."

에드거는 빠르고 확고한 어조로 그의 의사를 전했다. "진과 저는 충분히 이해합니다. 저희는 어떤 조건이든 받아들일 준비가 되어 있습니다."

"좋네!" 그들을 칭찬하는 주교의 얼굴에 미소가 번지더니 수심이 사라졌다. "이제 마음이 놓이네. 이번 일이 당신들에게 실망을 안겨준 것은 사실이네만, 국내에서 아주 좋은 곳을 찾을 수 있을 것이라 믿네."

여기 국내에서라고? 당황한 에드거의 눈이 진과 마주쳤다. 그리곤 믿을 수 없는 실망감에 사로잡혔다.

"그건 아니죠…? 설마, 그건 아니죠…?"

"내가 줄 수 있는 최고의 지역을 당신들에게 찾아줄 것이네." 주교가 재차 약속했다.

에드거의 얼굴에서 핏기가 사라졌다. 그의 눈이 검게 물들었다. 수년간의 꿈이 산산이 부서진 건가?

"진과 저는 무보수로라도 인도에 갈 의향이 있습니다." 그가 떨리는 목소리로 제안했다.

놀라움에 눈을 가늘게 뜬 주교가 말을 이었다. "당신들 둘 다… 무보수로 간다고?"

"그렇습니다." 아내인 진도 옆에서 말했다. "이는 저희 평생의 사역입니다!"

"알다마다, 알다마다." 이렇게 말하며 감동하는 그였지만, 슬프게도 해외 선교에 필요한 예산이 모자란 사실을 의식하지 않을 수 없었다. 그는 괴로워하는 에드거를 뒤로하고, 진에게 그의 입장을 설명했다. 그녀는 이해할 거란 생각이 들어서였다.

"여성들이 그러는데 인도에서 여인의 신분으로 2년 이상 사는 것은 어려운 일이라고 하오. 그래서 오히려 당신에겐 다행인 결과라고 보네만. 현 상황에선 그럴 형편이 안 되기도 하고."

"그럼 남자들만 보낸다는 건가요?" 마치 삶의 의미라도 갑자기 잃어버린 듯한 목소리로 진이 물었다.

"맞소. 독신인 남자들만 5년 동안 사역할 수 있소. 그들은 5년 동안 결혼하지 않는 것에 동의해야 하는 거고. 라일은 갈 것이오."

이제 그는 망연자실한 에드거를 향해 넘넘한 척하며 말했다. "에드거, 적어도 당신은 이미 시작했잖소. 웨스트 에빙턴에서 잘 해내고 있다고 들었소."

"이제 아무것도 없습니다." 에드거가 슬픔을 감추지 못했다. "저는 교회를 포기했습니다. 회의가 있기 바로 전에 퇴임했죠. 그래야 그들이 새로운 사람을 구하는 데 지장을 주지 않을 테니까요. 전 인도로 파견될 테니까 그게 공평하다고 생각했습니다."

그러자 이제 주교가 충격에 빠졌다. 잠시 무거운 침묵이 세 사람 가운데 흘렀다. 그러다가 진심 어린 염려가 담긴 주교의 날카로운 목소리가 들려왔다. "정말 유감이네! 그럼 이제 어떻게 할 건가?"

"모르겠습니다." 진이 고백했다.

"그러게요." 에드거가 폭발했다. "우리가 할 수 있는 사역이 분명 있을 것입니다!"

그때, 주교가 일어서더니 방안을 돌아다녔다. "어디 보자." 그는 생각에 잠겼다. "그냥 생각 좀 하게 해주게…. 음… 당신이 이야기한 것처럼 분명 뭔가 있을 텐데…. 아, 찾았소!" 그는 갑자기 멈추더니 에드거에게 승리에 찬 손짓을 했다. "바로 그거야! 바로 그거! 당신들 두 젊은이를 보스턴시 선교회에 추천하겠소. 바로 거기서 일하면 되겠군."

에드거의 꿈은 '쿵' 하는 끔찍한 소리와 함께 무너져버렸다. "터번 주교님, 부탁입니다. 제발…." 그는 호소했다. "진과 저는 진지합니다. 저흰 어떤 쉬운 약속을 원하는 것이 아닙니다."

그의 간청은 주교의 짧은 쓴웃음에 의해 중단되었다. "쉬워?" 그가 조소했다. "젊은이, 일을 하게 될 때까지 기다려 보게. 그들이 나의 요청대로 당신들을 보낼 장소는 아마도 내가 알기로 보스턴에서 가장 힘든 지역일 것이오. 금방 알게 될 것이오!"

실망에 빠진 채 집으로 향하던 그 커플은 그들이 약혼할 때 했었던 약속을 잊으려 애썼다. 만약, 어떤 이유에서든지 누구 하나가 해외 선교지로 갈 수 없게 된다면 상대방을 놓아주기로 했었다. '난 에드거를 놔줘야 해.' 진은 생각했다. '그렇게 한다면 터번 주교님은 처음 계획한 대로 그를 라일과 함께 보내줄 거야. 그 둘이라면 슈츠 박사님을 대신할 수 있는 좋은 팀이 될 것이라 했었잖아. 그들은 그렇게 될 거야. 난 에드거의 길을 가로막으면 안 돼.'

그녀의 생각을 읽어낸 듯한 에드거가 설득했다. "넌 선교사역에 부름을 받았어. 그래서 훈련도 받았고."

"에드거, 우리 어머니는 내가 집에 있으면 기뻐하실 거예요." 진은 그를 편하게 해주려고 애쓰며 말했다. "당신도 알다시피 우리 아버지의 건강이 나빠지고 있어요."

지난 수년간의 세월이 번개처럼 스쳐 지나갔다. 에드거는 대초원 농장 위에 다시 소년이 된 그를 보았고 낡은 헛간 문 틈새로 건초더미 위에 무릎 꿇고 기도하는 아버지의 모습을 엿보고 있었다.

"진, 우리 기도하자." 그가 속삭였다. "집에 가서 열심히 기도해. 나도 그럴 거고. 하나님께서 우리가 해야 할 일을 말씀해주실 거야."

숙소로 돌아온 진이 침대 옆에 무릎을 꿇고 있을 때, 에드거는 거리를 활보하며 그가 꿈꾸었던 모습이 아닌 있는 그대로의 현실을 직시했다. 에드거는 교회도 없고 소속도 없으며 약혼한 지 10년이나 되는 약혼녀와 돈까지 잃게 되는 상황에서 보스턴에 발이 묶여 있는데 주교의 조카는 인도로 가고 있었다!

그들의 기도에 대한 응답은 빨리 왔고 긍정적이었다. 그들이 어디로 배정되든지 선교사도 같이 되고 섬기는 일도 같이해야 한다는 것이었다. 그래서 그들은 이듬해 6월에 결혼하기로 했다.

주교의 추천을 받은 에드거가 보스턴시 선교협회 위원회로 지원했을 때 그곳의 회장은 코넬대학에서 수여한 명예가 있음에도 불구하고 최근에 막 농장에서 내려온 것처럼 보이는 건장한 지원자를 흥미롭게 바라보았다. 사각형 얼굴에 건장한 체격에 지적으로 빛나는 아주 매력적인 눈과 고집 있어 보이는 단단한 턱과 우렁찬 목소리, 그리고 일을 정말 잘할 것 같은 느낌까지, 마치 강하고 지혜로운 지도자가 될 것처럼 보였다. 회장은 그런 그의 외모가 맘에 들었다.

"당신은 보스턴 사역을 어떻게 진행할 건가요?" 그가 질문했다.

에드거는 알고 있었다. 그는 신학대학 1학년 때, 등록금을 마련하기 위해 보스턴 노스 엔드 빈민가(Boston North End settlement)에 대학복지관을 세웠었다. 그의 열정에 힘입은 다른 학생들도 그와 함께했었고 이 구원사역은 놀라운 성장과 성공을 이루었다. 그는 이 소중한 실전 경험을 통해 이렇게 실천하는 기독교인의 삶이야말로 그의 영혼에 만족감을 준다는 것을 배웠었다.

그는 이렇게 대답했다. "미국은 이제 막 복지시설들이 들어서고 있습니다. 우리는 런던에 있는 토인비 홀에서 아이디어를 얻었습니다. 미스 제인 아담스(Ms, Jane Addams)는 시카고에서 헐 하우스(Hull House)를 시작했습니다. 보스턴에 있는 외국인을 미국화하고 복음을 전하는 데 가장 좋은 방법이 복지시설이라고 생각합니다."

"우리가 들었던 제안 중 단연 최고입니다. 계속해 보세요!"

에드거의 말이 이어졌다. "여기서도 몇 명의 주민만 있다면 같은 일을 해낼 수 있습니다. 또…."

어느 위원이 말을 끊었다. "실례지만, 여기서 '주민'은 곧 직원을 말하는 것이고 직원은 곧 '돈'을 의미하죠."

"6명이면 한 시설은 가능합니다."

"말도 안 되는 소리군!" 또 다른 위원이 쏘아붙였다. "우리는 직원을 고용할 형편이 안 됩니다."

그들의 반응은 이해할 만했다. 그 기관은 금융기업들로 인해 불행을 겪고 나서 몇 년의 시간이 흐른 최근에서야 시 감리교의 몇몇 주요 평신도들에 의해 되살아난 상황이었다. 그렇기에 위원회는 신중할 수밖에 없었다.

"저희는 아직 급여를 의논하지 않았습니다." 에드거가 대답했다. "그건 전적으로 여러분에 맡기고 당분간은 저희가 그냥 섬기겠나고 힌다면요?"

회장이 놀라며 물었다. "과연 다른 이들도 아무런 대가 없이 일하려고 할까요?"

"제가 알기로 네 사람은 그럴 수 있습니다. 저의 아내, 그리고 보스턴 대학에서 만난 2명의 급우, 롤린 워커(Rolling Walker)와 윌슨 네일러(Wilson Naylor)입니다. 그들은 저와 함께할 것입니다."

"하지만 6명이라고 하지 않았나요?"

"장담할 순 없지만, 네일러의 누나와 워커의 어머니도 설득하면 가능할 수 있습니다."

회장의 시선이 테이블을 둘러앉아 있는 사람들의 흥미로워하는 얼굴들을 스쳤다. "제가 한마디 하겠습니다." 그가 의견을 이야기했다. "저는 이 모든 방안에 큰 감명을 받았어요."

모든 위원이 묵언의 지지를 보이는 반응에 에드거는 솟구쳐 오르는 희망을 애써 드러내지 않았다.

회장이 에드거에게 물었다. "첫 단계는 무엇인가요? 언제 시작할 수 있죠?"

"내년 가을입니다. 그리고 올해 여름에는 우리 중 한 명이 영국에 가서 토인비 홀(Toynbee Hall)**에 대해 알아볼 것입니다. 다른 한 명은 보스

** 토인비 홀은 아이들과 노인들을 위한 다양한 사업들을 해왔고 현재도 계승하여 유지되고 있다. Toynbeehall.org.uk

턴의 상황을 조사하고 나머지 한 명은 미국에 이미 세워진 몇 안 되는 시설들을 방문해야 합니다."

위원회는 재빨리 계산했다. 이 젊은 사람이 대가를 바라지 않고 헌신하려는 것은 매우 좋은 일이었으나 위원회 입장에서는 반드시 비용을 준비해야 했다.

"당신은 현재 우리의 재정 상황을 알지 못하고 있어요." 한 위원이 격렬히 반대했다. "우리의 1년 급여 예산은 천2백 달러밖에 안 되는 상황이에요."

"그럼 그것을 기반으로 하십시오. 저희는 아무것도 요구하지 않겠습니다. 만약 급여를 주신다면 저희는 감사할 따름입니다."

테이블 맨 끝에 조용히 앉아 있던 한 위원이 이제 그 안을 표결에 부치기 위해 입을 열었다.

"회장님." 그는 사업 감각이 도무지 없어 보이는 젊은 신학대학 졸업생을 안타깝게 바라보면서 말했다. "저는 이 세 사람에게 각각 4백 달러의 연봉을 주고 여성들은 급여 없이 섬기며 임대료는 자신의 몫으로 부담하게 할 것을 제안합니다." 정말 잘된 일이었다!

35년 후, 에드거가 보스턴 헐(Hull) 거리에 세워진 대학복지관의 그 초창기 시절을 기록했다. 그와 진이 처음 함께 마련한 작은 아파트도 그곳에 있었다.

"자금 조달에 애를 먹었지만, 하나님께서 우리를 돌보아 주실 거라

믿었다. 예상치 못한 경로를 통해 찾아온 친구들이 기부해주었다. 우리는 매달 급여를 받았다. 워커는 종종 급여의 전부를 임대료로 사용하기도 했다. 어떤 한 달은 네일러가 엡워스 리그(Epworth League) 집회에 참여했던 모금액으로 살았다. 다른 한 달은 내가 받은 축의금으로 임대료를 물었다. 또 한번은 선거 감독관으로 나가 일해서 받은 수당이 정확히 임대료를 낼 수 있을 만큼의 액수여서 고비를 넘길 수 있었다. 엄청난 어획량을 확보했던 그날의 기적처럼 하나님께서 그때그때 도우신 것 같았다. 그 복지관은 결코 협회에 심각한 적자를 초래하지 않았다. 증가하는 업무에는 비용이 수반했다. 그러나 직원들은 십일조 그 이상을 봉헌했고 그들 스스로나 급여에 있어서 '기쁨으로 나누는 자들'이 되라는 사도들의 명령을 충실히 이행했다."

그렇게 조금씩 아끼며 살아가는 날들 가운데, 에드거는 돈을 위해 일하는 자가 아니라 선교사가 되고자 한 자신의 거룩한 맹세를 자주 떠올렸다. 신경쇠약으로 아프셨던 진의 아버지는 사역을 그만두었다. 진과 에드거의 결혼식 주례를 보고 나서 일주일 후, 아이오와주 쌕(Sac) 시에 있는 그의 교회는 그의 새 사위가 물려받았는데 그의 급여는 에드거가 보스턴 노스 엔드 복지관에서 받는 급여의 4배였고 밀린 집세도 없었다. 에드거의 제부는 두 달 후, 포트 다지 제일교회로의 임명을 받았고 노스웨스트협회에서 가장 높은 급여를 지급받았다. 얼마 후, 그는 여전히 높은 급여로 어느 대학의 총장으로 임명되었다.

그러나 이 모든 것에 에드거는 현혹되지 않았다. 그는 영국의 아놀드 토인비(Arnold Joseph Toynbee)***처럼 뚜렷하게 보이는 인간의 불평등이 늘 마음 쓰였다. 그의 생애 최대의 목표는 가난한 사람들을 돕는 것이었는데 비참하게도 보스턴 빈민가 구역에는 그러한 현상으로 가득했다.

대학복지관에서의 일은 급속히 늘어났다. 그곳은 가난한 사람들로 바글거렸고 그들 중 대부분은 유럽에서 온 이민자들이었다. 직원들은 모두 바쁘게 움직였는데 늘 시간이 터무니없이 부족했다.

진은 여성들이 하는 일을 책임졌고 네일러 교수의 여동생은 사회복지관의 간호사로 섬겼다. 워커 교수의 어머니도 그곳에 거주하면서 도왔다. 나중에는 중국 사역을 하는 선교사 한 명과 인도에서 몇 년간 섬겼던 다른 선교사 한 명도 이 대열에 합류했다. 시 선교협회에서 지급한 총 연봉은 계속 6백 달러였고 75달러의 한 달 임대료는 점점 더 심각한 경제적 부담으로 이어졌다.

결혼하기 전 젊었을 때의 에드거. 양복 여기저기가 더럽혀진 것으로 보아 이 때도 가난했었던 것으로 추정된다.

*** 아놀드 토인비(1889~1975)는 영국의 역사가이자 철학자이고 런던 왕립대학의 경제학 교수로 일했다. 그는 『A Study of History』라는 유명한 저서와 다른 많은 저서를 남겼다. 1973년 9월 영국 정부의 초청으로 런던을 방문한 자리에서 토인비는 한국의 효(孝) 사상과 경로 사상, 가족제도 등의 설명을 들었는데, 당시 86세였던 그는 눈물을 흘리면서 "한국의 효 사상에 대한 설명을 듣고 보니 효 사상은 인류를 위해서 가장 필요한 사상"이라면서 "한국뿐만 아니라 서양에도 효 문화를 전파해 달라"고 부탁했던 것으로 유명하다. - 위키백과 출처

8.

가난한 노동자를
착취하는
사람들

다행히도 그는 빨리 그 지독한 임대료의 굴레로부터 벗어날 수 있었다! 시 선교협회는 차터 가(Charter Street)에 저택 하나를 소유하고 있었다. 원래는 이탈리아인들을 위해 사용하려던 집이었는데 방이 모두 채워지지 않아 쓰지 않게 되었다. 그래서 에드거와 그의 팀이 복지관을 그쪽으로 이전하길 원한다면 그들에게 무료로 제공하겠다는 것이었다. 에드거와 동료들은 이에 동의했다.

에드거와 동료들이 옮겨간 넓고 낡은 저택은 한때 그 유명한 라이만 비처(Lyman Beecher)의 목사관이었다. 그는 당대 최고의 연설가와 설교자 중 한 명이었다. 그의 아들 7명은 모두 목사가 되었고 그의 딸 해리엇****은 그 유명한 『톰 아저씨의 오두막(Uncle Tom's Cabin)』의 저자였다.

**** 해리엇 비처 스토우(Harriet Beecher Stowe, 1811~1896)는 미국의 노예 해방론자이자 사실주의 작가다. 노예제도에 반대하는 소설 『톰 아저씨의 오두막』을 쓴 지지로 유명하다. 이 소설은 도망 노예법이 세워졌을 때 중시부, 뉴잉글랜드, 남부에서의 노예제도 논쟁을 분석하고 있다. 이

이전하자마자 가장 먼저 해야 할 일은 업무 배정이었다. 에드거와 그의 아내에게는 이탈리아 사람들과 포르투갈 사람들을 돌보는 업무가 주어졌다. 워커 교수는 유대인들을 돌보는 업무를 택했고 피셔는 거주자들을 저렴한 숙박 시설로 연결해주는 일을 했다. 네일러 교수의 임무는 대중의 관심을 끌어들이는 일이었다. 맨리는 중국선교에 대한 부르심을 받았기에 더 이상 그들과 함께하지 못했다.

그래서 자연스럽게 일이 다시 급격히 늘어났다. 그들에 관한 소식은 그 어두침침한 골목길과 이루 말할 수 없이 어지러운 공동주택가로 퍼져나갔고 이내 복지관은 정말 다양한 부류의 가난한 이민자들로 가득했으며 그들 중 많은 이가 방황과 고향에 대한 그리움에 사로잡혀 있었다. 그들이 느끼기에 미국은 자신들이 꿈꾸던 기회의 땅과는 거리가 멀었다.

몇 주 후, 노스 엔드에 있는 많은 이탈리아 이민 노동자들이 불미스럽게도 여러 이탈리아인이 운영하는 직업소개소와 이른바 '이탈리아 은행'에서 그들의 임금을 착취당하거나 사기를 당한 사실을 에드거가 알게 되었고 의로운 분노가 끓어올랐다. 사람들은 '이탈리아 은행' 이사회에 일자리를 얻기 위해 터무니없는 액수의 돈을 지불해야 했다.

사람들은 일하고 받은 급여도 사기당했다. 이탈리아에 있는 가족들에게 보내주겠다는 은행원에게 돈을 맡겼지만, 나중에 돈을 도둑맞았다는 사실을 알게 되었다. 사랑하는 가족들은 무일푼 그대로였고, 등골

책은 남북전쟁을 이끈 남부와 북부 사이의 의견 대립을 심화시켰다. - 위키백과 출처

부러지는 노동인 철도 확장 건설이나 이와 비슷한 고된 일들을 힘들게 해온 그들의 시간을 증명할 수 있는 것들이 아무것도 없게 된 것이었다.

에드거가 보기에 무방비 상태의 이민자들에 대한 이런 약탈은 그들이 3등 칸의 비좁은 갑판 위에서 희망과 신뢰를 안고 바라봤던 자유의 여신상 약속에 대한 비열한 배신이자 미국인에 대한 모욕이기도 했다. 그는 빨리 뭔가를 해야겠다고 다짐했다.

그는 분노를 삼키고 '이탈리아 은행'의 은행원과 이탈리아인들이 운영하는 직업소개소, 그리고 백인 도급업자들을 찾아가서 노동자들을 위해 탄원했다. 하지만 에드거는 그들에게서 당신의 일이나 신경 쓰라는 말만 들었다.

"이것이 저의 일입니다!" 그는 위험할 정도로 평온한 목소리로 말했고 고발하는 듯한 그의 눈빛에 불안해하는 사기꾼들을 남겨둔 채 돌아나왔다.

에드거의 말재주는 그의 첫 번째 고용주도 인정했던 바였다. 그는 지금 이탈리아 노동자들에 대한 그 끔찍한 착취행위를 담대하게 폭로하고 잘못된 부분을 바로잡는 데 이 은사를 사용했다. 거듭 협박을 받았지만, 그는 침묵하길 거부했다. 얼마 지나지 않아 보스턴시 전체가 분개했다. 이 젊은이가 말한 것이 진실일까? 빈민가에 사는 이 가난한 외국 노동자들이 정말 이런 무자비한 방법으로 강도질을 당했단 말인가?

사기꾼들은 이제 이 이탈리아인들과 어울리는 복지판 목사가 딘순히 일개 어리석고 무해한 '공상적 박애주의자'가 아니라는 사실을 깨닫게 되었다. 그는 위험했다! 그를 멈추지 않으면 그들은 '금단지'를 잃을 수도 있었다. 그들은 그들의 무기인 '인쇄된 말'로 그에게 맞서기로 했다. 그래서 부패한 인부알선업자와 은행원들은 거주지에서 유일한 이탈리아 신문사를 고용하여 에드거와 그의 직원, 그리고 복지관에 대한 모욕적이고 거짓된 말들로 채웠다.

그들은 자신들이 해코지하려 했던 이가 신문 사업 경력만 14년이 되는 것과 그가 자신의 신문을 통해 수많은 불의에 대항하여 성공적인 운동을 얼마나 많이 벌여왔는지 알지 못했다. 에드거는 그 착취자들의 거짓말을 반박하기 위해 인쇄기를 구입하여 이탈리아어로 'L'Amico del Popolo', 영어로는 '민중의 친구(The People's Friend)'라는 자신만의 이탈리아 신문을 발행했다. 그는 곤경에 처한 노동자들이 힘들게 일해 번 수천 달러의 돈을 강탈한 부정행위를 폭로했다.

그의 이탈리아 이웃들은 그 신문이 실로 자신들의 친구임을 알게 되었고 매우 유명해져서 다른 신문들보다 훨씬 더 많은 발행 부수가 팔렸다. 결국 '이탈리아 은행'이 고용했던 신문사는 문을 닫을 수밖에 없었다.

뉴욕, 뉴올리언스, 그리고 프로비던스와 필라델피아 등 다른 도시의 이탈리아 선교단체들이 그의 지원군이 되었다. 하지만 싸움은 아직 끝나지 않았다. 그래서 그의 아내인 진은 홀로 증거물을 찾으러 거리를 터벅터벅 걸어 다니는 남편의 목숨을 걱정하는 밤도 있었다.

헬름스의 다음 행보는 '자유의 요람(Cradle of Liberty)'이라 불리는 패노이엘 회관에서 이탈리아 노동자들에 대한 착취를 반대하는 대규모 집회를 소집하는 것이었다. 그는 자신의 운동에 함께하는 유력한 시민들을 보면서 용기를 얻었다. 그들 중에는 국회의원 에드워드 에베레트 헤일(Edward Everett Hale)과 공화국 찬가인 '영광 영광 할렐루야(Battle Hymn of the Republic)'의 작곡가인 줄리아 워드 호위(Julia Ward Howe)와 같은 유명 인사들도 있었다. 에드거는 그들의 지지가 감사했다. 특히 그가 '이탈리아 은행'을 여는 일을 도와 노동자들이 그들의 소득을 이탈리아로 안전하게 보낼 수 있게 해준 것은 더욱 그랬다.

사기꾼들이 그들의 부정한 소득에 대해 포기하길 거부하고 있을 때, 에드거는 한 총명하고 젊은 기독교 변호사의 도움을 얻게 되었다. 변호사는 즉시 그들에 대한 소송을 진행했다.

이제 사기꾼들이 에드거를 찾아와 탄원할 차례였다. 그들은 만약 그가 소송을 철회해 준다면 두둑한 돈을 복지관에 주겠다고 제안했다.

에드거는 그들의 돈은 기쁘게 받아들이겠지만, 노동자들에게서 착취한 돈을 우선 노동자들에게 다 돌려주면 받겠다고 말했다. 사기꾼들은 이러지도 저러지도 못하는 상황에 빠지게 되었다.

그리고 무서운 밤이 찾아왔다. 크게 소리를 지르며 겁을 주는 이탈리아인 무리가 한 건물 주변을 서성거렸다. 그 빌딩 1층에는 백인 도급업자 한 명과 이탈리아인 식업소개소 대표 두 명이 몸을 움츠리고 있었다. 그들은 죽을 것 같이 떨고 있었다.

에드거는 침착하게 문밖에 경찰의 보호가 있음을 그들에게 확인시켜 주었고 노동자들이 한 명 한 명 들어올 때마다 그들의 수표를 현금으로 바꿔주라고 말했다. 직업소개소 대표는 에드거가 더 이상 소송을 진행하지 않는 조건부로 이에 동의했다. 왜냐하면 그들이 계약된 시민이 아닌 사람들을 고용한 대가로 그 시청으로부터 발주를 받는 가장 주요한 사업을 잃을 수도 있었기 때문이었다.

지치고 피곤한 에드거가 얻어낸 승리의 시간이었다. 그는 거의 2백 명의 이탈리아인들이 사기로 빼앗겼던 2천 달러의 돈을 나눠 받는 모습을 지켜보았다.

몇 주간 밤늦게까지 신문 작업을 했기에 살도 빠지고 잠도 부족한 그였다. 매우 피곤했다. 하지만 쉴 틈이 없었다. 노스 엔드에 있는 모든 이탈리아인의 삶이 그의 발에 달려 있었기 때문이었다. 수천 명의 무리가 복지관으로 몰려들었다! "저들은 모두 어디서 온 거죠?" 진이 놀라움을 금치 못했다. 그들은 가족들과 친구들을 데려와 자신들의 은인이며 '민중의 친구(The People's Friend)'인 에드거를 만나게 해주었다. 여인들과 아이들은 밤낮으로 복지관에 모여들었는데 끝이 없어 보였다.

"내가 바라는 건…." 피곤한 에드거가 한숨을 쉬더니 말을 멈추었다. 진도 역시 한숨을 쉬었다. 그녀의 남편은 그 자신의 영광에 안주할 사람이 아니었다. 그의 앞에는 항상 또 다른 목표가 기다리고 있었다.

"내가 바라는 건…." 그가 말을 계속했다. "이탈리아어로 저들과 대화하고 또 설교해줄 수 있는 이탈리아인 목사가 있는 것이오."

에드거는 어느 날 보스턴대학에서 이탈리아 로마에 있는 감리교대학의 스텍폴 박사(Dr. E. S. Stackpole)를 통해 로마에 잠시 휴직 중인 감리교 목사가 있다는 사실을 알게 되었다.

"나는 콘티 씨가 당신이 찾는 사람이라 믿어요." 스텍폴 박사가 말했다. "하지만 콘티 씨는 혼자가 아니에요. 그는 아내가 있고 5명의 자녀가 있어요."

시 선교협회로부터 가에타노 콘티(Gaetano Conti)에게 전보를 보내 그를 보스턴으로 초청하는 것에 대한 동의를 얻는 일은 어렵지 않았다. 다만 그는 혼자 와야 했고 그가 적임자임이 증명된다면 그의 가족들도 데려올 수 있을 것이었다.

몇 주 후, 콘티가 복지관 문 앞에 나타났다. 그것도 그의 아내와 5명의 자녀와 함께 말이다.

에드거와 진은 콘티 가족을 위한 집과 가구가 준비될 때까지 자신들의 방을 그들에게 내어주었다. 이 상황이 마치 그의 집을 방문하신 목사님에게 자신의 침대를 내어주고 정작 본인은 바닥에서 잠을 청했던 그 시절 같아서 미소가 절로 나왔다.

로마에서 온 감리교 목사에 대한 스텍폴 박사의 이야기는 다 맞았다. 그는 웅변가였을 뿐 아니라 훌륭한 성품을 갖춘 사람이었다. 그는 동포들의 마음을 사로잡았다. 그리고 곧 이탈리아인들로 가득 찬 노스 엔드의 가장 큰 홀에서 부흥의 집회를 본격적으로 진행했다.

"진작에 알아봤어요!" 기쁨에 찬 에드거가 동료들에게 말했다. "그를 여기로 데려오길 잘했어요. 우리 이탈리아 이민자들의 영혼은 메말라 있었어요."

그 부흥은 놀라운 결과를 가져왔다. 반년 안에 회심한 사람의 수가 1892~1893년 동안 이탈리아에 있는 감리교 전체에서 회심한 사람의 수보다 더 많았다. 그 기간 이탈리아에서의 사역에는 31명의 설교자가 고용됐고 45만 1천 달러에 가까운 돈의 지출이 있었다. 노스 엔드에서의 보스턴 사역에는 천 달러의 비용밖에 들지 않았다.

에드거는 이제 포르투갈 이민 노동자들에게 그들의 언어를 사용해 설교하고 복지관 야간수업에서 영어를 가르쳐 줄 사람을 찾기 시작했다. 그래서 포르투갈에서 온 한 학생이 보스턴대학에 입학하자 에드거는 성공적으로 그를 복지관 직원으로 영입했다. 하지만 그 젊은이는 짧게 일했고 더 높은 급여를 받기 위해 떠났다.

이 일은 에드거에게 큰 실망을 안겨주었다. 그 포르투갈 젊은이도 그랬다. 에드거가 30년 후, 인도로 가는 길에 호놀룰루에서 우연히 그를 만났을 때 그는 아쉬운 심정을 털어놓았다. "에드거 헬름스 박사님, 당신과 함께 일했던 경험은 제 인생에 가장 큰 기쁨이 되었어요. 그때로 돌아갈 수 있으면 좋겠어요."

콘티는 이탈리아인들의 마음을 사로잡았고 에드거는 이탈리아인들과 포르투갈인들 모두를 위해 일했는데 그들 중 많은 사람이 의류업체에서 일했었고 열악한 환경에서 끊이지 않는 재봉틀질을 해야 하는 '착취' 희생자들이었다. 처음부터 같은 사역에 참여했던 동료들의 업무는 콘티나 에드거의 업무처럼 극적이지는 않았지만, 그들의 업무에 충실히 임했다. 피셔는 저렴한 숙박시설에서 몇몇 회심한 이들을 데려왔다. 워커는 유대인 거주지에서 복음을 전하다 쫓겨나곤 했지만, 그 모든 적대 의식에도 불구하고 몇몇 유대인 청년이 그를 따라 복지관으로 가서 공부하고 기도했다. 이민자들 시설에서의 사역은 몇몇 스칸디나비아 사람들도 불러왔다.

그리고 에드거는 이 다양한 언어를 사용하는 사람들을 위해 노스 엔드 감리교회(North End Methodist Church)를 결성했다. 그의 머리에 계획은 이미 그려진 상태였고 지을 장소를 찾기에 나섰다.

에드거가 영광스러운 꿈을 갖게 된 것은 그때쯤이었고 실현되기 전까지는 그에게서 떠나지 않을 꿈이었다. 마치 크리스토퍼 렌 경이 런던 거리를 걸을 때 상상 속에 그의 성스러운 건축물인 세인트 폴 대성당을 보았던 것처럼 에드거는 보스턴 빈민가의 음산한 골목길을 걸으면서 그가 꿈꾸는 대성당을 마음속에 그려보았다! 그는 바로 여기, 불결함으로 가득한 장소 한가운데 이 빈민가 사람들을 위한 아름다운 성전, 모든 민족이 함께하는 소중한 교회, '모든 민족을 위한 교회(Church of All Nations)'를 세울 것이었다. 그곳은 모든 사람이 와서 한 지붕 아래 예배드리고 각자 자기 언어로 드려지는 예배에 참석할 수 있게 될 것이었다.

그는 열정적이고 충만한 목소리와 흥분으로 반짝거리는 눈빛으로 동료들에게 그의 멋진 계획을 이야기했다. 그러나 현실은 만만치 않았다. 콘티 목사는 에드거와 생각이 같지 않았다. 그는 분명하고 강력하게 반대했다. 콘티 목사는 설득당하지 않았고 진정하지도 않으려 했다. 이탈리아어와 영어로 불같고 폭풍 같은 어조로 "No"라고 말했다. 그것이 그의 진심이었다.

에드거는 그의 한 저서 중에서 그 슬픈 이야기를 소개했다. 그로부터 거의 25년이 지나서 쓰인 것인데 여전히 그의 글귀에서는 그때의 거절당한 상처가 느껴졌다.

"콘티 목사는 자신은 협조하지 않겠다고 밝혔다. 그는 이탈리아 독립교회를 고집했다. 그의 의견이 받아들여지지 않는다면 다른 교파로 가겠다는 협박까지 했다. 나는 그의 가장 친한 친구인 시러큐스대학의 딘 버넌(Dean Vernon)에게 연락해 협조를 구했다. 하지만 친구마저도 아무것도 할 수 없었다. 우리가 이탈리아인 사역에서 거둔 성공은 콘티에게로 돌아갔다. 나는 시 선교협회가 이탈리아 독립교회를 세우는 것을 거절하고 필요에 따라 다른 이탈리아 목사를 확보할 것을 강력히 요구했다. 시 선교협회는 나와 다른 결정을 내렸고 그 사역은 25년이나 지연되었다. 두랑(Durao)과 그의 포르투갈인들은 독립교회를 요구했고 스칸디나비아 사람들도 그랬다. 모두가 함께 이뤄낸 사역은 저들의 독립교회주의로 인해 붕괴했다."

많은 사람이 콘티를 설득하여 그의 마음을 바꿔보려고 노력하고 또 노력했지만, 그는 끄떡도 하지 않았다.

에드거는 이렇게 썼다. "콘티 목사와의 논쟁이 속수무책으로 끝난 후, 그는 이탈리아로 돌아갔고 이내 교파를 떠났다. 콘티 목사는 미국을 떠나기 전 내게 찾아와 자신의 태도에 대해 사과하면서 자신에게 공정한 대우를 해주었던 사람은 내가 유일했다고 말했다. 그는 잘못 알고 있었다. 그의 가장 큰 적은 다른 사람들이 아닌 그 자신이었다."

전에도 좌절감을 맛보긴 했지만, 이번은 더 받아들이기 어려웠다. 노스 엔드에 모든 민족이 함께하는 교회를 세우려 했던 그의 꿈은 이제 그냥 꿈일 뿐이었다. 여기에서 그의 개척 선교사업은 이제 완전히 분열되었다. 모든 어려움이 사역을 막다른 길로 몰고 간 것이다.

하지만 에드거는 여전히 '민중의 친구'였다. 그는 떠나기 전에 영국 밀데메이에서 온 해리엇 쿡크 교수를 데려왔다. 쿡크 교수는 에드거가 전에 코넬대학에서 공부할 때 역사를 가르치던 선생님이었다. 에드거는 쿡크 교수를 통해 복지관에 의료 선교관을 설립하여 남아있는 아픈 사람들이 잘 보살핌을 받을 수 있도록 했다.

또한 여성 가정선교협회(Women's Home Missionary Society)에 선교사역 동참을 권했는데 협회의 여성들은 사역을 정성껏 도왔으며 영역을 넓혀 운영해서 현저한 성공을 이루어냈다.

노스 엔드에서 억압받는 사람들의 잘못된 상황을 바로잡은 영웅적인 일을 해놓고 떠나는 에드거의 마음은 아프지 않을 수가 없었다. "하나님께서 분명 다른 사역을 준비하셨을 거예요." 진이 그를 위로했다. 그는 말없이 고개를 끄덕였다.

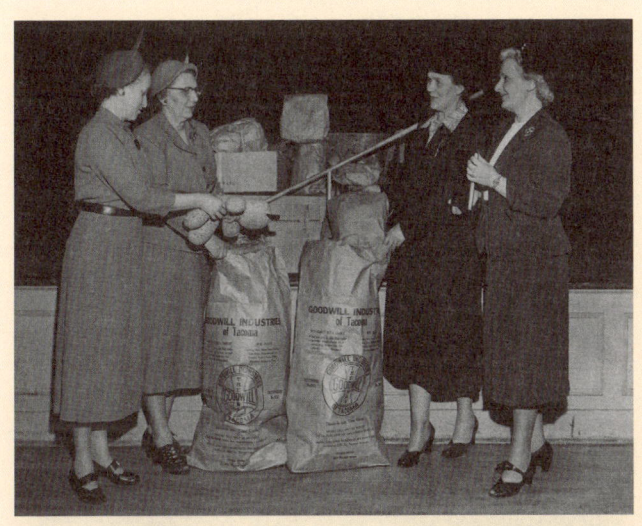

여성 가정선교협회 회원들의 모습. 여성 가정선교협회는 50년 이상 굿윌 운동에 동참했다.

9.

범죄 소굴에서
만난
설교자

에드거는 1895년에 샤멋(Shawmut)가 85번지에 위치한 모건 예배당으로 부름을 받았다. '샤멋'은 식민지 이전 보스턴이 가졌던 고대 인디언 이름이었다. 당시에는 그 빈민굴의 건물을 중심으로 훗날 '모건 기념관 굿윌 인더스트리'로 알려진 놀라운 종교-사회적 기관이 세워질 것을 누구도 상상하지 못했다.

헨리 모건(Henry Morgan) 목사의 초상화

그곳은 미국에서 가장 열악한 빈민가 중 하나였고 항상 경찰의 감시를 받는 차별된 범죄에 둘러싸여 있었다. 모건 예배당 주변의 더럽고 이가 득실거리는 공동주택에는 매춘부, 알코올 중독자, 마약 중독자, 도둑, 폭력배와 도박꾼들 같은 도시의 부랑인들이 모여 있었다.

에드거와 진은 이제 그들이 생활해야 하는, 악으로 가득한 그 장소에 대해 어느 정도 아는 편이었다. 진은 여성 집사 훈련학교에서 공부하던 시절, 그곳에서 구조 사역을 도운 적이 있었고 에드거는 부랑자의 예배당(Tramps' Chapel)에서 몇 번 설교한 적이 있었다. 그래서 그들은 그곳의 구질구질한 불결함을 목격했고 그 냄새도 맡은 바 있었다.

그렇게 지저분하고 다 허물어져 가는 교회가 간직한 유일한 의미는 조금 별나긴 했지만, 헌신적이었던 대단한 복음 전도자인 헨리 모건(Henry Morgan) 때문이었다. 그는 16년간 그곳의 죄악에 대항하여 싸우다가 결핵으로 쓰러졌다.

그는 감리교 신자로 태어났고 보스턴에서의 대부분의 세월을 감리교 위원회와의 갈등 속에 살았으며 생을 마치기 전까지도 보수적인 교단의 틀에 갇히는 것을 원하지 않았다. 헨리 모건 목사의 유언을 살펴보면 잘 알 수 있는데, 모건 예배당이라는 재산을 뉴잉글랜드 위원회의 감리교 목사가 그 사역을 담당하는 조건으로 유니테리언 선교협회에 물려주기로 기록되어 있었다.

에드거의 냉철함과 헨리 모건의 극단적 성향이라는 큰 차이를 제외하면, 열정적인 복음 전도자와 사회개혁가였던 이 둘은 많은 공통점을 가지고 있었다.

무엇보다도 둘은 하나님을 신뢰했으며 선으로 악을 이길 수 있다고 믿었다. 비록 그들의 방식은 남극과 북극의 거리처럼 멀었지만, 둘 다

이러한 신념에 목숨을 걸었다.

그들은 각자 완전히 헌신하기로 작정한 순간부터 선교사역에 삶을 바쳐야 한다는 분명한 부르심이 있었는데 이를 한 번도 어긴 적이 없었다.

둘은 오래전부터 그러한 소명은 최상의 교육으로 준비되어야 함을 알고 있었고 이를 위해 최선에 최선을 다했다. 10대의 모건은 과부였던 어머니와 그가 집이라 불렀던 판잣집 옆 뜰에 자란 양배추밭을 향해 존 밀턴(John Milton)****의 시를 낭송했다. 에드거는 10대 때, 인쇄소 수습공으로 일하면서 법률 책을 공부하고 고전을 읽었는데, 피곤해서 눈이 감길 때까지 읽었다.

두 사람 다 꿈을 꾸는 사람이었는데 긴 시간과 꾸준한 노력을 들여서라도 그 영혼에 각인된 꿈을 실현하려고 했다.

그들은 모두 사회적 감각에 예민했다. 바로 이것이 그들로 하여금 인간과 사회를 구제할 수 있는 수단과 방법을 끊임없이 추구하게 만들었다. 만약 옛 방식이 쓸모없다고 판단되면 새로운 방법을 창안해냈으며 종종 정통파나 보수파들의 당혹감을 불러일으켰다.

둘은 꼭 이뤄내야 할 일은 극복할 수 없어 보이는 장애물이 있더라도 해낼 수 있다고 믿었다. 그래서 믿음으로 붙들린 그들의 삶은 기적의

**** 존 밀턴(1608~1674)은 영국의 시인이자 청교도 사상가로 영국의 문호 셰익스피어에 버금가는 작가로 평가받고 있다. 프로테스탄트의 수호자를 자처했던 올리버 크롬웰 밑에서 외교 비서관을 지내 그를 오랫동안 보좌했다. 기독교 성격의 서사시인 『실낙원』의 작가로 유명하다. 밀턴은 관직을 떠난 후 과로로 실명했으나 고난과 역경을 극복하고 아름다운 시와 소설을 써낸 인생 자체로 위대한 작가로 평가받는다. - 위키백과 출처

시리즈처럼 보였다.

두 사람에게는 깊고 슬픈 과거가 있었다. 그리고 그 슬픈 일은 헨리 모건에게 빨리 찾아왔다. 그가 기억하는 첫 슬픔은 어느 추위가 극심한 겨울밤에 일어났다. 그때 그는 5살의 몸이 아픈 아이였고 막 과부가 된 어머니를 도와 얼마 되지 않는 그들의 소지품을 실은 썰매를 끌고 있었다. 그들은 집에서 쫓겨난 상황이었었다.

헨리 모건의 가족은 장티푸스에 걸렸었다. 감염을 피하기 위해서 어린 헨리 모건은 친척의 집에 맡겨졌다. 그리고 며칠 후, 그의 아버지는 숨을 거두었다. 장례식이 끝나고 나서 아이는 어머니가 누워있는 방으로 이끌려왔다. 그녀는 몸이 허약한 상태였지만, 점점 탈진에서 회복되고 있었고 낫기 위해 애쓰고 있었다. 무엇 때문에 어머니는 죽을힘을 다해 병마를 이겨내려고 했을까? 가치가 있는 물건이라면 모두 빼앗기고 음침한 죽음의 기운이 가득한 집 때문에, 그리고 무자비한 채권자들 때문이었다.

그녀의 남편이 세운 그 크고 하얀 집은 그녀가 어찌해 볼 도리도 없이 채권자의 손에 넘어갔고 몸도 아프고 무일푼인 과부와 그녀의 어린 아들은 매섭게 추운 바람이 부는 거리로 내던져져 스스로 생계를 꾸려나가야 했다.

어린 헨리 모건은 썰매 끈을 잡아당기며 어머니를 도와주려고 노력했다. 그러다 그들이 묘지에 다다랐을 때, 그녀는 남편의 무덤 위에 푹 쓰러지더니 미동도 없이 누워있었다. 헨리 모건은 어머니도 죽고 자기 혼자 남겨질까 봐 무서웠다. 그 황량한 묘지에서 그의 가엾은 흐느낌에 응답이라도 하듯 그녀가 정신을 차렸다. "과부와 고아의 하나님…." 그녀가 기도했다. "저와 제 아이를 구해주세요!"

그러고 나서, 어머니와 아들은 눈보라를 헤치며 무거운 썰매를 끌고 비틀거리며 마을로 향했다. 어린 헨리 모건이 어머니의 얼굴을 올려다보았다. 그녀의 입술은 움직이고 있었지만, 아무 소리도 들리지 않았다. 많이 아파서였을까? 아니면 너무 얼어서 말도 할 수 없었던 것이었을까?

그의 의문을 알아차린 듯 그녀가 멈춰서더니 그의 걱정스러운 얼굴에서 눈물을 닦아내고는 자신이 조용히 되새겼던 말을 들려주었다. "아무리 가난해도 기도는 할 수 있고 아무리 연약해도 이겨낼 수 있단다." 이는 그가 결코 잊을 수 없는 말이었는데 그의 인생 좌우명이 되기도 했다.

그들은 마을에 도착하면서 낡아 무너진 상점을 발견했다. 그곳은 헨리 모건과 그의 어머니가 향후 12년 동안 산 집이 되었다.

헨리 모건은 16세 때, 코네티컷주 페어필드 카운티(Fairfield County, Connecticut)의 진창길을 터벅터벅 걸어 다니며 교사직을 찾아 헤맸다. 그는 키가 작았고 말랐었다. 그래서 찾아가는 곳마다 사람들이 그에게 '집에 돌아가 더 크라'고 비아냥거렸다. 그는 계속해서 퇴짜를 맞았다.

한 정치위원이 소단구지를 타고 집으로 돌아가던 길에 지친 소년을 태워주었다. 그래서 그의 이야기도 들을 수밖에 없었다. "제게 코네티컷주의 정권 아래서 가르칠 기회만 주신다면 대가가 없더라도 하겠습니다." 헨리 모건은 간절하게 애원했다.

그가 나중에 코네티컷주 페어필드 카운티 호프웰 구에 있는 작고 빨간 학교 건물의 유일한 교사가 되었을 때, 주급 1달러와 숙식을 제공받았다.

그리고 찾아온 것이 그의 인생을 바꾼 한 감리교의 부흥회였다. 이웃들은 그렇게 강력한 부흥을 한 번도 본 적이 없다고 말했다. 매일 저녁 열의 넘치는 예배가 6개월간 열렸다. 한번은 그 젊은 학교 교장이 일어나서 공개적으로 간증을 했다. 그는 나중에 코네티컷주 웨스턴 중심가에 새롭게 지어진 감리교회에 출석하게 되었다.

헨리 모건은 그의 내면에 설교자가 되라는 확실한 부르심이 있다는 것을 느꼈다. 다른 건 중요하지 않았다. 그는 식물학에서부터 수학, 화학, 역사, 그리고 문학까지 끈질긴 독학 과정을 밟아나갔다. 그가 시골길을 걸을 때 그의 동반자는 호머, 버길, 밀턴, 그리고 셰익스피어였다. 어느 날 그는 놀라운 꿈을 꿨다. 그가 이 인물들처럼 훌륭한 연설을 하고 있고 그의 웅변으로 수천 명의 마음에 감동을 주는 꿈이었다.

젊은 헨리 모건에게도 영웅 같은 존재들이 있었다. 바로 순회 목사들이었는데 그의 어머니 집 벽에 압정으로 그들의 사진을 고정해 두었다. 그뿐만 아니라 장로들과 주교들의 사진도 있었다. 그러나 어머니가 정말 흥미로워한 이야기는 순회 목사들의 고난과 용기, 그리고 그들의 노고와 승리에 관한 것이었다. 그가 학교에서 가르치는 동안, 그들 중 가장 유명한 이들의 인생 스토리를 읽게 되었는데 그의 심장은 마구 뛰었고 그의 영혼은 불타올랐다. 그는 감리교 순례자가 되어 이 마을에서 저 마을로 다니며 그의 방식대로 설교하면서 성령이 이끄는 곳으로 갈 것이었다.

그는 몇 년 후, 순례 여정 중에 보스턴을 처음 방문하게 되었다. 당시 보스턴은 항구여서 해운업을 하는 선원들이 많았다. 그는 먼저 테일러 목사의 교회에서 설교했다. 그리고 이 성자 같은 '선원들의 목사(sailor's pastor)'가 그의 어깨를 토닥거리며 "잘했어요! 엄청난 열정의 소유자군요"라고 말했을 때 무척 황홀했다.

하지만 정작 헨리 모건이 1850년대 초에 보스턴으로 이주했을 때는 교회로부터 환영을 받지 못했다. 그는 그들과 같은 부류의 사람이 아니었다. 어떤 이들에게는 그가 에이브러햄 링컨처럼 생긴 키가 크고 마른 코네티컷 미국인으로 비쳤다. 그들 눈에는 그가 가난에, 독학에, 비정통적인 생각을 하는 사람이었고 나중에 성가신 존재가 될 것 같았다. 또 어떤 이들은 그가 완전히 문외한인 데다가 못 배운 티를 내는 선동적인 설교나 해댄다며 집으로 빨리 돌아가는 편이 더 좋다고 했다.

헨리 모건은 감리교파에 성직자 임명과 증서를 6번이나 요청했지만, 6번 다 거절당했다. 이에는 합당한 이유가 있다. 그는 회심한 사람들에게 침례만 주는 것을 주장했고 자기가 원하는 한 곳에서만 계속 목회하기를 원했다. 하지만 당시의 감리교 교리는 신청자가 원한다면 침례뿐만이 아닌 어떤 형태의 세례도 허용되었고 감리교 성직자들은 3년마다 다른 교회로 이동하는 것이 규칙이었다.

모건은 6번이나 거절당하자 이것이 마지막일 거라고 선언했다. "내가 임명되는 날이 온다면…." 그는 도전적이며 솔직하게 예언했다. "난 내 교회에 의해 임명될 것이다. 나를 성직자로 임명하는 교파를 만들 것이다. 이 시대가 필요로 하는 건 오래된 관례가 아니라 시대에 적합한 사람이다!"

'오래된 관례'라는 말은 그 당시 그가 설교할 건물이 없음을 상기시켜주었다. "이 큰 도시에 친구 하나 없이 성공할 생각은 하지 마세요"라고 사람들은 그에게 경고했다.

"건물을 빌릴 것입니다!" 화가 난 모건이 반박하며 아랑곳하지 않고 덧붙였다. "보스턴 뮤직홀을 빌릴 것입니다." 모건이 눈썹을 치켜세웠다. 이는 보스턴에서 가장 큰 홀이었다.

"돈이 많이 들겠네요." 그들이 상기시켜주었다.

"천 달러가 있습니다." 그가 말했다. "다 사용한 후에도 주께서 도우시지 않으시면 내겐 부르심이 없다고 여길 것입니다."

그는 3주간 보스턴 뮤직홀을 빌렸는데 그 비용은 지금까지의 인생을 통틀어 설교하며 번 돈보다 더 많은 액수였다.

헨리 모건은 1859년 2월 27일에 그곳에서 첫 설교를 하게 되었고 주께서 그를 붙들어 주셨다. 홀은 그의 설교에 따라 울고 웃고 박수를 보내는 관중들로 꽉 차 있었다. 그의 성공은 한순간에 이뤄졌고 큰 돌풍을 일으켰다. 다음 월요일 아침, 모든 신문에 그의 설교 글이 실렸다. 그 후부터는 모건이 설교할 때마다 신문사에서 출동했는데 그가 헤드라인 뉴스가 된 것이다.

중산층과 노동자들이 그의 설교를 듣기 위해 수백 명씩 떼를 지어 몰려들었고 10센트의 입장료를 기쁘게 지불했다. 가끔은 주교나 하버드 총장, 혹은 주지사도 관중석에 있었고 이들은 더 후한 기부를 남기고 가곤 했다.

모건이 뮤직홀에서 행한 가장 성공적인 설교 중 하나는 '빠른 청년(Fast Young Men)'이었다. 이는 보스턴을 깜짝 놀라게 했다. 다음 날 아침, 잠에서 깬 모건은 자신이 유명해졌음을 알게 되었다. 이 설교를 다시 해달라는 요청이 쇄도했다. 그는 뉴잉글랜드에서 이 설교를 2백 번 넘게 했고 보스턴에서 32번째 진행할 때는 3천5백 명의 사람들이 뮤직홀 문 앞에서 입장료를 냈다. 밀려오는 군중으로 인해 경찰이 출동해 문을 닫을 수밖에 없었다. 수백 명의 사람이 입장하지 못하고 돌아가야 했다.

하지만 그의 이런 확실한 성공에도 불구하고 암울한 날이 모건을 기다리고 있었다. 술 마시는 것에 대한 비판과 도박, 매춘과 사기에 대한 그의 공격적인 빌언들은 그것들을 즐기거나 업으로 삼은 사람들을 적으로 만들어냈다. 게다가 엄청난 군중을 끌어모은 그의 능력은 교회의 질투심도 유발했다.

모건을 쫓아내려는 사람들이 있는 것은 당연했다. 대표자가 최후통첩을 가지고 뮤직홀 주인을 찾아왔다. "만약 그 방랑자가 여기서 계속 일요일에 설교하도록 내버려 두면, 우리는 당신의 홀을 다시는 빌려 쓰지 않겠습니다."

큰일이었다. 그 주인은 마지못해 모건을 찾았다. "여기서 집회 여는 것을 그만두어야 할 거 같아요. 고작 주일 하루를 당신에게 빌려줌으로써 일주일의 임대료를 잃을 순 없어요."

그다음 주에 수백 명의 사람이 한자리에 모인 가운데 헨리 모건이 그 슬픈 소식을 전했다. 사람들은 실망했다. 집회가 끝난 후, 집회 내내 충실하게 참여했던 한 술집 주인이 모건에게 다가와 자신의 술집을 집회 장소로 내어주겠다고 말했다. 헨리 모건은 이를 받아들였고 그다음 주일에는 그곳에서 복음을 증거했다. 술집에서 과음의 악행에 대한 설교를 들은 사람들이 이제는 맥주를 사는 대신에 술을 마시지 않겠다는 서약을 해버렸다.

"당신의 사업과 저의 사업은 맞지 않는 거 같네요." 실망한 술집 주인이 헨리 모건에게 말했다. "그런 의미에서 당신이 나가주는 게 맞겠네요. 여긴 제 사업장이니까요."

그는 결국 다시 쫓겨나게 되었다. 그날 저녁, 뼛속까지 얼어붙는 듯한 추위를 느끼며 집으로 걸어가던 헨리 모건이 중얼거렸다. "아무리 가난해도 기도는 할 수 있고 아무리 연약해도 이겨낼 수 있다."

헨리 모건에게는 적들이 있었지만, 친구들도 있었다. 그들은 당국을 설득해 시 정부 소유의 비어있는 낡은 프랭클린 학교 건물을 헨리 모건이 사용할 수 있게 했다. 1859년 5월에 보스턴 선교연합 단체가 그곳에서 결성되었다. 그곳의 취지는 가난한 사람들에게 복음을 전해주고 주일학교 어린이들에게 옷을 선물하며 거리의 아이들에게 공부를 시켜주고 가난한 사람들에게 집과 일자리를 마련해주는 것이었다.

그 낡은 건물은 더 이상 비어있거나 쓸모없게 방치되지 않았다. 그 건물 안에는 교회와 주일학교뿐 아니라 자선 재봉 서클, 일하는 여성들을 위한 산업 기관 그리고 직업소개소와 야간 학교까지 있었다.

헨리 모건은 또다시 군중들을 사로잡았고 이번에는 신문팔이 소년들, 구두닦이들과 석탄을 캐는 아이들을 위한 학교가 생겼다. 그들은 온종일 일해야 했기에 교육을 받지 못한 아이들이었다. 그의 학교는 3백 명에서 4백 명의 아이들이 다닐 정도로 성장했고 20명의 교사가 자원하여 정성껏 가르쳤다.

이 학교는 보스턴의 첫 야간 학교였고 많은 유명인사가 그곳을 방문했다. 그중에는 내전 당시 매사추세츠의 주지사였던 존 알비언 앤드루(John Albion Andrew), 보스턴대학의 워런 박사(Dr. Warren), 보스턴에서 유명한 변호사였던 웬델 필립스(Wendell Phillips) 그리고 윌리엄 클라플린(William Claflin) 주지사가 있었다. 헨리 모건은 그가 돌보던 거리의 부랑이들과 유명인사들이 같은 단상에서 말할 수 있는 것에 내해 기뻤다. 그리고 나중에 모건은 이 부랑아 중 한 명이었던 네드 네빈스(Ned Nevins)에 대한 책을 쓴 바 있다.

모건은 거의 10년 동안 그곳에서 그의 몫을 훌륭히 해냈다. 그의 야간 학교는 대중으로부터 상당한 호평을 받았고 시 정부는 이를 공립학교 체제의 하나로 인수했다.

헨리 모건은 슬프게도 또다시 쫓겨났고 그의 친구들은 다시 그를 돕기 위해 모였다. 그들은 자신들의 영향력을 이용해 그를 상원 원목으로 선출했고 그래서 그는 주지사이자 의회의 일원인 윌리엄 클라플린과 가까운 사이로 발전할 수 있었다. 윌리엄 클라플린은 가난한 이들을 위한 헨리 모건의 사업을 펼칠 수 있는 교회가 있어야 한다고 생각했다.

인디애나 플레이스 지역의 제자교회 성도들이 더 좋은 지역으로의 이주를 택해서 다음날에 교회 건물이 경매로 매각될 것이라는 소식을 들은 그가 헨리 모건에게 말했다. "당신은 보스턴을 떠나면 안 돼요. 당신과 당신의 단체는 잘 해왔습니다. 당신에겐 집이 있어야 합니다. 경매에 가서 그 교회를 입찰하세요. 2만 2천 달러까지 불러보세요. 제가 지원하죠. 만약 당신이 빚을 갚지 못한다면 건물을 가져가면 되니까요."

헨리 모건은 입찰에 응했고 교회를 매입했다. 결국에는 자신의 설교와 책으로 얻은 이익을 사용했다. 교회를 매입한 후, 친구들이 그를 축하하기 위해 모였고 한 친구가 50달러와 대리석판 하나를 건네면서 모건 예배당(MORGAN CHAPEL)이란 이름을 그 위에 새기면 좋을 것 같다고 말했다. 협회는 만장일치의 의견으로 그 선물을 받았다.

이제 교회를 가진 그였지만, 감리교 위원회와는 연계가 없었다. 그가 뉴잉글랜드 연례회에 가입을 신청했지만, 위원회는 그의 선교 부동산을 넘기지 않는 한 안 된다고 말했다. 그러나 그는 그렇게 하고 싶지 않았다.

성직자 안수를 받은 적 없는 그였기에 성찬식을 행하거나 결혼식의 주례를 맡을 수 없었던 터라 위원회에 신청했던 것인데, 다시 거절당한 것이다. 또다시 좌절한 그는 '독립 감리교 위원회'에 연락을 취했고 결국 독립 감리교 목사로 임명되었다.

수년간 쉴 새 없이 목회하고 설교하고 임시강좌를 열고 모건 예배당에서의 사역에 대한 지지를 얻기 위한 연설을 하고 또 한 결과, 그의 건강에 큰 무리가 갔다. 그리고 병으로 인해 긴 시간 동안 그의 사역은 점점 무너졌고 사람들이 그를 떠나가는 모습을 보면서 마음이 아팠다.

그는 1884년 5월에 폐결핵으로 세상을 떠났다. 이는 그가 그 낡은 제자교회를 낙찰받고 모건 예배당이라는 이름이 새겨진 대리석판을 걸은 후로 16년이 지났을 때였다.

그는 케임브리지의 오번 산에 묻혔다. 그의 신실한 벗이었던 윌리엄 클라플린 주지사는 그의 묘비에 '진정한 설교가, 가난한 이들이 사랑한 목사'라고 새겼다.

10.

빈민가에서
크는
아이들

사우스 엔드(South End)라고 알려진 그 지역은 보스턴에서 맨 아래 위치한 반 제곱마일 정도의 면적으로 된 도시였다. 그리고 5만 명의 인구가 있었지만, 차마 그들이 정말 살아가고 있다고는 말할 수 없는 그런 환경이었다. 이곳이 세계에서 가장 국제적인 지역 중 하나였던 이유는 인구의 97%가 외국 출신이기 때문이다.

새 교구의 길을 걷는 30대의 젊은 목사 주위에 각양각색의 인종으로 구성된 사람들이 무리를 지어 서성거렸다. 대부분은 구세계에서 새 미국(여러 인종과 문화가 뒤섞인 곳, 다양한 민족의 나라)으로 온 이민자들이었는데 이탈리아인, 아일랜드인, 그리스인, 시리아인, 스칸디나비아인, 프랑스인, 독일인, 폴란드인, 아르메니아인, 오스트리아인, 중국인 그리고 포르투갈인을 비롯한 여러 민족으로 가득 차 있었다.

30개국에서 온 가난한 사람들이 여기에 살고 있었다. 개신교 신사는 단 5%를 차지했다. 에드거는 가장 힘든 선교지를 원했었는데 이곳이 딱 그랬다.

그곳은 쓰레기로 가득해서 악취가 나고 거리는 너무 좁아서 5층 높이의 음산한 공동주택들 사이의 틈새 정도로밖에 안 보였다. 게다가 구석구석이 매우 붐벼서 아이들을 위한 공간이라고는 거리밖에 없었다. 에드거는 그들이 놀고 있는 모습을 지켜보았다. 그들은 자신들이 알고 있는 삶의 모습을 흉내 내고 있었다. '주정뱅이를 집으로 끌고 가며' '경찰을 따돌리는' 놀이었다.

악명 높은 주택들 가까이 보였던 것은 훈련이 안 된 노동자들, 즉 웨이터, 요리사, 청소부, 세탁소 일꾼과 야간에 사무실과 상점을 청소하는 추레한 모습의 노인들이 사는 저렴한 숙박시설들이었다.

아이들과 즐겁게 웃고 있는 노년의 에드거 헬름스 목사

그의 마음을 붙잡은 것은 빈민가의 어린아이들이었다. 그는 아이들을 사랑했다. 그 아이들이 햇빛도 안 들어오고 신선한 공기마저 없고 악취가 나는 이 지역에서 파리처럼 죽어간다는 사실을 그는 알고 있었다. 그는 매춘부의 치맛자락에 매달리는 여자아이들과 주정뱅이들의 익

살스러운 행동에 즐거워하는 남자아이들을 보면서 몸을 떨었다. 어떻게 하면 이 아이들을 유혹에서 떼어내고 죄에서 구원할 수 있을까?

에드거는 어느 어두침침한 골목에서 누더기를 걸친 아이들이 화약으로 장난을 치는 모습을 보게 되었다. 두 명의 경찰이 나타나자 황급히 흩어진 그들은 달아나면서도 큰 소리로 반항심 가득한 욕을 마구 퍼부었다. 몇 개의 문 뒤로 한 지저분한 얼굴의 이탈리아인 떠돌이 소년이 문간에 앉아 성가대 소년의 맑고 깨끗한 소프라노 톤으로 향가(고향에서 부르던 노래)를 부르고 있었다.

"내가 여기서 해야 할 일은 사회복지관, 즉 사회복지 회관을 만드는 거야." 에드거는 혼잣말을 했다. "그러면 아이들을 구할 수 있을 거야."

하지만 그가 가진 거라곤 주일 아침마다 무료로 제공하는 아침 식사에 오는 3백 명의 떠돌이 일꾼들을 회중으로 두고 있는 작은 판잣집 예배당이 전부였다. 그들은 거저 주는 것을 받기 위해 오는 것이었다. '거저 준다'라는 말은 그가 너무나 혐오하는 말이었다.

울음을 터뜨린 한 아기가 작은 누이의 무심한 돌봄으로 인해 오물투성이의 도랑으로 굴러 들어갔다. 젊은 목사는 갑자기 화가 치밀어 올랐다. 아름다운 미국에서 이처럼 사악한 빈민가를 그냥 방치한단 말인가? 기회의 땅으로 온 것이 더 나은 삶을 위한 기회를 붙잡기 위함이라고 믿는 이 가난하고 무지한 이민자들의 아이들에게 왜 이런 운명이 닥친단 말인가?

"내가 그들에게 줄 거야." 그가 턱을 치켜들면서 다짐했다. "부랑자들은 내보내고 아이들을 데려올 거야. 난 이것 때문에 비판받겠지. 어떤 이들은 내가 무정하다고 타락한 사람들에 대한 동정심도 없다고 말할 거야. 그런데 그들은 나중에 돌볼 거야. 그들의 차례가 올 거야. 하지만 우선 아기들을 구해야 해."

위원회가 열렸을 때 확실했던 사실은 그들이 모건 예배당의 미래에 대해 거의 기대하지 않는다는 것이었다.

"여기서 교회를 여는 것은 무의미해요." 누군가가 에드거에게 말했다. "한두 사람을 구제하거나 겨울에 뜨거운 수프 한 그릇 나누어주는 일이라면 가능할지도 모르죠. 하지만 이런 지역에 교회는… 절대 있을 수 없는 일이에요."

에드거는 자기만족에 빠진 자들의 얼굴을 훑어보았고 그의 눈은 북받치는 감정으로 인해 검게 물들었다. "만약 나의 신앙이 이곳 사람들을 돕는 일에 적용되지 못한다면…." 그가 단호하게 말했다. "저는 사역을 하고 싶지 않습니다."

아득한 침묵이 흘렀다. 그러자 다른 위원이 말을 꺼냈다. "자, 자, 에드거." 그가 센스 있게 달랬다. "모건 예배당은 보스턴에서 가장 포악한 지역에 둘러싸여 있어요. 두 광장 안에만 해도 술집 16개, 전당포 11개, 불건전한 극장 2개 그리고 도박장, 부패한 댄스홀과 매춘업소가 셀 수 없이 있어요."

에드거도 다 아는 바였다. 헨리 모건이 세상을 뜬 후, 그의 뒤를 이은 4명의 사역자가 있었는데 그 3명은 무리하여 건강이 쇠약해졌고 나머지 한 사람은 구타를 당한 후 좌절하여 포기했다.

"제가 모건 예배당으로 오는 데는 두 가지 조건이 있습니다." 그가 단호하게 선언했다. "첫째로, 부랑자들에게 무료로 제공했던 주일 아침 식사를 중단합니다. 저는 그들 중 어떤 이도 기독교인으로 바뀔 수 있다고 믿지 않습니다. 이 사람들은 그저 무료로 제공하는 샌드위치와 커피 한잔에 매수되어 예배당에 오는 것입니다. 그리고 문이 잠긴 후에는 어쩔 수 없이 예배에 참석하는 거죠."

갑자기 목이 쉬어서 말을 멈춘 틈에 한 위원이 물었다. "두 번째는요?"

"아이들과 지역사회 중심의 사역을 할 수 있게 해주세요. 예배당이 온갖 죄악에 둘러싸여 있는 것을 압니다. 하지만 가난하고 교육받지 못한 이들로 둘러싸여 있기도 합니다. 이들은 도움과 가르침이 필요합니다. 그냥 말로서가 아닌 행동으로 말입니다! 이 교회는 가난한 이들을 위한 곳입니다. 이 사람들에게 옷을 입혀주고 먹을 것을 줍시다. 바르게 살아갈 수 있는 기회를 줍시다! 신사 여러분, 여기까지는 제 의견입니다. 만약 수용하신다면 저도 모건 예배당을 받아들이겠습니다."

유니테리언교와 감리교 신자들로 구성된 위원회는 말이 없었다. 에드거는 할 말이 상당히 많았다. 그는 자기 아내가 근처의 한 공동주택 건물에 들어갔다가 비통하게 우는 아이들의 울음소리를 들었던 일을 이야기했다. 겁에 질린 듯한 울음소리는 깜짝 놀란 그녀가 무슨 상황인지 알아보기 위해 관리인을 찾아갔을 때까지 계속되었다. 그들은 유아 세 명이 한 방에 갇혀 있는 것을 발견했고 탁자 위에는 마른 빵 껍질 한 조각이 놓여 있었다.

"이건 아무것도 아니에요." 관리인이 어깨를 으쓱했다. "엄마는 일하러 갔어요. 많은 아이가 이렇게 살고 있어요."

에드거는 교회 제의실(예배 때 쓰일 목사님들의 의복과 성가대원들의 의복을 걸어 놓는 곳)에 아기 침대를 놓고서 일하는 엄마를 둔 어린아이들을 돌보려는 계획을 말했다. "여기 보스턴 사우스 엔드에서는 해마다 2천 명이 넘는 아기들이 살기 위해 몸부림치다가 죽어갑니다. 교회가 몇 명이라도 살리기 위해 노력해야 하지 않을까요?"

그 공식 위원회는 내키진 않았지만, 그에게 해보라고 했다.

에드거가 함께한 첫 주일 예배에 부랑자들은 더 이상 보이지 않았고 회중은 약 40명 정도로 줄어들었다. 그는 그 어지러운 곳을 구석구석 청소할 사람이 필요하다고 말했다. 그래야 다음 주 예배에 올 때 오로지 비누 냄새만 풍기는 깨끗한 예배당을 볼 수 있다고 하면서 자원자가 있는지 물었다.

진은 성실한 사람 몇 명과 함께 일을 시작했다. 그들은 엄청나게 쌓인 먼지와 벌레와 이 그리고 빈대를 쓸어냈다. 방석에 묻은 오물을 털어내고 좌석에 묻은 것도 긁어냈다. 숨이 막히는 것은 물론이고 세균

덩어리의 먼지를 마셔야 했기에 건강에도 좋지 않은 작업이었다. 그렇게 며칠 동안 무릎을 꿇은 자세로 청소하고 좌석을 닦으며 창문을 닦는 일은 계속되었다. 그러다가 드디어 건물 전체에서 향기가 나고 깨끗하며 위생적인, 아이들에게 적합한 장소로 변했다.

아기 침대가 없었기에 지하에서 낡은 긴 의자 몇 개를 찾아 고쳐서 제의실에 놓아두었다. 매트리스가 없었으므로 낡은 방석을 깔아 놓았다.

그런 다음, 그와 그의 아내 그리고 한 명의 동료는 함께 무더운 거리로 나가서 가장 작고 병약한 어린아이들을 시원하며 안전한 예배당으로 데려왔다. 이로써 보스턴은 물론 어쩌면 미국 전체에서 최초인, 교회가 후원하는 탁아소를 시작하게 되었다.

이는 향후 수년간, 보스턴 사우스 엔드의 모든 연령대의 아이들을 위한 창의적이고 적극적인 활동들로 이루어진 광범위한 프로그램과 함께 어마어마한 어린이 복지관으로 성장해 갈 것이었다.

엄마들이 적은 돈이라도 벌어서 아이들을 입히고 먹이기 위해 하루 종일 나가 일하는 동안에 돌봐줘야 할 아이들이 많아짐에 따라 에드거는 유능하고 믿을 만한 사람을 구해 전반적인 일을 맡겨야겠다고 생각했다. 하지만 그런 사람을 어디 가서 찾으란 말인가?

그럴 때쯤, 매리 페이건(Mary Fagan)이라는 빨간 머리의 활기찬 젊은 여성이 모건 예배당에 발을 들였다. 에드거는 그녀가 보스턴 백 베이(Back Bay)의 어느 부유한 가정에서 유아 간호사로 일하고 있음을 알게 되었다. 그는 그녀를 설득해 집으로 초대했고 저녁 식사 중에 혹시 그녀가 그런 고상한 환경에서 높은 급여를 받는 직업을 포기하고 사우스 엔드에 사는 불쌍한 아기들을 돌볼 의향이 있는지 물었다.

에드거를 깜짝 놀라게 만든 것은 그녀의 갑작스러운 울음이었다. "괜찮아요, 목사님. 이건 그냥 기쁨의 눈물이에요. 저는 고아였어요. 그래서 사랑받는 것이 무엇이며 누군가에게 필요한 사람이 된다는 것이 무엇인지 전혀 몰랐어요. 그리고 전 평생 불쌍한 아이들을 돌보고 싶었어요."

"원하는 급여가 있나요?" 그가 어렵게 물었다. 모건 예배당에는 할 일이 많지만, 돈은 거의 없었다.

그 씩씩한 젊은 여인이 눈물을 닦으며 말했다. "자는 곳과 먹을 것만 있으면 될 것 같아요. 그거면 충분할 거예요."

매리 페이건은 모건 예배당과 모건 기념관에서 거의 40년간 섬기면서 수천 명의 가난한 사우스 엔드 아기들의 어머니가 될 것이며 훗날 그녀의 이름을 딴 사우스 에톨(South Athol Health Center) 보건소가 생길 거라곤 꿈에도 몰랐을 것이었다.

탁아소 일이 순조롭게 진행되자 훈련받은 선생님과 학생 자원봉사자들의 감독 아래 유치원도 꾸려졌다.

에드거는 이제 노숙자들, 즉 '부랑자'들을 돕는 일에 집중했다. 청소하고 소독까지 한 예배당에 그들의 때와 벼룩을 가지고 들어오게 해선

안 되는 일이었다. 그가 생각하기에 그들에게 필요한 것은 목욕하고 말끔히 정리할 수 있는 장소였다. 그와 그의 사람들은 예배당 지하에 목욕시설 설치를 위한 재료와 일꾼을 구했다. 이제 그들에게 필요한 것은 지하실 수조를 위해 위층에 물탱크를 설치하는 것이었다. 그런데 큰 문제가 있었다. 어디에 설치해야 예배당을 훼손하지 않을 수 있을까?

당황한 에드거는 비어있는 공간을 찾기 위해 그 좁고 작은 예배당을 여기저기 둘러보았다. 결국에는 좌절하며 설교단에 주저앉았다. 그때 한 기발한 생각이 그의 머리에 떠올랐다. 탱크를 설교단 밑에 설치하면 되지 않을까?

그의 말이 떨어지기가 무섭게 사람들은 카펫과 바닥을 뜯었다. 그리고 운 좋게도 거기서 헨리 모건의 잊어버린 세례용 물통을 발견했고 파이프만 연결하면 사용할 준비가 다 되는 것이었다.

에드거는 그 놀라운 해결책에 대해 이렇게 썼다. "우리는 세례용 물통에 있는 물을 지하 목욕실에 있는 사람들에게 뿌려지는 용도로 사용했다. 스위치를 돌리면 뜨거운 물이 자동으로 세례용 물통으로 흐르도록 만들었고 나중에는 침례 받기 원하는 회심자들에게 그런 식으로 침례를 주었다. 헨리 모건이 자신의 침례 이론을 이행하기 위해 준비한 것으로 사도바울이 말했듯 실제 사람들의 몸을 깨끗이 씻는다는 의미의 침례를 주는 것이 과연 신성모독이었을까? 헨리 모건이 무덤에서 몸을 돌린다고 해도, 어쩔 수 없네요!"

부랑자들은 비누로 목욕하고 나서 기증받은 깨끗한 옷을 입고 환영

받으며 예배당으로 돌아왔다. 그들을 맞이한 것은 무료로 제공했던 주일 아침 식사나 의무적으로 참여했던 형식적인 예배가 아니었다. 에드거가 그들을 위해 복음전도를 시작했다. 토요일 밤에는 다과회와 함께 콘서트를 열었다. 얼마 후, 누군가가 소다수 분수대를 기증하자 에드거가 그 주변에 멋진 독서실과 오락실을 지었는데 때마침 인기 있는 금주점으로 발전했고 일주일에 6일을 밤마다 열곤 했다.

부랑자들에게 이제 목욕실과 개인 방이 생긴 것이다. 하지만 이것은 에드거의 구제 계획의 시작에 불과했다. 언젠가 돈 없고 집 없으며 친구도 없는 이들을 위해 특별히 기획되고 운영되는 새 건물이 생길 날이 올 것이라고 믿었다. 돈 있는 사람은 들어갈 수 없는 곳 말이다!

에드거는 아기들과 어린아이들 그리고 부랑자들에 대한 사역이 안정되자 빈민가에서 자라며 저녁에는 아무것도 할 일 없이 보내는 청소년들을 위한 계획을 세우기 시작했다. 사탄도 언제든지 게으른 자들을 통해 죄를 짓게 할 준비가 되어있었다. 그들은 기술 하나라도 배워야 했는데 야간 학교면 되지 않을까 싶었다.

진이 학창 시절 모건 예배당에 배정되었을 때 토요일마다 아이들을 위한 산업수업반을 열었었다. 지금은 그녀를 도와 이것을 설계해주고 넓혀주는 남편의 지지에 힘입어 다시 시작할 수 있었다. 이것은 에드거가 마음에 품었던 야간 학교의 '씨앗'이 되었다.

에드거는 그들이 모건 예배당에서 보내는 첫 가을에 인쇄, 목공, 양복 제작기술반을 가진 야간 학교 개설을 알리는 첫 교서를 발표했다. 그리고 필요에 따라 간판그림 화법, 여성복 제조와 재봉기술반도 생길 것이라고 덧붙였다.

에드거는 거저 주는 것을 믿지 않았다. 빈민가의 주민들에게 유용한 기술을 가르쳐 조금이라도 벌 수 있는 기회를 제공하면서도 그의 그 같은 뜻에는 변함이 없었다. 수업 30번당 1달러의 비용을 지불하도록 했다. 돈을 낼 수 없는 사람들에게는 글쓰기 수업을 무료로 제공했다.

그렇게 젊은 목사 에드거 헬름스는 사우스 엔드에서의 첫해에 다 허물어져 가는 그 예배당에서 누더기를 걸쳤던 거리의 부랑아들과 함께 언젠가 '감리교파에서 가장 놀라운 교회'라 불리게 될 위대한 인더스트리 교회로 우뚝 서기 위한 기초를 단단히 다져나갔다.

그는 사우스 엔드를 정결케 하고 죄악의 고리를 끊어내기 위한 10년간의 운동을 이미 시작했고 그러는 동안에도 모든 힘을 동원해 그 악의 거리로부터 아이들을 지켜냈다.

그는 1896년에 여름방학 성경학교를 조직하고 감독했다. 미국에서는 최초로 열린 것이라 할 수 있었다. 그다음 해에는 예배당 1층과 지하에 여름 놀이터를 만들어 전통을 중시하는 정통파를 분개하게 했다. 어린아이들은 여름 내내 오전 9시부터 정오까지 긴 의자와 설교단 위에서 뛰어놀았고 또 다른 방에서는 일하는 엄마를 둔 아기들이 온종일 돌봄을 받고 있었으며 2번의 영양식이 제공되는 것을 포함해서 모두 하루에

5센트만 지불하면 됐다.

"거리에는 아이들이 없습니다." 에드거가 그곳 아기들의 엄마 같은 매리 페이건에게 말했다. "하지만 언젠가 신선한 공기를 마실 수 있는 우리만의 시설을 소유할 거예요. 그래서 질식할 듯이 무더운 더위에서 저들이 벗어나게 해줄 거예요."

"맞아요. 하나님, 제발." 매리가 기도했다. "그리고 저의 아픈 아기들을 먼저 도와주세요."

모건 메모리얼교회

11.

손수레를
끄는
목사가 되다

에드거는 어쩌면 공동주택 현관 계단에 앉아 성가대 소년에게서 나올 법한 맑고 깨끗한 소프라노로 이탈리아 노래를 부르던 꾀죄죄한 이탈리아 소년을 기억하고 있었을지도 모른다. 또 어쩌면 외국어들이 난무하는 지역에서 음악이 세계 공용어라 여겼을지도 모른다.

어쨌든 에드거는 빈민가의 예배당에서 부랑아들을 위해 바이올린, 만돌린, 기타 그리고 성악과 발성 연습반을 가진 음악학교를 개설했다. 이 학교는 열렬한 환영과 함께 놀라운 성공을 거두어 68년이 지난 오늘날까지 지속해 왔다.

첫 학기는 75명의 학생으로 시작했고 학부모들과 함께한 봄 콘서트로 마무리 지었다. 학생들은 들떠있었고 기쁨에 넘친 부모들은 만면에 웃음을 띠며 온 정신을 귀에 집중하고 음악을 감상했다.

에드거는 그들로부터 공감을 얻을 수 있어서 기뻤다. 그리고 자연스럽게 부모들의 지지를 얻어냈다. 그 학교는 예배당 성가대 훈련에 도움이 되었고 또 필요에 따라 연주회와 특별음악회를 위한 훌륭한 오케스트라도 제공해주었다. 무엇보다 중요했던 것은 자립이었다.

이듬해, 에드거는 더 높은 목표를 세웠다. 그는 '모건 예배당 음악학교'라는 제목의 멋진 분홍색 소책자를 인쇄했다. 공고 내용에는 '이 학교는 최고의 교직원들과 함께 10월에 개학할 것이며 가난과 상관없이, 누구든지 최상의 음악 교육을 받게 해주기 위한 특별한 목적으로 시작한다'라고 적혔다. 피아노, 바이올린, 코넷 그리고 발성 수업도 진행할 예정이었다.

교직원들의 이름도 명시되어 있었다. 에드거는 능력 있는 사람들을 끌어모으는 그만의 특별한 재능으로 빈민가의 학생들을 위해 우수한 전문 교사들을 확보했다. 피아노, 바이올린, 코넷을 가르치는 교사들은 보스턴 음악대학 출신이었고 발성연습 교사 한 명도 그랬다. 다른 한 명은 보스턴에서 최고의 바리톤 가수 중 한 명이었으며 미국과 유럽에 훌륭한 스승들을 둔 사람이었다. 수강료는 학생들이 선택하는 강의에 따라 수업당 10센트에서 30센트까지의 저렴한 비용이었다. 게다가 시창법을 배우는 대형 수업반이 있었는데 이 비용은 20주에 50센트였다.

음악을 사랑하는 이탈리아인들을 더 열광시켰던 것은 이 흥미진진한 소책자 뒤에 나온 또 다른 소책자였다. 겉표지에는 '음악으로의 새로운 출발'이라는 글귀가 적혀있었는데 그 위에는 다름 아닌 보스턴 음악대학 총장의 메시지가 실려 있었다.

"저는 보스턴 시민들이 음악 교육을 받는 것에 협조하기로 약속합니다. 모건 예배당 음악학교에서 계속 돕기를 원하는 경험 있는 교사 중에 보스턴 음악대학에서 고등교육을 받기 원하는 분들에게 전액 장학금을 지급할 것입니다. 또 대학에서 공부하기를 원하는 음악학교의 재능 있는 학생들에게는 상금과 장학금을 수여하는 것에 동의했습니다."

에드거의 재능은 보스턴대학의 최고 능력자들을 그 빈민가 사역에 끌어들이는 데에 그치지 않았다. 그는 남자와 여자를 불문하고 오랫동안 헌신하여 섬기고 좋을 때나 안 좋을 때나 그의 곁을 지켜주는 의리 있는 사람들을 각계각층에서 끌어모았다.

모건 예배당에서 사역한 지 2년째 되던 해에 그의 인생에 어떤 사람이 나타났다. 그의 이름은 프레드 C. 무어(Fred C. Moore)이며 미혼의 젊은 사업가였는데 그 당시 캐나다 뉴펀들랜드에서 그곳에 왔다. 그는 경영대학원에서 야간 수업을 들으면서 보스턴에서 할 수 있는 일을 찾고 있었다.

어느 주일날, 한 친구가 에드거의 교회에 그를 데려왔다. 예배가 끝난 후, 에드거

프레드 무어(Fred C. Moore)의 사진. 혁신적인 아이디어 뒤에는 항상 현실적인 부분이 잘 이루어져야 하는데 이 부분을 무어가 충분히 감당해주었다. 에드거가 이상주의자였다면 무어는 현실주의자였다. 둘은 40년 이상의 우정을 나누었고 가장 가까운 친구였다.

는 대화 중에 그 낯선 사람에게 혹시 교회 서신을 가져왔는지 물어보았는데 놀랍게도 그 방문자는 그렇다고 대답했다. 마침 그의 주머니 속에 넣고 왔던 참이었다.

에드거는 손을 내밀며 차분하게 말했다. "제게 주세요."

그 낯선 사람은 자신은 정말 최근에 이 나라에 도착했다며 황급히 설명했다. 그는 미국에 머물지 않을 수도 있고 보스턴에는 거주하지 않을지도 모른다고 했다.

"아무튼 제게 주세요." 에드거가 고집했다. "만약 다른 곳으로의 발령을 원한다면 그렇게 될 수도 있겠죠. 하지만 만약 당신 같은 사람을 필요로 하는 교회가 있다면 그곳은 바로 이곳일 겁니다."

매우 수완이 있는 사업가였던 무어가 어째서 빠른 결정을 내리지 못하고 서신을 그냥 건넸는지는 정확히 알 수 없었다. 얼마 후, 그는 모건 예배당에 합류했고 에프워스 동맹의 회장과 주일학교 총책임자가 되었다.

무어는 차와 커피를 도매하는 회사에서 일하게 되었고 5년간 그들과 함께하면서 그의 모든 자유시간을 그 작은 예배당의 교회 사역과 사회 활동에 바쳤다. 그러다가 그의 회사에서 캐나다 몬트리올에 지사를 설립하면서 그에게 생산업무에 관한 책임을 맡기고 발령을 냈다. 무어는 회사의 뜻을 따랐고 그의 결정에 가장 아쉬워한 이는 에드거였다. 이듬해 무어는 캐나다 뉴펀들랜드에 있는 집으로 돌아갔고 계속 연락하며 지냈던 젊고 예쁜 교사와 결혼했다.

얼마 후, 그는 자신에게 보스턴으로 돌아오라고 애원하는 친구 에드거의 긴급한 편지를 받게 되었다. 거기엔 "당신이 필요하오"라고 써 있었다. 그러고 나서 또 한 통의 편지를 받았다. 더 급해 보였는데 편지 내용에 의하면, 새 건물은 완성 단계에 있었고 몇몇 공간은 이미 사용 중이었으며 무어가 보스턴으로 돌아와 그가 계획하고 있는 일을 전적으로 도와주지 않으면 그 무거운 업무량과 책임감을 계속 감당할 수 없을 거라고 했다.

무어는 언제나 현실을 직시했다. 그때도 역시 그랬다. 만약 그가 에드거에게로 가게 되면 그의 신부를 데리고 사우스 엔드라는 사회적으로 밑바닥인 곳에서 살아야 함을 의미했다. 그 의미는 안정적이고 급여가 좋으며 전망이 좋은 직업을 포기하고 에드거와 그의 아내가 하루에 15시간을 일하는 것처럼 그도 그 빈민가에서 훨씬 적은 급여를 받으며 오랜 시간 일해야 함을 의미했다. 그가 있는 몬트리올에서의 생활은 순탄했다. 하지만 거기에서의 생활은 험난할 것이었다. 돈은 항상 부족할 것이며 위기는 항상 닥칠 것이었다.

무어가 나중에 한 말이다. "하지만 에드거에겐 내가 필요했다. 나는 아내와 함께 그 일을 놓고 많은 고민과 기도를 했다. 그리고 우리는 그런 일에 함께함으로 더 의미 있는 삶을 살자는 결정을 내리게 되었다."

무어 부부는 그들을 가장 필요로 했던 시기에 보스턴 사우스 엔드로 왔고 무어는 에드거의 오른팔과 유능한 조력자가 되었다. 60년간의 사역에서 그는 늘 매우 중요한 위치에 있었다. 에드거가 세상을 떠나기 일주일 전에 병으로 앓아누웠을 때 그의 마지막 메시지를 '굿윌 사람들'에게 전해준 이도 신실한 친구 무어였다.

이것이 에드거가 가진 최고의 재능이었다. 그는 많은 훌륭한 사람들을 그에게로 끌어당기는 힘이 있었고 또 그들 중에서도 최고인 사람들을 끌어모으는 능력이 있었다.

1899년에 에드거와 진, 둘 다 사우스 엔드에서의 5년간의 사역에 힘겨움을 느꼈다. 에드거가 보스턴대학에서 수여한 '야곱의 사다리 장학금' 혜택을 사용하려 했던 때가 바로 이 해였다. 하지만 진이 아팠다. 그녀는 당시 미국에서 치사율이 가장 높았던 무서운 병에 걸린 예배당 관리인의 아내를 돌보다가 그만 폐결핵에 걸렸던 것이었다.

에드거는 자신의 여정을 미루어야 하는 것인지 아내의 담당 의사에게 물었다. 진의 담당 의사는 그러지 않아도 된다고 말했다. 계획한 대로 아내를 데리고 대양을 항해하면서 좋은 공기를 마시며 긴 휴식을 취하는 것이 그녀에게 좋을 것이라고 의사가 조언했다.

하지만 그들의 아이들, 폴린, 쿠스와 윌리엄은 어떻게 하지? 그 아이들은 진의 여동생이 안전하게 돌보기로 했다. 보스턴에 와서 공부하게 된 후로 가끔 아이들을 돌보아 주었던 그녀였다. 아이들은 이모 그레이스를 무척 좋아했다. 그녀는 에드거와 진이 유럽에서 돌아올 때까지 아이들을 데리고 그 무더운 도시를 떠나 할아버지와 할머니의 집으로 가서 머물기로 했다.

한껏 지쳐있던 부부는 그제야 크게 안도하며 1899년 6월 14일에 앤트워프 행 증기선 프로스랜드에 승선했다. 에드거의 두 눈에는 기쁨이 가득했다. 마침내 그는 사우스 엔드에 모인 사람들의 나라인 유럽에서 가난한 사람들의 생활 환경을 살피고 연구하는 길을 떠나게 되었다.

"모든 것은 가난한 이들을 돕기 위한 진심 어린 노력이야." 그는 몸이 많이 좋아 보이는 진을 보며 기뻐하고 안도하며 말했다.

미국을 떠나 영국으로 가야 할 시간이 금방 다가왔다. 영국 해협을 지나니 암울하고 눅눅했는데 진이 심한 감기에 걸렸다. 영국은 일조량이 적었고 흐린 날씨만 계속됐다. 그래서 진의 몸 상태는 급속도로 악화됐다. 낯선 땅에서 아프기까지 했던 그녀는 에드거에게 혼자 집으로 돌아가게 해달라고 애원했다. 그러나 남편은 남아서 그토록 바랐던 연구를 마쳐야 한다고 고집했다. 에드거는 그녀가 혼자 돌아가는 것을 원치 않는다며 반박했다. 그녀는 하나님과 여동생 그레이스가 자신을 잘 돌봐 줄 것이므로 걱정할 필요가 없다며 그를 설득했다.

결국에 그녀의 뜻대로 되었다. 그녀는 "안녕"이라 말하며 손을 흔들며 떠났고 그는 토인비 홀로 돌아와 런던 빈민가의 가난한 사람들을 위한 그곳의 다양한 활동들을 통해 무엇이든 배우려고 애썼다. 이 경험은 그가 보스턴 사우스 엔드의 불쌍한 이들을 위해 세운 계획에 도움이 될 것이었다.

그의 공부는 즉시 돌아오라는 긴급한 연락으로 인해 중단되었다. 진이 급속도로 쇠약해지고 있었기 때문이었다. 에드거가 도착했을 때 병상에 누워 있던 아내는 며칠 살지 못하고 하늘나라로 갔다. 그녀의 마지막 소원 중 하나는 그레이스가 아이들의 엄마가 되어주고 빈민가 밖에 집을 얻어 살아야 한다는 것이었다.

에드거와 진과 아이들

큰 슬픔에 빠진 목사에게 또 하나의 참담한 현실이 다가왔다. 때는 심각한 경제 침체로 그 땅이 황폐화되고 있던 시기였고 외국인 이민자들의 유일한 피난처였던 모건 예배당은 시 당국에 의해 위험한 장소로 판명받았다. 부실하기 그지없던 오래된 바닥은 아이들의 발에 밟혀 언제라도 무너져 내릴 수 있었다. 에드거와 그의 신실한 동료들은 작은 예배당이 무너지고 철거되는 모습을 슬프게 지켜보았다.

그곳은 1년이나 황폐화된 채로 있었다. 새 교회를 다시 세울 돈을 어디서 마련한단 말인가? 헨리 모건 목사도 그런 만일의 사태에 대해 어떤 방책도 남겨두지 않았다. 유니테리언 관리자들은 자신의 교파의 자금을 새 교회 건립에 쓰는 것을 원치 않았다. 자신들의 수입금에 안 좋은 영향이 미칠까 염려되어 에드거가 공개적으로 자금 조달을 하는 것 또한 원치 않았다. 헨리 모건 목사의 그 이상한 유언 때문에 그의 선교 재산은 유니테리언교파 측이 보유하게 되었지만, 관리권은 감리교파에 있었던 터라 복잡한 법적 문제들이 다루어져야 했다. 그리고 시간 소모가 큰 회의와 공청회를 면할 수 없었다. 결국, 땅을 담보로 5만 달러의 대출을 받는 것으로 법원의 허가가 떨어지기 전까지 신경을 곤두세우는 시간의 연속이었다.

한편, 건축가는 잃어버린 예배당을 재건하기 위한 새 건물의 설계로 바빴다. 완성되면 보스턴에서 가장 멋진 보호시설의 교회 건물이 될 것이었다. 소음 걱정이 없이 두 개의 예배가 동시에 드려질 수 있는 강당 두 개는 서로 상당히 떨어져 있었다. 체육관과 목욕탕, 오락실 그리고 신앙적으로, 산업적으로, 교육적으로 그리고 의료적인 목적으로 사용할 다른 공간들도 있었다. 탁아소, 유치원, 직업소개소 그리고 구제 활동을 위한 세심한 준비도 당연히 다 되어있었다.

낡은 예배당이 철거되고 나서 18개월 후, 아름다운 새 교회가 완성되었다. 모건 예배당의 이름이 봉헌식에서 '모건 기념관'으로 바뀌었다.

에드거는 최신 설비를 갖춘 새 어린이 보호시설의 넓은 방들을 둘러보면서 현재는 완벽해 보이는 것들의 초라했던 시작을 떠올렸다. 진과 그가 골목길 쓰레기통 주변에서 데려온 때 묻은 아이들 몇 명이 그 시작이었다. 이제 이 세상에는 없는 진이 7날은 왠지 아주 가까이에 있는 것 같았다.

그녀의 세 아이는 이제 엄마 없는 아이들이 아니었다. 진의 바람대로 아이들이 사랑하는 그레이스 이모와 에드거가 결혼했기 때문이었다. 그들은 아이오와주 쌕 시티(Sac City, Iowa)에 있는 그녀의 아버지 교회에서 주일 예배 중 조촐하게 식을 올렸다.

그 주일날, 에드거가 같이 앉아 있다가 사전에 약속된 신호 아래 그레이스가 성가대에서 걸어 나와 제단에서 에드거를 맞이했다. 회중들은 혼례 주례를 맡은 윌리엄 프레스턴 목사에 놀라움을 금치 못했다. 그가 자신의 또 다른 딸을 에드거에게 시집보냈기 때문이었다.

그녀의 옆에 서 있는 세 명의 어린 헬름스들을 내려다보며 미소를 짓는 그레이스의 얼굴은 환하게 빛났다. 그녀는 언니가 숨을 거두기 전에 이 아이들의 엄마가 되어주기로 약속했었다. 아이들의 아버지와 결혼하는 것보다 더 좋은 방법이 어디 있겠는가?

새 교회의 봉헌식이 가져다준 기쁨도 잠시, 불황으로 인한 슬픔이 에드거를 다시 덮쳤다. 경제 능력이 없는 불쌍하고 가난한 외국인들이 특히 어려운 상황에 처해있었다. 수천 명의 사람이 어두컴컴한 사우스 엔드의 공동주택에서 추위에 떨고, 배고픔에 굶주렸다.

어느 날, 다 해진 옷을 입은 극빈층의 무리가 에드거를 찾아와서는 먹을 것과 옷이 필요한데 도와줄 수 있는지 물어보았다. 그는 보스턴에서 부유한 지역으로 가서 이 불우한 사람들의 이야기를 들려주었다. 그가 돈을 구하자 부자들은 후하게 기부했다. 그는 가장 도움이 필요한 이들을 위해 먹을거리와 옷을 사고 쫓겨날 위기에 처한 사람들의 집세를 물어주는 일에 이를 사용했다.

하지만 얼마 지나지 않아, 먹을 것은 바닥났고 옷은 닳았으며 집세는 다시 밀렸다. 에드거는 똑같은 방법으로 돈을 구하려 했지만, 보스턴의 부유한 이들도 역시 그들과 같은 불황의 피해를 겪고 있었던 터라 계속해서 기부할 수 없었다. 이 방법은 원천적인 해결책이 아니었다.

에드거는 그의 동료들을 불러 모아 이 문제를 놓고 하나님께 기도하자고 했고 이 기도모임을 통해 어떤 특별한 아이디어를 생각해냈다. 그것은 바로 더 이상 보스턴의 착한 사람들에게서 돈을 기부받는 것이 아니라 그들이 버리는 옷을 요구하는 것이었다.

다음 날, 에드거는 삼베 자루를 어깨에 메고 나가서 보스턴 백 베이와 비컨 힐 지역을 집마다 돌아다니며 그의 이야기를 들려주었다. 자루 하나가 금방 채워졌고 또 다른 하나를 채워갔다. 그는 매일같이 그렇게 했다.

시내 전차 차장이 불룩한 그의 자루들을 차에 싣는 것을 거부하자 그는 손수레로 헌 옷을 수거하여 날랐다. 그는 절실한 도움이 필요한 사람들을 돕기에 충분히 모았다고 생각되자 예배당 의자들에 옷을 늘어놓고 문에 안내판을 내걸어 다음 날 아침에 사람들이 와서 가져가도록 했다.

많은 사람이 밀려들었다. 문이 열리자 그들은 돌진하여 통로로 우르르 몰려 서로 밀치며 필요한지 아닌지 생각지도 않고 양손으로 물품을 움켜잡았다. 단지 잡아채고 서로 으르렁대는 사람들로 변해버린 그들의 험악한 분위기는 무서울 지경이었다.

표정이 어두워진 목사는 무리를 헤치고 앞으로 나갔다. 설교단에 올라선 그는 주먹을 불끈 쥐고는 난간을 세게 치며 그 시끄러운 소음 위로 외쳤다.

"여기는 하나님의 집입니다! 여기서 이렇게 행동하면 안 됩니다! 모두 당장 나가세요! 다른 방법을 찾아 물건을 전하도록 하겠습니다. 나가세요!"

그의 목소리와 돌출된 그의 턱에는 그들을 복종하게 만드는 무언가가 있었다. 그들은 손에 잡고 있던 것을 모두 내려놓고 그 많은 옷을 뒤로한 채 나갔다.

그들이 떠나자 문은 닫혔고 생각에 잠긴 에드거는 그 자리에 앉아서 자신을 탓했다. "내가 이 사람들에게 도대체 뭘 한 거지?" 그는 슬퍼졌다. "그들은 거지나 부랑자들이 아니야. 경제 침체가 오기 전에는 그 사람들도 열심히 일하고 자존심도 있으며 자급자족이 가능한 사람들이었어. 하지만 방금 여기로 막 뛰어 들어온 그들은 마치 야생 동물 같았어. 내가 이것들을 그들에게 공짜로 제공해서 그들로부터 아름답고 중요한 뭔가를 빼앗은 거야."

그는 오랫동안 혼자 조용히 앉아서 곰곰이 생각했다. 그리곤 다짐했다. "하나님, 저를 도와주세요. 그들을 궁핍하지 않게 돕는 동시에 그들의 자존심도 빼앗지 않을 방법을 찾고자 합니다."

바로 다음 날, 에드거는 작은 사무실 하나에 가게를 열어 실업자들이 자신들의 형편에 맞는 물품을 소액의 금액을 지불하고 구입할 수 있게 했다. 돈이 없어 초라한 구매밖에 할 수 없는 상황을 지켜본 그는 사람들에게 직업과 급여를 제공해 줄 수 있는 방법을 찾기 원했다. 이 가게는 주 2회 열렸는데 이는 현재 재고가 풍부하고 잘 갖춰져 있는 '굿윌스토어(Goodwill Store)'의 소박한 시작이었다.

12.

당장의 도움보다 일자리를 주세요

에드거 헬름스가 그의 프로그램을 새 교회에서 전력으로 진행하고 있는 와중에 1902년부터 1905년까지 4년간 무시무시한 경제 침체가 최악의 상황까지 이르렀다. 금융위기가 나라 전체에 확산되었고 부유한 사람들조차 파산을 면할 수 없었다. 가난이 곧 삶이었던 사우스 엔드의 사람들은 굶주리고 있었다.

수많은 가난한 이민자들이 추위에 떨고 굶주리며 아무런 희망도 없이 끔찍한 빈민가 거리들을 떠돌아다니고 있었다. 그들의 아이들은 옛 모건 예배당에서 진행했던 많은 활동을 위해 몰려들었다. 아이들이 먹을 것도 없고 신을 신발도 없는 상황인데 집주인은 거리로 내쫓는다며 협박했다.

연락이 닿는 교회는 없고 부모들은 아이들을 따라 '모건 기념관'으로 들어갈 수밖에 없었다.

바로 이 비참한 상황들 가운데 에드거의 '실천하는 신앙'이 행동으로 옮겨졌고 현재 '굿윌 인더스트리(Goodwill Industries)'로 알려진 세계적인 위대한 단체가 탄생할 수 있었다.

에드거는 보스턴 사우스 엔드에서 일을 시작한 후로 무료 직업소개소를 설립했다. 그러자 엄청난 무리의 실업자들이 일자리를 구하기 위해 그 사무실로 들이닥쳤다.

"헬름스 목사님! 저들에게 말씀 좀 해주실래요? 부탁드려요." 한 사무실 직원이 사정했다. "제 말은 듣질 않네요."

어깨가 무거워진 목사가 그 필사적인 실업자 무리를 만나기 위해 나왔다. 영어가 되는 사람들은 안 되는 사람들에게 의사 전달을 해주었다.

"무슨 일이든지 할게요!"

"목사님, 저희도 먹을 것을 사야 해요!"

"이 사람의 가족은 신발과 돈이 필요해요. 그의 아내는 거의 죽어가고 있어요. 뭐든 해야 하는 상황이에요!"

한 여성은 가까이 다가와서 말했다. "목사님, 온 동네를 다 돌아다녔어요. 하지만 할 수 있는 일은 하나도 없었어요."

공통된 절실함이 그들을 단합하게 만들었다. 폴란드인이 더 이상 이탈리아인을 얕보지 않았고 이탈리아인은 더 이상 폴란드인을 비웃지 않았다. 에드거의 눈이 그 절망적인 얼굴을 하고 있는 시리아인, 그리스인, 아일랜드인, 이탈리아인, 폴란드인 그리고 흑인들을 스쳤다. 그는 그들의 아이들을 알고 있었고 그들 모두를 사랑했다.

그 인파를 뚫고 나온 여성이 다시 애원했다. "목사님, 제 아이들이 굶주리고 있어요. 뭘 어떻게 해야 하나요?"

'기억'이라는 것이 기이한 묘기를 부렸다. 찰나의 고통이 스치더니 환상 속에서 과거에 그 메뚜기 재앙 후에 황폐해진 그의 아버지의 농장을 보았다. 그의 어머니의 절망스러운 울부짖음이 들려왔다. "이제 어떡하죠?" 그의 아버지의 대답이 들려왔다. "할 수 있는 것이 있소. 아들, 따라와!"

그는 손을 올리며 조용히 해달라는 신호를 보냈다.

"조용히 해주세요! 조용히!" 한 경찰이 군중 속에서 외쳤다. "목사님이 말씀하잖아요. 조용히 해주세요!"

"할 수 있는 것이 있습니다." 에드거가 울리는 목소리로 외쳤다. "저는 여러분들을 도울 뭔가를 할 것입니다!"

그의 선언이 있고 난 뒤 웅성웅성하는 군중의 소리 위로 한 시무룩한 목소리가 들려왔다. "거저 주는 것은 원치 않습니다."

에드거는 그 사람을 알아봤다. 그는 며칠 전 그를 찾아와 작은 애를 위한 따뜻한 외투를 부탁했던 가냘픈 여성의 남편이었다. 교회 지하실의 구제용 옷장에서 하나 발견하여 그녀에게 선물이라며 건네주었을 때 그녀는 손을 뒤로 젖히고는 고개를 흔들었었다.

"코트를 원한다고 했잖아요." 그는 말하면서도 어리둥절했었다. 푸른 빛을 띠는 눈동자로 그를 바라보며 말했던 그녀의 대답을 그는 결코 잊을 수 없었다. "그런 게 아닙니다. 거저 달라고 하는 것이 아닙니다. 저희가 가난한 건 맞지만, 코트값은 단 얼마라도 지불하고 싶습니다." 그녀는 50센트를 건넸었다. 많은 돈은 아니었지만, 그것이 그녀를 거지로 만들지 않았다.

에드거는 그 남성에게 찬성한다는 표시로 손을 흔들어 보였다. 이제 이 무리는 거저 받는 걸 원치 않음이 확실해졌다.

"여러분이 원하지 않는다는 것을 알고 있습니다." 그가 말했다. "여러분은 더 좋은 것을 받을 자격이 있습니다. 저는 그것을 가능하게 만들 것입니다. 우리의 기술학교는 이제 시작입니다. 여러분 모두 거기서 일하거나 기술을 배우실 수 있습니다."

그들은 진지한 태도로 에드거의 말을 들었고 에드거도 마찬가지였다. 다 해진 옷을 입은 사람도, 망가진 신발을 신은 사람도, 눈이 움푹 들어간 사람도, 배고픈 얼굴을 한 사람도 모두 집중했다.

"우리가 할 일은 이렇습니다." 그가 발표했다. "이미 보스턴에 사는 사람들에게 낡아서 버리는 물건들을 전부 우리에게 보내 달라고 요청했습니다. 그래서 헌 옷, 신발, 해진 천, 종이와 가구들이 가득 쌓여 있습니다. 우리는 무엇이든 다 필요합니다."

"목사님, 중고품 가게부터 열어야 할까요?" 누군가 웃으면서 말했다.

그 웃음은 좋은 징조였다. 웃음소리를 들어본 지 오래된 사람들이 아닌가.

"아닙니다." 에드거가 활짝 웃었다. "그냥 중고품 가게가 아닙니다. 저희는 사업을 시작할 것입니다. 여러분 중 누군가는 이 물건들을 수거하러 다니는 직업을 갖게 될 것입니다. 우리에게 들어오는 모든 축복된 물건을 소독하고 분류하는 작업도 나누어서 담당해야 합니다. 사용, 개조와 수리가 가능한 것들은 여기서 바로 작업할 것입니다. 나머지는 구제물품으로 팔 것입니다."

"목사님, 그럼 저는요?"

"당신이 할 일도 있을 거예요. 급여도 받게 되겠죠. 당신의 직업은 목수인가요?"

"네, 맞아요."

"그럼 여기선 그것이 당신의 직업이 되겠군요. 그리고 슈워츠 부인, 당신은 양재사라고 알고 있어요. 당신은 옷을 만들게 되겠네요."

사람들이 웅성거리는 가운데 한 의문의 목소리가 들려왔다. "목사님, 다 좋은 거 같은데 저희 물건을 살 형편의 사람들이 있을까요?"

이는 에드거도 고민했던 문제였다. 하지만 그는 대답했다. "여러분 모두 그 물품들이 필요합니다. 가능한 한 저렴하게 판매할 것이니 여러분의 급여로 구매하시거나 일로 때우셔도 됩니다. 그것이 모두에게 공평합니다."

아이들이 굶주리고 있다던 그 젊은 여성은 기쁨에 들떠서 박수를 치기 시작했다. "먹을 것이 생기네! 집세도 그렇고!" 그녀는 기뻐서 어쩔 줄 몰랐다. 다른 사람들도 금방 합세했다. "일자리가 생겼어!" 한 너덜너덜한 옷을 걸친 사람이 다른 이를 향해 외쳤다. "우리 모두 직업이 생겼어!"

"다 되었습니다!" 이제 관리자가 된 에드거가 선포했다. "이것이 여러분의 질문에 대한 저의 대답입니다. 여러분은 '어떻게 해야 합니까'라고 질문했죠? 저의 대답은 '할 수 있는 것이 있습니다'입니다. 방금 말한 것이 그 계획입니다. 해보시겠습니까?"

고함이 터졌다. "당연합니다!" 누군가 외쳤다. "해봅시다!" 또 다른 이가 소리쳤다. "언제 시작합니까?" 굶주리는 아이들을 둔 그 엄마가 질문했다.

"내일 아침에 다시 오십시오. 그때까지 도구들은 준비되어 있을 것입니다. 그리고 낡은 의류들과 버리는 물건들을 채운 자루들을 수거하러 오라는 연락도 받게 될 것입니다. 하지만 꼭 기억해야 할 한 가지가 있습니다! 여성과 남성 모두에게 일할 기회가 주어질 것입니다. 그런데 저희와 함께 일하는 것은 잠시일 뿐입니다. 저희는 여러분이 가능한 한 안정적인 직업을 찾길 바랍니다. 저희 무료 직업소개소를 통해서도 여러분이 직업을 찾을 수 있도록 도와드릴 것입니다."

그들 중에는 직업을 잃은 목수들과 신발 수선하는 사람들이 있었다. 그들은 곧 모건 기념관의 잘 갖추진 기술학교에서 하루하루를 바쁘게 보냈다. 기술학교 초기에는 그들이 청년들에게 기술을 가르쳐 주었기 때문이었다. 버리는 의류와 신발을 담은 자루들이 들어왔지만, 그의 노동자들을 바쁘게 해주려면 3배는 더 필요하다고 생각했던 에드거에게는 기증품의 양이 적게 여겨졌다. 그는 헌 옷들 외에도 오래된 가구들, 담요와 카펫들과 수백 켤레의 신발이 들어오는 것을 보고 기뻐했다. 이들 중 많은 물품이 가난한 사람들에게 필요한 것들이었다.

에드거는 이 소소한 출발에 대해 이렇게 기록했다. "우리는 가난한 사람들로 하여금 수거해온 낡은 물품들을 세척하고 수리하여 새로운 제품으로 만드는 일자리를 제공했다. 우리는 이것들을 최대한 저렴한 가격으로 가난한 이들에게 판매했고 그 수입은 자신들의 노동으로 이 물품들을 더 유용하게 만들어 준 빈곤한 사람들에게 급여로 지급해주었다. 우리의 굿윌 인더스트리는 이렇게 시작되었다."

이 젊은 목사는 행복했다. 그는 사람들에게 직업과 급여를 제공해줄 방법을 찾아낸 것이다. 이제 각각의 삼베 자루에는 폐기물 그 이상의 것이 담겨있었다. 그곳에는 버리는 물건을 급여로 전환하는 아주 귀중한 아이디어와 계획들이 담겨있었다. 굿윌 인더스트리는 겉으로는 간단해 보이지만, 사실은 역동적인 아이디어를 기반으로 세워졌다. 최근 한 잡지 기자는 그 아이디어를 좋은 의미로 '수법'이라고 불렀다.

사우스 엔드 빈민가 사람들에게 있어 이 모델은 생명의 은인과 같았다. 보스턴 사람들은 언제나 너그러웠고 도움이 되길 원했다. 경제 침체가 그들의 돈은 앗아갔지만, 여전히 그들에겐 나눌 수 있는 헌 옷들이 있었다. 사람들은 그들이 버리는 물건들을 교회로 가져왔고 에드거의 유능한 보좌관이었던 프레드 무어는 쌓아둔 기부 물품들을 넣어 보관할 수 있는 통을 찾고 있었다. 그 통들을 교회 지하실에 배치할 생각이었다. 그는 예전에 일했던 차와 커피 도매 회사를 통해 20개의 통을 얻을 수 있었다. 단체 수집품을 모아두기 위한 것이었다. 하지만 커피 통은 방에 두기에는 너무 컸다.

그때 에드거가 한 수완이 있는 고물상의 이야기를 듣게 되었다. 그는 자신의 이름을 새긴 빈 자루들을 주택가에 나누어 주었고 거주자들이 헌 옷들을 그곳에 담아놓으면 나중에 연락해서 수거하는 방식을 취하고 있었다.

에드거는 유능한 무어를 불렀다 "우리도 저런 방식으로 해볼 수 있지 않을까요?"

"당연히 가능하죠. 난 그 자루들을 어디서 구할 수 있는지도 알고 있어요." 무어가 말했다. 그는 전에 근무했던 토마스 우드 회사가 수천 개의 삼베 자루를 보유하고 있다는 사실을 알고 있었다. 이는 남미에서 온 커피콩이 담긴 자루들이었다. 그래서 그 회사에 문의했을 때 매니저는 천 개를 흔쾌히 기부해주었다.

에드거는 각 자루의 앞면에 '모건 채플 협력 구호 산업'이라는 이름을 새긴 깔끔한

커피콩을 담았던 삼베로 만든 초기 굿윌 자루. 굿윌 로고가 십자가 문양이었다.

원 모양의 형판을 찍었는데 그 디자인 중심부에는 버려진 것들을 거룩하게 만든다는 뜻으로 'IHN(In His Name: 예수님 이름으로)'이 대문자로 새겨져 있었다.

얼마 지나지 않아 또 다른 커피 회사인 '체이스 & 센본 회사'에서 모건 기념관에 수천 개의 자루를 기부했다.

이제 더 이상 에드거가 손수레를 끌고 다니며 자루들을 수거할 필

IHN이 적힌 굿윌 자루

요가 없었다. 곧 수거하는 데 마차까지 동원하게 되었다. 그리고 이 아이디어가 인기를 끌고 사업이 발전하게 되면서 작은 전기 트럭 한 대가 더해졌다. 오늘날에는 대형 트럭 부대가 필요한 상황인데 봄 또는 가을에 크게 열리는 기증행사 때가 되면 미국 국민들이 굿윌 인더스트리 프로그램을 후원하기 위해 기부한 자루들만 해도 천5백만 개가 넘었기 때문에 이를 수거할 때는 차량을 지원받아야만 했다. 1960년에는 천만이 넘는 가정이 굿윌 체인점을 통해 저렴한 가격으로 그들이 필요한 물품을 획득할 수 있었다.

에느서는 저서에서 설립 초기의 협조석이며 유용했던 서비스에 대해

당시 사용되었던 전기 트럭

기발하고 참신한 방식으로 묘사하고 있다. 그는 직업소개소에 대한 소개에 꼬박 하루를 사용했고 독특한 방식으로 설명했다. 그 내용은 다음과 같다.

"비서는 어느 날 아침, 그녀의 책상 위에서 한 친절한 방문객이 남긴 메모지를 발견했다. '66 멜로우즈 가에 있는 할머니의 다락방을 청소해 줄 수 있는 사람을 보내주십시오. 그녀가 아픕니다. 집이 많이 지저분합니다.'

그 메모를 읽고 있는 동안에 한 여성이 몹시 괴로운 표정으로 직업소개소에 들어왔다. 그 추운 겨울 아침에 땔감도 없는 가운데 염증성 류머티즘에 걸린 남편을 집에 남겨두고 온 그녀였다. 그런데 그녀가 그 할머니의 다락방을 청소해 준다면 땔감을 제공하겠다는 이야기를 듣게 되었다. 그녀는 흔쾌히 받아들였고 서둘러 일하러 갔다.

바로 그때 한 남자가 사무실로 들어왔는데 그의 바지는 수습할 수 없을 정도로 안 좋은 상태였다. 그에게는 그 할머니의 다락방을 청소해주고 있던 여성에게 필요한 장작을 패주는 대가로 제대로 된 바지 한 벌을 제공하기로 했다. 그도 흔쾌히 받아들였고 굿윌의 장작더미를 쌓아둔 곳으로 보내졌다.

다음 취업 지원자는 아이들을 위한 신발이 필요했던 여성이었다. 맨발로 눈길을 걸을 수 없었기에 아이들은 그날 학교에 가지 못했다. 굿윌의 의류 담당 부서에서 바느질을 하는 일자리를 제안하자 그녀는 그 할머니의 다락방을 청소해주고 있던 여성에게 필요한 장작을 패주고 있던 남자의 필요한 바지를 수선하는 일을 흔쾌히 받아들였다.

다음으로 들어온 이는 한 남자였다. 그는 먹을 것 하나 없고 불도 피우지 않은 차가운 지하실에 그의 아내와 6명의 아이를 남겨두고 온 것이었다. 큰 애는 10살이었고 작은 애는 태어난 지 2주밖에 안 되었다. 그는 자신의 전문분야의 일을 찾아다녔지만 실패했다. 결국, 그는 살기 위해 그의 도구들을 팔 수밖에 없었다. 무엇을 할 수 있느냐는 질문에 대한 그의 대답은 신발 수선이었다. '우리가 원하는 사람이네요!' 그 직업소개소의 국장이 말했다. 그 남자는 굿윌의 신발 부서로 보내져서 그 할머니의 다락방을 청소해주고 있던 여성에게 필요한 장작을 패주고 있던 남자의 바지를 수선하는 여성의 아이들을 위해 절실히 필요했던 신발을 수선함으로써, 그가 필요한 도움을 받을 수 있게 되었다.

그 신발 수선공은 몇 주를 일하고 나서 마침내 그의 도구들을 되찾았고 자신만의 가게를 다시 열 수 있었다. 하지만 그는 손님 확보를 위한 명함과 전단지가 필요했다. 이 홍보는 굿윌 직업소개소로 들어온 한 인쇄공으로 인해 가능하게 되었다. 그 사람은 실직 후에 할부 금액을 갚지 못해서 할부 매장에서 구매한 모든 가구를 압수당한 사람이었다.

그는 그 할머니의 다락방을 청소해주고 있던 여성에게 필요한 장작을 패주고 있던 남자의 바지를 수선하는 여성의 아이들을 위해 절실히 필요했던 신발을 수선해준 신발 수선공의 필요한 명함과 전단지를 굿윌 인쇄 부서에서 인쇄해주었다.

그 인쇄공 다음으로 직업소개소를 찾은 이는 가구 장인이었다. 그 역시도 절실한 도움이 필요한 상황이었고 그는 굿윌 가구 부서로 보내졌다. 그는 거기서 그 할머니의 다락방을 청소해주고 있던 여성에게 필요한 장작을 패주고 있던 남자의 바지를 수선하는 여성의 아이들을 위해 절실히 필요했던 신발을 수선해준 신발 수선공의 필요한 명함과 전단지를 굿윌 인쇄 부서에서 인쇄해준 그 인쇄공의 집을 다시 세우기 위해 필요한 탁자와 의자 등을 수리했다.

모든 사람이 다른 누군가를 돕는 행위를 통해 도움을 받았다. 아무도 구걸하지 않았다. 자선을 요구하는 행위로 자존심을 잃은 이도 전혀 없었다."

정말 건전하고 현명하지 않은가! 하지만 이미 일부 사회복지사들은 그것이 비과학적이라며 비난하고 있었다. 그들은 에드거가 사람들이 필요로 하는 부분에 대한 사전 조사도 없이 수천 명의 가난한 사람들에게 일자리를 제공했다고 비난하는 것이었다. 게다가 그의 사례들을 '정보 교환국'에 보고까지 했다. 사회복지사들은 그를 정상적인 사회복지 제도로 인도하기 위해 반드시 조치를 취해야 한다고 생각했다.

모건 메모리얼에서
일하는 모습들

13.

교회가
왜
복지사업을 하지?

신실한 기독교인 중에서도 에드거 헬름스의 인더스트리 교회를 못마땅하게 여기는 사람들이 있었다. "교회가 이렇게 많은 사회복지 사업에 다 관여하다니." 그들이 불만을 털어놓았다. "이 모든 발상은 괴상해."

하지만 에드거 헬름스 목사가 설명한 바로는 그것들은 전혀 새로운 것이 아니었다. 사실, 그것들을 논하려면 그 유명한 감리교의 창시자인 존 웨슬리******의 이야기로 돌아가야 했다. 존 웨슬리는 사람들의 생업에 민감했던 사람이었다. 에드거 헬름스 목사는 이를 증명하기 위해, 웨슬리가 1740년 11월 25일 화요일에 쓴 일기의 도입부를 인용했다.

****** 존 웨슬리(1703-1791)는 감리교 운동을 시작한 인물로 영국과 미국의 감리교단을 형성한 인물이다. 영국 국교회에서 안수를 받았고, 신학자이며 사회운동가다. 또한 웨슬리의 사역과 저술은 감리교의 활동뿐이 아니라 19세기 성결 운동과 20세기 오순절 운동 및 기독교 사회복지 운동에 큰 영향을 끼쳤다. - 위키백과 출처

"실업자들의 취업을 위해 여러 방법이 건의되었지만, 우리는 몇몇 성도가 추천해준 한 가지 방법을 시도하기로 결정했다. 우리의 목적은 가능한 한 적은 비용으로 그들의 가난과 실업 상태를 한 번에 해결하는 것이었고 이를 위해 12명의 극도로 가난한 이들과 교사 한 명을 사회복지관으로 데려왔다. 그리고 거기서 봄까지 4개월간 그들을 고용해서 면화를 잣는 일을 하게 되었다. 그 결과로 기대했던 생산량보다 약간 더 많은 양을 생산해서 임금을 줄 수 있었다."

에드거는 면화를 잣는 것이나 헌 신발을 수선하고 융단을 짜는 일들도 같은 원리라고 생각했다. 바로 궁핍과 게으름으로부터 사람들을 지켜주는 것이었다.

"더욱이…." 에드거가 계속 말을 이어갔다. "존 웨슬리의 모임에 참석하는 사람들은 가난한 이들을 돕기 위해 매주 1페니를 가져오도록 훈련 받았다. 존 웨슬리의 동생인 찰스 웨슬리******는 현재의 자선단체들이 큰 보스턴을 여러 구획으로 나눈 것처럼 당시 그의 사업에 관심을 가지고 찾아온 방문객들이 궁핍한 이들의 수요에 대해 세밀한 조사와 현명한 대처를 이행할 수 있도록 런던을 수십 개의 지역으로 나누었다. 그는 현명한 방법으로 가난한 사람들에게 돈을 빌려주었고 그들이 일할 수 있는 길을 찾아주었다. 또 그는 사상 최초로 무료 진료소를 운영했

****** 찰스 웨슬리(1707~1788)는 영국 감리교 운동의 지도자로 약 6천 5백 개의 찬송가를 저술한 것으로 알려져 있다. 그는 형 존 웨슬리와 같이 옥스퍼드대학에서 공부했으며 홀리 클럽(Holy Club)을 만들었고 이 그룹에는 유명한 신학자이자 설교자인 조지 휫필드(George Whitefield)도 있었다. – 위키백과 출처

다. 이 옛 핀스베리 진료소는 여전히 런던에 존재하고 있다. 그는 고아원과 여성 양로원을 설립했다. 그는 산업 위기가 심했던 시기에 '올드 파운더리'라는 기독교인 공동체에서 가난한 이들에게 임시 일자리를 제공해주었다."

선한 사람 중에도 인더스트리 교회를 탐탁지 않게 여긴 이들이 있었다. 그들은 에드거의 말을 예의 바르게 경청하긴 했으나 납득하지는 못했다. 그 위대한 웨슬리는 실업자들을 헌 옷 고르는 일에만 사용하지는 않았던 것이다.

교회 고위층에서도 못 쓰는 물건을 활용하는 점과 영혼 구원과의 연관성을 보지 못했고 신발 수선하는 일과 교회를 연결하지 못했다. 낙담한 실업자들에게 절실히 필요했던 신발 한 켤레나 깨끗하게 수선된 옷 한 벌을 몇 센트만 가지고도 살 수 있는 기회를 제공하여, 돈으로는 살 수 없는 인정, 기회, 자존심과 다시 어깨를 펴고 다닐 수 있는 권리를 에드거가 가난한 이들에게 부여하고 있었다. 그러나 그 찬란한 진실을 전혀 알아보지 못한 이들이 몇몇 있었다.

그러나 외국에서는 굿윌 기획을 또 다른 각도로 바라봤다. 1905년, 에드거가 모건 예배당에 오고 나서 10년이 되던 해에 그의 사회복지 사업은 국내와 국제적인 인정을 받았다. 에드거는 1904년에는 세인트루이스에서 그리고 1905년에는 벨기에 리지에서 열린 대규모의 박람회에서 상을 받았다. 1905년 2월 16일, 보스턴 저녁 신문은 다음과 같은 내용을 발표했다.

"방금 국무부로부터 쇼멋 거리 외곽에 있는 모건 기념관의 책임자 미스터 헬름스 목사 앞으로 보낸 편지를 받았습니다. 내용은 다음과 같습니다. '친애하는 귀하, 당신의 교회 사업에 대한 내용을 소개할 수 있게 되어 매우 기쁘게 생각합니다. 미국 사회복지협회가 1905년, 리지에서 개최한 국제 박람회에서 전시하고 설명한 당신의 사업 기획이 국제 심사원으로부터 사회경제 부문에서 대상을 수상했습니다. 이 상의 수료증은 박람회가 종료될 시 보내드리도록 하겠습니다. 리지 박람회 미국 부서장, W. H. Tolman(서명).'"

보스턴 사우스 엔드에 있는 이 독특한 인더스트리 교회에 대한 극찬이 종교잡지들의 지면과 신문들의 종교 면을 빛냈다. 이를 표현하는 데 가장 많이 사용된 형용사는 '독특한(unique)'이었다.

보스턴의 몇몇 사회복지기관들은 '독특한'이라는 단어를 아주 못마땅하게 여겼다. 그들은 '독특함(unique)'보다는 '통일됨(uniform)'을 선호했다. 그들은 에드거가 그들을 따라오지 않고 있다며 불평했지만, 에드거는 자기 방식을 고집했다. 그들이 보기에는 이 방식이 현명한 것이 아니었다.

에드거의 사회복지 사업이 '감사를 받던' 날, 그와 비슷한 전략을 가지고 실업자들을 위한 작업장을 설립하려 했던 다른 소도시의 시설에

오던 감사관이 아닌, 검찰청 조사관이 나왔다. 그 조사관은 기분 나쁜 우월감을 가진 사회복지사와 함께 왔다.

그 조사관이 조금 어색해하며 말했다. "에드거 헬름스 목사님, 검찰청은 여기 당신의 사업에 이의를 제기하는 미스 하워드의 기소대로 조사를 실시하라고 했습니다."

건장하고 키가 컸던 에드거는 앞에 있는 마른 체형에 냉정한 얼굴을 하고 있는 여성을 내려다볼 수밖에 없었다.

"미스 하워드, 당신의 기소 내용은 무엇입니까?" 그가 부드럽게 질문했다.

그녀에게는 '유순한 대답은 분노를 쉬게 하여도'라는 잠언의 말이 통하지 않았다. 그녀는 에드거 헬름스 목사가 반드시 들어야 할 말을 하고 싶었다.

"사회복지사로서…." 그녀가 엄하게 말했다. "완전히 비과학적인 방식으로 운영되는 당신의 복지사업을 보고하는 것이 제 의무입니다!"

"그 기소에 대한 대답을 말하기 전에 우리가 어떤 면에서 비과학적이었는지 알아야겠습니다."

"조사 같은 건 하지도 않은 채 사람들을 도운 사례를 계속 봐 왔습니다! 에드거 헬름스 목사님, 사회복지 사업에서 그런 방법은 매우 비과학적입니다."

피고인은 즉각 대답하지 않았다. 성미가 급한 그였지만 말이다. 그런 다음 침착하게 말했다. "미스 하워드, 우리는 당신의 방문을 기쁘게 생각합니다. 저희를 찾아온 사람들은 '자선이 필요했던 사례'들이 아니었습니다."

"어째서죠? 당신이 그들을 뭐라고 부르는지 들어나 봅시다!"

그들의 눈이 마주치는 순간, 에드거는 그들 사이에 넘을 수 없는 벽을 두고 있음을 깨달았다. 그저 직업을 구하러 찾아왔을 뿐이었던, 다 해진 옷을 걸친 비쩍 마른 동료가 그녀에겐 한낱 '사례'였지 그리스도께서 생명까지 내어주신 한 '영혼'이 아니었다.

"미스 하워드, 저는 그들을 일꾼이라 부릅니다. 사례가 아닙니다. 이 사람들은 그들의 방식으로 돈을 벌기 위해 찾아옵니다. 그들은 거지 취급받을 사람들이 아닙니다. 저희가 제공하는 것은 그들 모두가 원하는 것, 바로 일할 수 있는 기회입니다."

"재미있군요!" 미스 하워드는 콧방귀를 뀌었다.

"이리 오세요." 에드거가 권했다. "당신이 직접 보게 해드리겠습니다. 이 문으로 들어가시죠."

그들은 모건 기념관에서 운영 중인 직업소개소로 들어갔다. 미스 하워드가 일하고 있는 일반적인 사회복지시설에서 운영하는 직업소개소는 어디에서도 일을 구하지 못하는 사람들과 일반적으로 고용주들이 경청조차 시간 낭비로 여기며 채용을 거절하는 노숙자와 장애인들을 위한 일종의 구호 수단으로 약간의 돈을 지급해주는 곳이었다.

한 남자가 비서의 책상 앞에 서 있었다. 그녀는 기록하느라 바빴고 이미 준비된 질문을 했다.

"자녀는요?"

"네 명이요."

"학생, 아니면 일하나요?"

"큰 애는 신문을 팔고 둘은 학교에 다니고 막내는 아기예요."

"가족 소득은 어떻게 되죠?"

"큰 애가 버는 게 전부예요. 하루에 20센트에서 30센트 정도예요."

"집세는 얼마예요?"

"한 달에 11달러요."

"그래서 가족을 먹여 살리려면 얼마나 필요하죠?"

"제가 하루에 1달러를 벌 수 있다면요."

"마지막으로 일한 곳이 어디죠?"

"푸어 신발 회사에서요."

책상 뒤의 그 똑똑하고 업무에 충실한 직원이 어깨가 축 처진 그 남자에게 카드 한 장을 건네며 웃어 보였다. "다 되었습니다. 미스터 맥케이, 이 카드를 가지고 미스터 스웬슨을 찾아가세요. 그는 신발 수선 부서의 총책임자예요. 우리가 더 좋은 직업을 찾아줄 때까지 그곳에서 일하면 당신이 필요한 만큼의 급여를 받을 수 있어요."

그 비쩍 마른 노동자는 책상 뒤에서 일하는 천사를 향한 축복을 하늘에 구하며 턱을 치켜들고 힘차게 걸어 나갔다.

"보세요, 미스 하워드." 의기양양해 하는 에드거였나. "당신은 저기

저 사람을 '자선이 필요한 사례'라고 부릅니까?"

그녀는 쉽게 설득되지 않았다. "그가 말하는 것이 진실인지 어떻게 알 수 있습니까?"

"저희 중 한 명이 그의 집을 방문해 확인할 것입니다. 미스 하워드, 당신도 알듯이 남자든 여자든 자존심이 너무 강해서 대부분 필요한 모든 정보를 말하지 않으려 합니다. 만약 심각한 사태를 만나게 된다면 저흰 먼저 먹을 것과 옷을 나누어줍니다. 그럼 그들은 급여 없이 일해주는 것으로 때우곤 합니다. 하지만 저흰 최대한 사업처럼 운영하고 있습니다."

미스 하워드가 대답하기도 전에 또 다른 직원이 사무실로 황급히 들어왔다. "오, 에드거 헬름스 목사님, 방해해서 죄송해요."

"미스 에스큐, 무슨 일인가요?"

"방금 경력 있는 신발 수선공을 구하는 전화를 받았어요. 아침에 저희가 새로운 사람 한 명을 고용했잖아요. 그를 보내야 하나요?"

"그래야죠."

"그런데 저는 저희 쪽에 신발 수선하는 사람들이 너무 부족하다고 생각했거든요."

"그런 거라면 괜찮아요. 또 다른 누군가가 와줄 거예요. 우리의 능력이 닿는 대로 이 사람들에게 기회를 주는 것이 우리의 목적이잖아요."

에드거는 이 상황을 직접 목격하고 당황해하는 사회복지사에게로 돌아셨다. "미스 하워드, 이것이 저희가 이 기업을 운영하는 방법입니다. 일자리를 제공하고 일자리를 찾고 일자리를 만드는 것입니다! 구호물자를 나누어줄 경우에는 조사와 보고 둘 다 진행합니다. 하지만 보시다시피 저흰 자선을 베푸는 것이 아니라 기회를 제공하는 것입니다. 스스로 일하며 돈 벌기를 원하는 가난한 사람들의 이런 행위를 거지와 사기꾼들에게나 해당하는 굴욕적인 구걸과 같이 취급하는 것은 동의할 수 없습니다. 저희가 하고 있는 것은 사업입니다. '사업에 마음이 더해진' 것이라고 보면 됩니다. 그리고 이 말 그대로 운영하려고 노력하고 있습니다."

모건 메모리얼 직업소개소 모습

에드거는 미스 하워드는 침묵시켰지만, 여전히 또 다른 조사가 기다리고 있었다. 몇몇 어리석은 사회복지사들이 에드거의 재무 기록을 문제 삼아 이를 유포하여 그의 명예를 훼손하려 했다. 하지만 회계 담당자였던 프레드 무어는 두려울 것이 없었다. 그는 잘 관리된 그의 장부들을 조사받기 위해 내놓았다. 조사관은 그 기록들이 깨끗하고 업무에 충실하며 정확하다고 인정할 수밖에 없었다.

에드거는 이 조사의 진짜 배후에 대해 잘 알고 있었다. 어린이 복지관 대출의 무거운 이자 때문이었다. 헨리 모건의 이상한 유언으로 인해 그 재산을 소유하게 된 유니테리언 교단에 있어 이는 엄청난 재정상의 문제가 되었다.

1901년, 옛 모건 예배당이 너무 작고 날로 성장하는 사역을 감당하기에도 불안전하고 또 철거된 후에 재건설할 돈도 없게 되자 그 협회는 1902년에 담보 대출로 5만 달러를 받아 어린이 복지관을 세웠다.

유니테리언교와 감리교 합동이사회는 사회복지 프로그램 하나를 실행할 계획을 구상했고 이를 추진할 위원을 지정했다. 이 위원회는 1905년에 모건 기념관 협동조합 산업 및 매장 주식회사(Morgan Memorial Co-operative Industries and Stores, Inc.)로 알려진 독립 기관으로 발전할 수 있는 허가를 받았다. 당시는 날로 성장하는 사회복지 사업을 본격적으로 추진하려는 목표에 기반을 둔 굿윌 인더스트리로 아직 사람들에게 알려지지 않았을 때였다. 합동위원회 위원 중에는 감리교인과 유니테리언교인이 아닌 사람들도 있었다.

어마어마한 대출금 납부로 인해 매해 엄청난 어려움을 겪었다. 유니테리언교와 감리교, 두 협회는 급여와 다른 지출이 적은 비용까지 다해서 5천 달러가 지불할 수 있는 한계점이었다. 또한 석탄, 전기와 세금 등의 비용은 2천 달러에 달했고 대출 이자로 연 2천 5백 달러를 추가로 지불해야 했다. 이는 매년 적어도 2천 5백 달러의 적자가 발생함을 의미했다.

몇 년간은 오락, 박람회, 콘서트 그리고 신실한 여성들로 구성된 작은 그룹의 후원을 받은 모금 프로그램들을 통해 자금 조달을 할 수 있었다. 이 그룹은 1905년에 모건 기념관의 여성 보조 기관으로 결성되었고 향후 기업과 함께 성장하여 모든 부서에 엄청난 도움의 원천이 될 것이었다.

어찌 되었든 간에, 그들은 지금 그 이상한 유언의 조건으로 인해 목이 죄이는 어려움을 겪고 있었다. 에드거는 앞으로 닥칠 어떤 위기를 감지했다. 몇몇 유니테리언교 신자들은 그 불쾌한 상황에 짜증이 나 있었고 계속 늘어나는 재정의 부담을 벗어버리고 싶어 했다. 그러면 그 수입을 본인들 교파의 정규 사업에 쓸 수 있었다. 그들은 감리교 목사가 사역을 책임져야 한다는 조건으로 모건 예배당의 땅과 건물을 받았기에 에드거의 철학을 계속 반대하고 나설 수만은 없었다. 유포된 유언비어가 거짓으로 승냉되긴 했지만, 그리고 대부분의 유니테리언교 신자들이 에드거 헬름스 목사에 대한 의리를 지키며 그에게 동정과 후원을 아끼지 않고 베풀었음에도 불구하고, 몇몇 모건 후원자들의 마음에는 여전히 의심이 남아 있었다. 20년도 더 넘는 우정의 협력이 끝나는 시기가 임박했다.

  파산을 앞둔 시기에 에드거 헬름스 목사와 그의 직원은 무거운 마음으로 그들의 의무를 다했다. 모건 예배당의 사역자들로부터 도움을 많이 받고 있던 이탈리아인, 시리아인, 흑인과 그리스인 중에도 슬퍼하는 이들이 있었다. 토니는 매일 그가 있는 거리로 찾아와 그가 팔던 과일과 채소 이름을 영어로 가르쳐주고 이상하게 생긴 새 돈을 교환하는 방법도 가르쳐주던 외국인 목사 없이 이제 무엇을 할 수 있단 말인가?

  마음이 가장 무거웠던 이들은 작업실에 있던 장애인들이었다. 그들 중 많은 사람이 아직 그들이 설 자리를 찾지 못했던 터라 고용되는 기쁨과 자부심이 무엇인지 전혀 알지 못했다.

  이 모든 선의(good will)의 사업이 중단되는 것인가? 에드거가 밝은 모습으로 그들에게 대답했지만, 그는 힘들게 미소를 지어야만 했다.

  에드거가 아이오와주 마운트 버넌의 코넬대학으로부터 신학박사 명예 학위를 수여받기 1년 전인 1910년에, 유니테리언교와 감리교 합동 이사회는 신탁금을 넘겨주고 담보물 압류를 허용하며 헨리 모건에게서 물려받은 선교 건물을 매각하기로 결정했다.

14.

시골 농장에서
행복한
빈민가 아이들

위기가 절정에 달하고 있을 무렵, 에드거는 또 다른 문제들을 고심하고 있었다. 예를 들자면 탁아소 아기 중 특히 빈혈증이 있는 아기들과 영양실조가 심하게 걸린 아기들이었다.

그들은 수년간 어떻게 해서든지 심하게 마른 어린아이들이 7월과 8월, 두 달 동안만이라도 그 빈민가의 무더운 거리를 벗어나 시골로 보내질 수 있도록 하기 위해 애썼다. 발아래로 느껴지는 뜨거운 벽돌이 아닌 상쾌한 공기 냄새, 시원한 느낌과 녹색 잔디를 제공하기 원해서였다. 그들은 때로는 낡은 텐트를, 때로는 폐가가 되어버린 농가를 주거지로 사용했다. 아무리 초라하다 할지라도 어린아이들을 위한 장소는 늘 있었다. 하지만 이번 해에는 아니었다!

그가 수소문하고 광고했지만, 헛수고였다. 유일하게 이용 가능했던 장소들이 너무 비싸서 안 되는 것이었다. 미스 매리 페이건이 매일 격정스럽게 물어보았다. "목사님, 저희 아기들이 여름을 보낼 장소는 찾으셨나요?" 그러면 그는 슬프게 고개를 흔들다가 곧 밝고 활기 띤 모습으로 대답하곤 했다. "하지만 있을 거예요. 어디서 나타날 거예요!"

그런데 진짜 나타났다. 그것도 가장 예상 밖의 장소에서 말이다. 다름 아닌 윌러 거리 외곽에 있는 머피의 술집 밖에 위치한 불빛이 밝은 야외공간에서였다.

에드거는 여름에 그곳에서 저녁 예배를 드리는 것이 익숙했다. 모건 주변의 좁은 거리에는 집회를 열 만한 공간이 없었다. 그 어수선한 인도 위에서는 두 사람이 나란히 걷는 것조차 힘들었다. 복음집회를 열기에 유일하게 적합했던 장소는 술집 입구 앞의 조명이 밝은 공간이었다. 게다가 에드거가 그곳을 가까이하면 할수록 평생을 바쳐 과음의 악폐에 맞서 싸워야겠다는 생각은 더 강해졌다.

예배는 아주 좋았다. 미스터 무어가 멋진 옛 복음성가로 찬양을 인도했고 에드거의 설득력 있는 메시지가 전해졌다. 그는 모든 사람의 친구가 되었다. 물론 그를 끔찍하게 증오한 그 지역의 사악한 소굴의 주인장들은 제외였다.

또 이 야외 예배를 통해 절대 교회에는 발을 들이지 않으려 했던 한 남성의 자살 시도가 저지되었고 중병에 걸린 그의 어린 아들이 구원받았다.

그리고 모건 기념관의 가장 은혜로운 축복은 바로 이것이었다. 길을 걸어가던 두 여성이 멈춰서더니 그의 메시지를 들었다. 그들이 멈춘 대목은 에드거가 전에도 수십 차례 이야기했던 부분이었다. "저희는 시골에 어린아이들이 여름을 보낼 수 있는 넓은 공간의 장소가 필요합니다. 저희가 기도할 동안 여러분들이 찾아봐 주시면 안 되겠습니까?"

집회가 끝나자 두 여성이 에드거에게 다가왔고 다음 날 그에게 연락해서 그가 하는 어린이 사역을 둘러봐도 되는지 물어보았다. 그는 기쁘게 승낙했다. 이때부터 어린이 복지관에 관심을 가진 방문객들이 늘 찾아왔다.

하지만 이 두 여성은 그저 보려고 온 것이 아니었다. 그들은 도우러 왔다. 그들 친구 중에 매사추세츠주 사우스 아톨에 농장을 소유한 사람이 있다고 이야기했다. 그 친구는 그곳을 매입해서 과로에 시달리는 사람들이나 또 지쳐있는 교회 사역자들을 오래된 농가로 초대하여 여름 휴가를 보낼 수 있게 해주었다. 지금은 비어있는데 두 여성은 그 친구가 탁아소 아기들을 위해 기꺼이 내어주어 맑은 공기를 마실 수 있는 캠프로 사용하게 해줄 거라고 확신했다.

그곳은 보스턴에서 80마일 떨어진 곳이었다. 그 당시 1살 반에서 5살 연령대의 어린아이들을 20명이나 넘게 데리고 기차로 여행하는 것은 엄청난 일이었다. 하지만 그들의 눈에는 오직 맑은 공기의 캠프만 보였다. 때는 늦은 봄이었고 여름이 막 오려던 참이었다.

에드기는 탁아소를 방문할 때마다 미스 페이건의 간절한 눈빛을 의식했다. 그녀의 엄마 같은 무릎 위에는 몸이 작고 연약한 아기가 늘 있었다.

보스턴에서는 굉장히 먼 거리임에도 불구하고 에드거와 신실한 그의 동료 프레드 무어는 그 장소를 보기 위해 떠났다.

에드거 헬름스 목사가 빈민가에서 운영 중이던 탁아소

버크셔 힐즈 산 밑에 위치한 아름다운 장소였다. "공기를 마셔보세요!" 빈민가에 지쳐있던 에드거가 소리쳤고 그가 대초원에서 지냈던 젊은 시절을 회상했다. "숨을 깊게 쉬어보세요!" 무어가 외치면서 그가 뉴펀들랜드에 있을 때 배를 타고 래브라도 해안을 따라 항해하면서 마셨던 바닷바람을 떠올렸다.

하지만 무어의 엄청난 열의는 절약이 필수였던 그들의 상황으로 인해 식을 수밖에 없었다. 인더스트리 사업은 자급자족할 수 있었지만, 어린이 복지관은 절대 그럴 수 없었다. 아이들, 그들의 돌봄이들과 두 달 동안 머무는 데 필요한 장비들을 이렇게 먼 곳까지 이동시키려면 비용이 많이 들 것이었다. 그곳은 정말 천국과 같은 땅이었다. 그러나 그는 다시 한번 깊은 한숨을 내쉴 수밖에 없었다.

에드거 역시 허망한 말투로 "그런데…"라고 중얼거렸다. 그곳에 물이 없었기 때문이었다! 우물이 말랐고 농장에서 물을 찾아보려 했던 모든 노력은 실패로 끝났다. '농장의 다른 방문객들은 어떻게 지낸 걸까? 맞아, 여기에도 '샘'이 있었지.'

그 샘은 옆집의 재산이었다. 이는 반석에서 흘러나오는 물이었는데 맑고 깨끗하며 건강에도 좋았다. 사우스 아톨의 사람들이 말하기를 그 샘은 마법 같은 치유력을 지녔다고 했다. 류머티즘이나 피부 질환 등의 고통에 시달리던 많은 사람이 치유되었다는 것이었다. 몇 세기 전의 사람들도 쭉 그 물을 마셨다고 했다.

에드거가 그 샘의 주인을 찾아가 물을 사용할 수 있는지 물으면서 그 이유도 같이 설명하자 아주 유쾌한 대답을 듣게 되었다. "그러세요, 헬름스 목사님. 99년 무료 임대계약을 해드리죠."

두 사람은 또다시 전과 같은 물리적 충돌에 괴로워하며 그 아름다운 장소를 떠났다. 그것은 가난한 교구민들의 필요와 그들의 수요를 해결해주지 못하는 본인들의 재정상 어려움에 대한 것이었다.

"그들을 이곳으로 데려오려면 많은 돈이 들 거예요." 무어가 한탄했다.

"알고 있어요." 에드거는 이 사회복지 사업에 사용되는 비용을 달갑게 여기지 않던 위원들을 떠올리며 한숨을 쉬었다. "간단한 주일 예배와 주중 기도모임으로는 안 되나요?" 그들이 평소 하던 대답이었다.

결단을 내리게 해준 것은 한 마리 사슴이었다. 그들이 집에 돌아가려고 기차역으로 가고 있을 때 에드거가 나직이 말했다. "프레드, 봐봐요!" 숲속 공터에서 산 너머의 찬란한 일몰을 배경으로 어린 사슴 한 마리가 보이는 것이었다. 마치 나무로 만든 조각상처럼 몇 분 동안이나 그곳에 서 있었다. 그리고는 아주 우아하게 숲으로 달려 들어갔다.

"좋은 징조예요." 그 찬란한 일몰을 눈에 담은 에드거가 말했다. "아이들을 이곳으로 데려와야 해요!"

그들은 놀라운 여름을 보냈다! 햇볕에 몸이 타고 '잔디밭에 들어가지 마세요'라는 간판이 없는 푸른 잔디 위에서 노는 법도 알게 되었다. 그리고 생애 처음 야생 새들의 노랫소리를 들어보고 데이지 꽃을 처음 채집해보았으며 농장 우유와 계란, 그리고 시골에서 기른 신선한 과일과 야채들이 그들 앞에 놓였을 때 식욕이라는 것도 새롭게 알게 되었다.

그 행복한 여름이 끝나고 기차역에서 아이들의 부모들이 마중을 나왔는데 한 어머니가 자신의 아이를 데려가지 않으려 했다.

"내 아이가 아니에요!" 그녀가 고집했다.

"하지만 맞아요!" 미스 페이건이 웃으며 말했다. "살이 좀 쪘을 뿐이에요."

그 아이의 어머니는 너무 기쁜 나머지 자기 눈을 의심했다. 그녀가 건강한 자기 아이를 다른 어머니들에게 보여주자 내년 여름엔 자신의 아픈 아기들도 그 맑은 공기의 캠프로 데려가 달라는 요청이 쇄도했다.

아기들뿐만 아니었다. 어린 소녀들도 그 캠프에 참석할 수 있게 해달라고 애원했다. 그리고 그 아이들로 인해 새롭고 따뜻한 분위기를 맞이할 수 있었던 사우스 아톨 마을의 착한 사람들도 그 소녀들이 오길 바랐다. 그래서 그들을 위한 캠프를 계획하기 시작했다.

아이들이 첫 여름 캠프를 마치기 전에 그 농장의 주인이었던 친절한 여인 미스 한나 파커 킴볼(Miss Hannah Parker Kimball)이 캠프를 방문했었는데 그곳에서의 선한 행실에 감동한 그녀가 만약 그들이 맑은 공기를 목적으로 그곳을 사용하는 거라면 농장 문서를 모건 기념관에 주겠다고 말했다.

그곳의 버려진 것들을 활용하려는 에드거의 창의력이 발휘되었다. 햇빛이 안 들어오고 공기가 통하지 않는 보스턴 사우스 엔드의 공동주택들에 사는 가난한 이들을 위해 방치된 곳간, 텅 빈 닭장과 안 쓰는 창고를 맑은 공기의 캠프로 개조하려는 것이었다.

하지만 물이 문제였다! 프레드 무어는 파이프를 설치하여 그 샘에서 농가까지 물이 흐르게 하려면 8백 달러가 든다고 했다.

에드거는 미스 킴볼을 찾아가면서 한 걸음씩 내디딜 때마다 기도했다. "우린 당신의 선물을 기쁘게 받게 될 거예요." 그녀에게 말했다. "만약 물 공급이 제대로 된다면요. 그래서 말인데 당신의 선물에 8백 달러를 더하는 건 어떨까요? 그렇다면 당신의 농장은 여름 캠프로서 우리에게 너무나 귀중한 섬김의 장소가 되겠죠."

미스 킴볼은 흔쾌히 필요한 8백 달러를 더해주었고 이로써 사우스 아톨에서의 모건 기념관 '농장' 구제 사역을 시작하게 되었다.

이처럼 너그러운 마음보다 매력적인 것은 없었다. 그 다음 해, 어린 소녀들을 위한 캠프가 열렸고 노동력과 필요한 물품들은 마을 사람들이 기증해주었다. 그들은 조지 다우니(Rev. George E. Downey) 목사님에 경의를 표하는 의미에서 캠프 이름을 캠프 다우니라고 지었다. 다우니 목사는 그 지역 감리교 목사였고 그의 인도하에 캠프가 세워졌다.

그러자 빈민가의 소년들도 캠프를 요청했고 숲에서 여름을 보내며 정원에서 자신들만의 작은 밭을 가꾸어서 그들의 아버지가 길거리를 돌아다니며 팔았던 양파나 꽃과 같은 재료들을 직접 재배할 수 있는 기회를 얻었다.

어쩌면 한 선생님의 이야기가 소년들을 위한 캠프로 이어지지 않았나 싶었다. 그녀는 주말에 사우스 아톨에서 꽃 한 다발을 가지고 돌아왔고 방학 성경학교 수업 시간에 그녀의 학생들에게 한 송이씩 나누어주었다. 한번은 학교를 마친 후에 볼일이 있어서 시내로 나가 길을 가던 중에 그녀가 가르쳤던 소년 두 명을 만났다. 그들은 지저분한 인도 위에 무릎을 꿇고 있었다.

그녀는 멈춰 서서 그들이 뭘 하고 있는지 물었다. 그들은 하고 있는 일에 열중하느라 그녀에게 신경을 쓸 겨를이 없었다. "심고 있어요." 토니가 말했다.

그들은 길바닥에서 벽돌 한 장을 꺼내더니 그 위의 흙을 긁어냈다. 그녀는 그들이 조심스럽게 자신이 나누어준 시든 꽃을 그들이 곱게 파놓은 흙구덩이에 심고는 그 주변의 흙을 꾹꾹 밟아 누르는 모습을 지켜보았다.

"그럼 영원히 살 수 있어요." 토니가 설명했다.

그녀는 그들이 그렇게 꿈꾸도록 놔두고 그녀의 길을 갔다. 한 시간이 지나고 돌아가는 길에 그 빈민가의 어린 정원사들이 여전히 그곳에 있는 모습을 보게 되었다. 도로 위로 물뿌리개 차 한 대가 지나가면서 배수로에 작은 물웅덩이를 남겨두었다. 토니는 두 손에 물을 가득 담아서 도로의 구멍에 심어놓은 그의 꽃에 물을 부어 주었다.

소년들을 위한 캠프가 고려되자마자 한 친절한 방문객이 찾아왔다. 그의 의무 중 하나는 갑갑한 지하 방에서 사는 가난한 여성 고령자들을 섬기는 일이었고 그들을 위한 캠프를 간곡히 부탁했다.

미스 킴볼이 기증한 사유지 옆에는 팔려고 내놓은, 헛간이 붙어있는 작은 별장 한 채가 있었다. 매우 저렴한 가격이었기에 그것들도 살 수 있었다. 1년, 2년, 더 좋은 주거지가 마련될 때까지 지친 여성 고령자들은 별장에서 휴가를 보냈고 활기가 넘치는 소년들은 그 옆의 헛간에서 지냈다.

그때로부터 주는 것이 받는 것보다 더 축복이라는 것을 깨닫게 된 사람들의 선물 공세가 지속적으로 이어졌다. 에드거와 프레드 무어는 가끔 그들이 하던 일을 멈추고는 그 머피의 술집 밖에서 가졌던 한 알의 겨자씨 같은 복음집회가 불러온 엄청난 결과물들에 놀라곤 했다.

머지않아 맥스웰 부부가 남자들을 위해 기증한 멋진 캠프 장소가 생졌다. 주요 대상은 한때 술집을 빈번히 들락거리다가 인생을 망치고 이제 술에 대한 욕망을 극복하기 위해 치열한 싸움을 하려는 남자들이었다. 그들은 도시 빈민가의 유혹에서 벗어나기 위해 사우스 아톨에 왔다. 모건 기념관의 연대기에서 이런 불쌍한 부랑자들에 관한 구제와 구원에 관한 수백 개의 보고서보다 더 영광스러운 것은 없다.

필요한 것이 하나둘씩 계속 생겨날 때마다 이것을 해결해주려는 기증자들이 나타났다. 어느 사랑하는 사람에 대한 경의나 추모를 표하는 의미에서 하는 것이었다. 캠프 참여자가 계속 늘어나면서 충분한 우유 공급이 불가능한 상태였다. 그들만의 젖소를 가지려면 공간이 더 필요했다. 에드워드 부스(Edward A. Buss)와 칼버트 크레리(Calvert Carary)는 사우스 아톨 마을을 위해 근처의 다른 농장을 매입했다. 그러자 스타렛(L. S Starret) 씨는 큰 헛간을 세울 만큼의 돈을 제공했다.

국장이 사무를 볼 건물이 필요했다. 모건 기념관의 초창기 임원 중 하나였던 미스터 피스크(Mr. E. O. Fisk)는 옛 모건 예배당에서 열었던 최초의 탁아소를 세우는 일을 도왔던 그의 아내 해리엇 스틸 피스크(Harriet Steele Fisk)를 추모하는 의미에서 이를 제공해주었다.

다음 문제는 보스턴 공동주택가에서 있어서는 안 될 먼지투성이의 낡은 양탄자 공장이었다. 이전에 활동적인 어린 소년들과 지친 여성 고령자들을 위한 여름 휴양지로 사용되었던 그 별장과 헛간이 양탄자 공장으로 쓰이기에 적합한 장소로 보였다. 그래서 양탄자 공장도 시골로 옮겨졌고 많은 술 중독자들이 베를 짜는 일을 하면서 근면한 삶을 살 수 있었다. 양탄자 공장은 전문가의 감독하에 상당한 수익을 창출해내어 캠프를 후원했다.

하지만 여성 고령자들을 위한 또 다른 주거지가 필요했다. 이는 그 마을의 대모였던 미스 킴볼과 그녀의 친구 미스 줄리아 더튼(Julia M. Dutton)에 의해 공급되었다. 이것만 세워준 것이 아니라 모든 휴양지의 수도 장치까지 설치해주었다.

주거지에서 쫓겨난 소년들도 집이 없는 상태가 그리 오래가지는 않았다. 모건 기념관에 가장 큰 도움을 준 임원 중 한 명이었던 로스윌 더 글러스(Roswell S. Douglass)가 손상된 양계시설을 공사하여 소년들을 위한 더 좋은 휴양지를 만들어주었다.

매년 더 많은 아기, 어린이와 어른이 사우스 아톨로 오게 되면서 더 많은 수요가 생겼기에 4분의 1을 더 늘려 어린아이들을 위한 탁아소, 주차장과 무엇보다 필요했던 병원을 세웠다. 모건 기념관의 가장 큰 후원자였던 미스터 조지 헨리(Mr. George E. Henry)가 그 모든 것을 공급해주었다.

1915년에 사우스 아톨을 찾은 한 방문객이 이렇게 말했다. "누군가 이 휴양지들을 보게 된다면 그 외관의 매력에 감명받을 것이다. 절대 그것들이 헛간, 양계시설, 술집 건물과 구식의 학교 건물을 개조하여 만든 건물들이라고는 상상하지 못할 것이다."

그 방문객은 에드거가 큰 헛간을 개조하여 레크리에이션 시설로 만들 때 옆집 농부가 하던 일을 멈추고 무슨 일인지 보러 왔던 이야기도 말해주었다.

"지금 제가 무엇을 하고 있다고 생각하나요?" 에드거가 평소처럼 상냥하게 물었다.

"저는 당신이 좋은 헛간을 망치고 있다고 생각해요!" 그 고집 센 나이 든 농부가 딱 잘라 말했다.

하지만 에드거에게는 이미 준비된 답이 있었다.

"제가 아이들을 키우는 것을 송아지를 키우는 것보다 중요하게 생각하기 때문이에요." 그가 미소 지었다.

열두 명의 아이들을 양육하고 있던 에드거로서는 아이들에 대해 자부심을 느낄 이유가 충분히 있었다.

15.

아무리
가난해도
기도는
할 수 있다

모건 기념관에 역사상 가장 어두운 날이 찾아왔다. 무서운 날이었다. 프랭클린 은행에 의해 그 건물이 경매인의 손에 맡겨진 것이다. 이제 그 건물을 살 사람이 언제 나타나도 이상하지 않았다.

그날 아침, 에드거가 복도를 서성거리고 있을 때 직원들은 슬픔에 잠긴 그의 눈을 바라보면서 자신들이 할 수 있는 건 오직 무언의 동정을 표하는 것뿐이라 생각했다. 마침내 무어가 용기를 내어 입을 열었다.

"아직도 이 건물을 구해낼 방법을 못 찾은 건가요?"

"프레드, 아무것도 모르겠어요. 하지만 주님께서 우리가 사역을 계속하길 바라신다면 길이 열릴 거예요."

"내가 너의 하나님이 됨이라. 참으로 너를 도와주리라." 무어가 말했다. 평소 강인하고 확신에 차 있던 그의 목소리는 지금 힘이 없었고 위대로웠다.

좀 전에 가졌던 직원 회의는 그 위기를 맞음으로 인해 기도모임으로 바뀌었고 한 사람씩 돌아가면서 그 사역이 계속 진행될 수 있기를 간구했다. 그리고는 떨리는 목소리로 옛 찬송가 '반석(Foundation)'의 2절 부분을 함께 불렀다.

"두려워 말라. 내가 너와 함께 함이니라.
오, 놀라지 말라! 나는 네 하나님이니라.
내가 참으로 너를 도와주리라.
내가 너를 굳세게 하리라.
참으로 나의 의로운 오른손으로 너를 붙들리라."

어린이 복지관의 작은 사무실에서 경매인을 기다리며 이리저리 걷던 에드거는 자신의 심장박동이 쿵쾅쿵쾅하며 사무실 전체에 메아리처럼 울려 퍼지는 것 같았다. 그리고 한 단어가 계속해서 그의 머리에서 반복됐다. "그러므로, 그러므로, 그러므로, 그러므로." 그리고 그가 도와주었던 사람 중 가장 비참하고 희망의 줄이 끊어진 '가장 보잘것없는 이들'이 떠올랐다.

목사가 된 아들을 둔, 게슴츠레한 눈으로 몰래 술을 마시던 주정뱅이, 한때는 매춘부였다가 어느 인정 많은 여인의 훌륭한 저택에서 처음으로 존중받을 만한 직업을 갖게 된 여성, 감옥의 편안함에 다시 감옥으로 돌아가고 싶다던 덜덜 떠는 나이 든 방랑자, 모건 기념관의 구세주를 만나기 전까지는 작은 골목길에서 쥐처럼 쓰레기와 더러운 것밖에 몰랐던 남성, 그리고 다리 하나와 팔 하나를 잃고 처참하게 사회로부터 버려졌다가 침대틀을 페인트칠하며 돈을 벌 수 있음을 알게 된 후로 새롭게 거듭난 남자가 머릿속에 떠오른 것이다.

에드거의 무거운 마음속으로 친숙한 말씀들이 날아 들어왔다. 마치 찬란한 나날들 속에 둥지 틀었던 곳을 찾아다녔던 때처럼 말이다.

"어린아이들이 내게 오는 것을 용납하고 금하지 말라." 어린이 복지관에 무슨 일이 생기는 걸까? 소문처럼 극장으로 팔려 가는 것일까?

"내가 나그네 되었을 때 영접하였고…." 어떻게 하면 보스턴 사우스 엔드의 모든 가난한 사람과 방황하는 외국인이 모건 기념관 없이도 좋은 미국인이 되는 법을 배우게 할 수 있을까?

"벗었을 때 옷을 입혔고…." 이번엔 퀭하게 들어간 눈으로 에드거를 향해 눈물을 흘렸던 사람의 얼굴이 떠올랐다. 그 남자는 동상에 걸린 발 때문에 그리고 더 이상 맨발로 눈길을 다니지 않기 위해 신발 한 켤레를 구하러 왔었다. 그다음엔 영하의 날씨에 신문으로 아기들을 감싼 것을 보고 담요를 구한 후 사무실에서부터 집까지 급하게 달려간 방문객의 분노에 찬 두 눈이 생각났다.

"내가 병들었을 때 돌아보았고…." 절대 하루가 걸리진 않았다. 때론 1시간도 필요하지 않았다. 하지만 아픈 아이들과 나이 든 여성들은 그의 보살핌이 필요했다. 그들이 종종 무료로 제공되는 도움 없이 어떻게 살 수 있단 말인가?

"옥에 갇혔을 때 와서 보았느니라…." 감옥! 에드거가 돌봤던 수감자들에 대한 생각에 눈물이 쏟아져 나왔다. 그는 수년간 서퍽 카운티 교도소의 목사로 일했다. 가석방된 초범자들을 위해 굿윌 작업장에서 급여가 괜찮은 직업을 조용히 마련해주었다. 이것은 갈보리 언덕에서 도둑들과 함께하셨으며 죄인들의 친구이셨던 그분을 섬길 수 있는 기회였다. 그런 사람들을 위해 모범적인 구제 시설을 세우려 했던 그의 계획이 이제 어떻게 된단 말인가! 만일 모건 기념관이 없어지게 되면 가석방된 사람들이 악의 소굴로 다시 돌아가는 것 말고 어디로 갈 수 있단 말인가?

"남은 조각을 거두고 버리는 것이 없게 하라…." 이것은 그저 대중을 먹이고 남은 빵 조각이나 버려진 빵 껍질을 의미하는 것이 아니었다. 당연히 현대 생활 속에서 버려지는 물건들에도 적용되는 것이었다. 실제로 그의 실업자들이 굿윌 작업장에서 그것들을 개조하여 사용할 수 있고 판매 가능한 물품들로 만들어내고 있었다. 버리는 물건들을 수거한 굿윌 자루들과 폐기장을 통해 대부분의 자금이 마련된 것이었다.

에드거는 교회 활동이 산업적인 면을 겸비하는 것을 반대했던 위원회 사람들을 복잡한 심경으로 되돌아보았다. 그들도 모두 복음서를 읽었는데 예수님께서 평생 불쌍한 사람들의 필요를 보시고 보살펴 주신 것을 발견하지 못한 걸까? 성경에 "그중에 제일은 사랑이라"고 기록되어 있고 주님께서 행하신 모든 것의 주요 원리는 사랑인데 실천이 따른 헌신적인 사랑이었음을 알지 못했다는 건가?

그 방 전체가 또 그의 심장박동으로 울리는 것 같았지만, 이번에는 "사랑, 사랑, 사랑"이라는 단어가 계속 머릿속에 맴돌았다.

한 직원이 다가와 그의 팔을 건드리며 말했다. "경매인이 늦네요. 헬름스 목사님, 앉아서 휴식하시지 그래요?"

"그럴게요. 고마워요." 그는 무심코 말하고는 계속 서 있었다.

그리고 이번에는 헨리 모건 목사님의 어머니가 연약하지만 단호함이 묻어나는 목소리로 그에게 해준 말이 들리는 것 같았다. "아무리 가난해도 기도는 할 수 있고 아무리 연약해도 이겨낼 수 있다."

에드거는 자신은 약골이 아니라는 것을 알고 있었다. 그는 덩치가 굉장히 큰 남자였고 튼튼한 몸, 예리함, 잘 단련된 정신력, 강한 믿음과 담대함까지 갖췄다.

하지만 그는 가난했다! 자금 부족이 늘 그의 발목을 잡았다. 그가 처음 대학에 갔을 때 제대로 된 음식을 살 돈이 없어 1년도 마치지 못한 채 돌아가야 했었다. 노스 엔드의 복지관 시절에는 늘 매월 임대료를 내기 위해 고군분투했었다. 지금도 돈이 없는 문제가 그들을 이 어린이 복지관과 교회가 압류되는 끔찍한 상황까지 몰아넣은 것이다.

그는 노스 엔드 복지관 사역 시절에 겪었던 또 하나의 암흑의 날에 대한 기억에 아파하며 마음속으로 신음했다. 그때는 막다른 골목에 이르러 사역을 끝낼 수밖에 없는 상황이었다. 지금도 같은 상황인 건가?

"아무리 가난해도 기도는 할 수 있다." 그는 기도하려고 노력했지만,

아무리 가난해도 기도는 할 수 있다 / 225

그의 인생에 단 한 번의 위기가 온 것 같았다. 바로 기도가 바닥난 것이다. 하지만 사랑스러운 알토 음으로 부르는 옛 찬송가의 가사가 지금 그에게 들려왔다.

"내가 너를 굳세게 하리라. 참으로 나의 의로운 오른손으로 너를 붙들리라."

"앉아요." 그의 친구 무어가 설득했다.

"나는… 굳건하게 서 있을 거예요." 이렇게 대답한 에드거는 계속 서 있었다.

그리고 지금, 모건 기념관 역사상 가장 암흑의 날에 엎친 데 덮친 격으로 최고로 암흑의 순간이 찾아왔다. 그 경매인이 도착해서 건물 입구에 기를 올리고 있었다. 소수의 군중이 모이자 그가 경매를 시작했다. 그 작은 사무실에서 에드거 주변에 서 있던 7명의 직원은 스스로 물었다. "우리가 그동안 해온 것이 이렇게 끝나는 건가? 우리가 지금 하고 있는 것도? 그리고 미래에 대한 계획도? 모든 것이 실패로 끝난단 말인가?"

"이 건물을 얼마에 입찰해야 할까요?" 경매인이 외쳤다.

아무도 대답하지 않았다. 무거운 정적이 흘렀다. 무거운 정적이라는 것이 모건 기념관에 이런 생기를 불어넣어 줄 수 있다니 그 정적은 마치 아주 멋진 연설 같았다.

경매인이 그 질문을 다시 반복했다. 그 축복의 침묵이 다시 흘렀다.

"할렐루야!" 무언가 나직이 말했다.

"아멘." 다른 직원들이 공감했다.

에드거에게는 보이지 않는 성가대가 '할렐루야' 하며 합창하고 있는 것처럼 들렸다.

경매인도 이 경매가 성사되지 않을 것 같은 마음이 들었다. 그는 큰 소리로 다시 질문했다. 그의 마지막 시도에도 오직 침묵만이 응하자 그는 기를 내리고 집으로 돌아갔다.

너무 좋아서 믿어지지 않았다. 그들은 1868년에 있었던 경매 이야기에 대해 잘 알고 있었다. 당시의 옛 제자교회가 경매에서 낙찰되어 초창기의 작은 모건 예배당이 된 것이었다. 그 경매 분위기가 또 얼마나 뜨거웠는지도 들은 바 있었다. 헨리 모건이 그날에 클라플린 주지사로부터 2만 2천 달러의 지원을 받지 않았다면 교회는 다른 이의 손에 들어갔을 것이었다.

하지만 에드거는 그 건물을 지킬 만큼의 돈이 없었다. 건물을 지켜낼 수 있었던 것은 모건 기념관을 사려는 이가 아무도 없었기 때문이었다. 에드거와 그의 직원들에게 있어 매우 놀라운 순간이었다. 즉 이것은 은행이 어린이 복지관과 교회를 인수해야 함을 의미했다. 이제 모든 사회복지 사업 부서를 즉시 폐쇄할 필요는 없었다. 심지어 사업을 계속할 수 있는 가능성도 있어 보였다.

"하나님께서 이 사역이 계속 진행되는 것을 원하시네요." 에드거가

아무리 가난해도 기도는 할 수 있다

겨우 안도하는 직원들에게 말했다. 그는 심호흡을 한번 하고, 그제야 미소를 되찾았다. "건물은 우리가 직접 살 것입니다!" 그는 '헉!' 하고 놀라는 소리들을 무시하고 완강하게 말했다.

5만 달러입니다! 담보 대출금조차 조달할 수 없었던 그들이 어디서 그 큰 액수의 돈을 마련한단 말인가? 에드거는 정신이 나간 건가? 아니면 그냥 자포자기하는 건가?

바로 그때 두 부서가 만나 만장일치로 M. E. 교회(Morgan Memorial M. E. Church)에서 그 건물을 매입하는 것을 제안했다.

은행 측은 에드거와 협의할 때 복지관에서의 선한 사업이 계속 진행되는 모습을 보고 싶다고 말했다. 은행은 그 건물을 에드거에게 임대해 주겠다고 제안했고 임대료는 연 2천 달러로 정하며 세금과 수리비는 따로 추가한다는 것이었다. 아니면 4만 천5백 달러로 교회에 매각할 것이라고 했다.

감리교단에서 그 건물의 매입 가격을 올릴 뿐 아니라 그 건물에 붙어 있는 담보 대출금 또한 충분히 지불하는 것을 제안했다. 주로 급성장하는 산업에 사용되는 오래된 건물들이 그랬다. 그래서 5만 5백 달러라는 엄청난 액수가 되었다. 거기다 시급한 수리 비용으로 천 달러가 추가되었다.

하지만 임대든 매입이든 엄청난 돈을 필요로 하는 이 먹구름 뒤에도 한 가닥 희망은 있었다. 이 재산은 이제 유니테리언협회의 손에서 벗어 났기에 에드거가 자유롭게 재편성할 수 있었고 모든 교파를 대표하는 이사회도 새로 구성하고 자금도 구할 수 있었다. 저명한 전문가로 구성된 이사회가 선출되었다. 이때부터 사회복지 사업의 이사회와 평위원회가 결성되어 협력하며 일했고 오늘날까지 이어지고 있다.

은행은 에드거에게 돈을 조달할 기간으로 6개월을 허락했다. 그리고 그는 해냈다.

보스턴은 그가 보스턴 사우스 엔드에서 하고 있었던 훌륭한 작업에 대해서는 항상 인정하는 바였다. 모건 기념관 여성 보조 기관의 수백 명의 충실한 회원들은 그에게 헌 신발, 옷과 치마를 담은 자루를 수천 개나 보냈다. 그뿐만 아니라 그들의 남편과 형제와 아들들을 보내 굿윌 인더스트리를 방문하게 했다. 에드거가 다른 이들에게 베풀었던 선의가 이제 그에게로 돌아온 것이다. 수십 명의 사람이 5천 달러 혹은 더 큰 수표를 가지고 와서는 말했다. "당신과 당신의 사역에 하나님의 축복이 있기를 빕니다!" 유니테리언교, 침례교, 장로교와 성공회 사람들이 감리교인들과 함께 와서 돈을 건네며 말했다. 심지어는 은행에서도 1만 달러를 기부했다. 그래서 6개월 이내에 총 5만 천5백이라는 채무를 갚기에 충분한 돈이 마련되었다.

처음엔 재정문제를 해결하는 것이 쉽지 않았다. 프레드 무어가 자신이 '구걸(begging)'하러 가는 것에 망설였던 이야기를 쓴 저서가 있다. 그는 다음과 같이 기록했다.

"내가 돈을 조달하기 위해 처음 했던 시도를 절대 잊지 못한다. 나는 보스턴의 거리에서 한 사람의 이름을 받았다. 나는 이 사람 앞에 설 용기가 생길 때까지 거리를 몇 번이고 배회해야 했다. 바로 그때 이런 생각이 나를 사로잡았다. '여기 이 돈은 너를 위한 것이 아니야. 모두의 유익을 위한 것이야! 그럼 난 왜 망설여야 하는 거지?' 그때부터 내 모든 경력을 통틀어 사역에 필요한 기부금을 위해서라면 사람들에게 다가가는 것을 주저하지 않았고 6개월 안에 5만 달러 상당의 자금이 조달되었다. 그 돈을 받았을 때 우리가 얼마나 기뻐했는지 모른다!"

무어는 처음 '구걸'하러 갔던 날에 어느 임원에게서 받은 중요한 수표를 주머니에 넣어 집으로 가져갔다. 새 건물들을 위해 모인 어마어마한 액수와 학교 친구들이 그를 도울 수 있게 한 것을 통해 그에게 특별한 재능이 있다는 것을 알 수 있었다. 이번에 받은 기부금은 앞으로 그가 받을 기부금에 비하면 양동이 안의 작은 물방울에 불과했다.

모건 기념관은 초창기 시절부터 축하행사를 진행해왔다. 작은 성공에도 격식 있는 의식이 주어졌다. 빨간 표시가 된 기념일은 그냥 넘어가는 법이 없었다. 지금 그들에겐 대단히 기쁘게 축하해야 할 일이 있었다. 그것은 바로 담보 대출을 태워버리는 일이었다.

백만장자의 큰 액수의 수표부터 과부의 적으나마 정성이 어린 성금에 이르기까지 모든 기부금은 자세하게 기록되었고 모든 후원자에게 초대장을 보내 1911년 6월 14일, 모건 기념관에서 열리는 '대출 태워버리기(Mortgage Burning)' 행사에 초청했다.

행사가 시작되자 그곳에 환희와 감사의 기운이 가득했다. 유명한 이들의 이야기도 들을 수 있었다. 그리고 드디어 위대한 순간이 왔다. 거대한 슬픔을 초래했던 그 담보 대출 서류들을 흙 단지에 넣었다. 에드거의 눈에는 기쁨이 가득했다. 모건 기념관에 더 이상 빚이 없다는 그 황홀한 사실 때문이었다.

그러자 미스 페이건이 단지의 서류들에 불을 붙였다. 연기가 피어오르고 종이들이 천천히 타기 시작하자 지켜보고 있던 이들이 일어나 찬송가를 불렀다. 한 번으로는 부족했다. 그들은 이를 3번이나 불렀다. "축복의 근원이신 하나님을 찬양하라(Praise God from whom all blessings flow)!"

"할렐루야!" 프레드 무어가 속삭였고 그가 주님을 위해 기꺼이 '구걸'에 나설 수 있었던 것에 기뻐했다. "아멘." 이렇게 응하는 에드거의 두 눈에는 눈물이 고여 있었고 목은 메어 있었다. 드디어 길이 열린 것이다.

그리고 모건 기념관을 사랑하는 이들의 짤막한 연설이 이어졌다. 그들 중 대부분은 기부를 한 사람들이었다. 그다음으로 이어진 것은 모건 기념관의 사회복지 사업을 통해 도움을 받은 몇몇 가난한 사람의 간결하지만, 감동적인 간증이었다. 한 사람은 그가 벼랑 끝에 몰렸을 때 이곳에서 직업을 얻게 된 이야기를 전해주었다. 다른 한 명은 에드거가 그의 버팀목이 되어 자살의 무덤에서 그를 구해준 이야기를 들려주었다. 더듬거리지만 진심이 어린 그들의 말은 모든 청취자로 하여금 그 교회와 산업이 그들에게 어떤 의미를 부여하는지 느끼게 해주었다.

"우리는 계속 나아가야 합니다!" 에드거가 외쳤다. "하나님께서 우리와 함께하십니다. 하나님과 함께 일해 나간다면 실패란 없을 것입니다."

그 외에도 그가 했던 말들은 오래오래 기억될 것이었다. 그는 대출 증서들을 태우면서 이런 다짐을 했다. "이제부턴 우리가 버는 만큼만 씁니다!" 이것이 모건 기념관의 구호가 되었고 그로부터 지금까지 그들은 그 다짐대로 살아왔다.

16.

무시무시한
협박 편지들

오즈번 지역은 사우스 엔드에서 가장 열악한 장소라는 평판을 가지고 있었다. 그곳은 집마다 범죄에 연루되어 있었다. 마침 어린이 복지관 바로 뒤에 있었기에 그 문 앞에서도 술주정뱅이들과 매춘부들을 볼 수 있었다.

"격리된 범죄예요." 어떤 지혜로운 사람이 격분한 에드거에게 권고했다. "정치와 경찰에 수년간 보호받고 있어요. 많은 사람이 저런 범죄에 계속 차별을 두는 것이 최선이라고 생각하죠. 저 지역을 깨끗하게 한다는 것은 빗자루로 바다를 쓰는 것과 같은 거예요."

에드거가 그 빗자루를 잡았다. 그는 샤멋 거리에 있는 건물에 작은 사무실 하나를 차렸고 그곳에 한 젊은이를 부동산 중개인으로 은밀히 배치해두고는 범죄에 사용된 건물들의 주인들을 알아보라고 말했다. 고용된 젊은이가 알아낸 바로는 그 건물들은 중개인들의 손에 있었고 부재중이었던 주인들은 그 안에서 벌어지고 있는 악행들에 대해서 전혀 알지 못하는 상황이었다.

에드거가 이 비밀리에 이루어지고 있는 악행에 대해 수년간 경찰에 신고했지만, 결과는 없었다. 그래서 건물 주인들을 직접 찾아가서 그들이 악당들을 쫓아낼 것을 요구했다. 건물주 중 몇 명은 만약 건물들에 적당한 세입자들을 채워준다면 그리하겠다고 말했다.

"만약 당신들이 이 지역을 깨끗하게 해준다면…." 에드거가 약속했다. "저희는 임대료를 잘 내는 괜찮은 세입자들을 찾아주겠습니다." 이건 자신 있었다. 그의 작업장에는 깨끗하고 저렴하며 일터와 가까운 아파트에 살 수 있는 기회를 기다리고 있는 장애인들이 많이 있었기 때문이었다.

에드거가 부동산 중개인으로 배치했던 젊은이는 로드아일랜드주 프로비던스에 사는 휘트모어 부인(Mrs. Whittemore)이 그 끔찍한 오즈번 지역에서 음탕한 목적으로 사용되고 있는 어느 한 집의 주인임을 알게 되었다. 에드거는 그녀에게 항의서를 썼다. 그러자 그녀는 경찰로부터 아무런 신고도 받지 않았고 임대료는 항상 지급되었기에 분명 무슨 착오가 있는 것이라 생각하며 강경한 어조로 답장했다. 그러나 그녀는 곧 보스턴을 방문할 예정이어서 이 문제를 조사할 것이었다.

미스터 무어가 그녀를 오즈번 지역 부동산으로 데리고 가서 문 앞에 있는 남자에게 그녀를 소개했다. 그는 심하게 취해서 일어서는 것조차 힘들어했다. 그녀가 질문하려고 하자 그는 마구 쏘아붙였다. "난 집주인과 교섭할 거야." 그가 딸꾹질을 했다. "당신이 아니란 말이야!"

"제가 그 집주인이에요!" 휘트모어 부인이 퉁명스럽게 말했다. 그리고는 모건 기념관 사무실로 급히 돌아가 중개인에게 전화해서 그녀가 발견한 사실을 말했고 즉시 열쇠를 보내라고 전했다. "당신은 이제 그 건물과 아무런 관계도 없습니다!" 그녀가 말했다.

그렇게 그 악명 높은 오즈번 지역에 위치한 건물 중 한 곳의 열쇠는 에드거의 손에 맡겨졌다. "그 부동산은 당신이 좋을 대로 하세요." 그 집주인이 말하고는 평화로운 프로비던스에 있는 그녀의 집으로 돌아갔다.

이제 오즈번 지역의 7번 건물 열쇠는 에드거가 가졌지만, 또 다른 문제가 있었다. 바로 거주자들을 내보내는 일이었다. 그들은 자신들을 내쫓으려는 이 고집스러운 목사의 노력을 수년간 견뎌냈다. 하지만 경찰과 새로 개혁된 행정부가 에드거 헬름스 목사를 도왔고 결국 그가 승리했다. 거주자들은 도저히 믿을 수 없었다.

오즈번 지역의 다른 사악한 장소들의 소유주들이 단결하여 싸웠다. 그들은 돈이 되는 것이라면 무엇이든 밀매해서 팔아가며 손쉽게 돈을 벌고 있었고 계속 그렇게 할 작정이었다. 에드거와 무어는 추잡한 협박 편지들을 받았다. 이들이 자신들의 일도 아닌 것에 간섭하는 것을 멈추지 않는다면 살려두지 않겠다고 했다. 그리고 모건 기념관은 산산조각 나거나 불에 타버릴 것이라며 경고했다.

"주는 내 생명의 능력이시니…." 에드거가 인용했다. "내가 누구를 무서워하리오?"

그러나 이 협박에 대해 두려워하는 사람들이 있었다. 그들은 바로 다리를 절뚝거리거나 다리를 잃었거나 눈을 못 보는 사람들이었는데 에드거의 매장에서 소중한 급여를 받으며 일하고 있었다. 마침내 7번 건물의 거주자들이 몇 주간의 지연 끝에 그곳을 떠나자 모두가 안도했다.

프레드 무어가 들어가서 창문을 열고는 악취가 나는 방들을 살펴보았다. 그러다가 전부 나간 것이 아님을 알게 되었다. 다락방 한구석의 더러운 짚으로 만들어진 침대 위에 한 앙상한 나이 든 여성이 있었는데 죽어가고 있었다. 그들이 그녀를 그냥 버리고 간 것이었다.

에드거는 의식이 없는 그 여성을 급히 병원으로 이송했다. 그녀는 죽기 전에 자신의 비극적 이야기를 들려주었다. 그녀의 딸이 보스턴에 거주하면서 일하기 위해 이곳으로 왔는데 몇 년간 주기적으로 편지도 쓰고 그녀에게 돈도 보내주었다가 잠적했다고 한다. 편지가 더 이상 오지 않아 그녀는 몇 번이고 편지를 썼지만, 답장은 없고 결국 딸을 찾기 위해 보스턴으로 왔던 것이었다. 그녀는 조금밖에 없었던 돈을 다 쓰고 나서 빈민가에서 저렴한 방을 구했고 결국 7번 건물까지 이르게 되었다. 그녀가 문간에서 기다렸다가 얻은 것이 다락방 한구석의 짚으로 만들어진 침대였다.

하지만 7번 건물은 이제 행복한 날들만을 위해 존재했다. 미스 한나 킴볼이 그 이야기를 들었을 때 그녀는 그 건물을 사서 가구를 비치했다. 그리고는 모건 기념관에 기증하여 아이들을 위한 다른 활동들을 위한 장소로, 그 산업의 판매 물품으로 쓰이기 위해 점점 더 많이 모여드는 폐기 물품들을 보관할 창고로 그리고 노동자들을 위해 보수된 집으로 사용하도록 했다.

오즈번 지역 7번 건물의 보수된 방 하나를 처음 차지한 사람은 자살을 시도했던 사람이었다. 에드거가 머피의 술집 밖에서 야외 복음집회를 열고 있었을 때의 일이었다. 한 골치 아픈 취객이 그들 중에 와서는 찬송가 몇 곡을 같이 불렀고 간결하게 전한 메시지를 들었다. 길거리 집회가 끝나자 에드거는 그곳에 모인 사람들을 모건 기념관으로 초대했고 술에 취한 그 사람도 따라갔다.

그가 예배당 집회에서 시끄럽게 굴어서 흑인 문지기가 몇 번이나 그를 쫓아내려 했지만, 에드거는 매번 저지했다. "그냥 두세요." 그가 말했다. 어떤 천사가 그에게 그 술 취한 사람의 어린 아들의 생명이 위태롭다고 말해주었기 때문이었다.

예배를 마치는 "아멘" 소리가 들리자 그 불쌍한 남자가 불쑥 자신의 이야기를 하는 것이었다. 그는 약을 사야 할 돈으로 술을 다 마셔버려서 이제 그의 아들은 죽을 거라고 말했다. 그가 아들을 죽인 거나 다름없게 되는 것이었다.

"물에 빠져 죽으려고 했어요." 그가 눈물을 흘렸다. "하지만 너무 많은 사람이 다리 위를 지나고 있었어요. 집에 가서 아내를 볼 면목이 없어요!"

그가 서서히 평정심을 찾아가자 그제야 그의 이야기를 정리해 볼 수 있었다. 그는 보스턴 남부에 살았는데 그의 아들이 매우 아팠고 의사는 그를 위해 이 특별한 약을 처방해주었다. 마땅히 약국에 보낼 사람이 없어서 아이의 엄마가 남편에게 돈을 주었고 아들의 생명이 위태로우니 가능한 한 빨리 약을 구해오라고 신신당부를 했었다.

약국에 가려면 술집을 지나야 했는데 술 냄새가 그를 유혹했고 술집에서는 웃음소리가 들려왔다. 그는 아들의 병이 가져온 걱정을 잊어버릴 겸 한 잔만 마시자고 생각했는데 약값이 바닥날 때까지 머물러버린 것이었다. 후회가 몰려왔고 이제 아들이 죽을 거라는 극심한 두려움이 그를 덮쳐버렸다.

"내가 다만 바랐던 것은…." 그가 경청하고 있는 목사에게 말했다. "물에 빠져 죽을 수 있는 기회였죠. 그냥 다 끝내고 싶었어요. 하지만 너무 많은 사람이 곁을 지나고 있었어요. 너무 많은 사람이 저를 보고 있었죠. 전혀 기회가 없었어요!"

그러다가 걷기 시작했다고 그가 말했다. 어디든 상관없었다. 잠시 후, 노랫소리가 들려왔는데 그가 어릴 적 주일학교에 다닐 때 자주 들었던 옛 찬송가였다. 그 노랫소리가 그를 술집 밖에서 열린 복음집회로 이끌었던 것이었다.

에드거는 약국으로 가서 그 약을 샀다. 그리고 그와 한 직원이 그 자책감에 사로잡힌 아버지를 보스턴 남부로 데려다주었고 그 약을 긴 기다림 끝에 거의 제정신이 아닌 상태가 된 아이의 엄마에게 전해주었다. "다시는 술을 마시지 않을게요!" 그제야 안심한 그 아버지가 한 맹세였다. 부드러운 시선으로 그를 바라보던 에드거의 눈이 예리하게 빛났다. 그는 그 남자와 그의 아내와 병든 아들이 가난에 찌든 그들의 집을 떠나서 모건 기념관의 영향이 미치는 곳에 거주하도록 하고 도와주면 그 맹세를 더 잘 지킬 수 있을 거라는 생각을 하게 되었다.

그래서 그 아버지와 감사함이 가득한 그의 가족은 보수되고 복원된 오즈번 지역의 7번 건물로 옮겨갔고 전에 물에 빠져 죽음으로 모든 걸 끝낼 기회만을 원했던 그 불쌍한 남자에게는 살아서 새 출발을 할 수 있는 기회가 주어졌다.

그는 서약서에 서명했고 이를 보관했다. 그는 굿윌 인더스트리에서 한동안 꾸준히 일하다가 뉴욕에서 일자리를 얻게 되었다. 몇 년 후, 그가 보스턴에 와서 모건 기념관을 방문했을 때 전해주었던 소식은 좋은 것들뿐이었다. 그는 여전히 술은 입에 대지도 않았고 그의 아들은 사역을 위한 공부를 하고 있었다!

"이곳은 더 이상 오즈번 지역의 7번 건물이 아니에요." 그들이 그에게 말했다. "평화의 집(The House of Peace)으로 개명되었답니다."

17.

장애인들이
일자리를
구했어요

시대가 변함에 따라 보스턴 사우스 엔드의 수요도 달라졌다. 어려운 시기가 지나가면서 기술이 있는 노동자들이 일자리를 찾는 것이 더는 힘든 일이 아니었다. 남은 사람들은 적응하지 못하거나 능력이 없거나 훈련을 받지 못하고 부상이 있고 장애가 있고 나이가 많은 사람들이었다. 이들은 일자리를 가질 수가 없었다. 그들이 에드거를 찾아와 일자리를 구했다. "저들을 위해…." 그가 말했다. "우리의 일은 계속되어야 한다."

그리고 그들은 일자리를 만들어 내는 일을 계속했다. 성장하는 굿윌 스토어 그 산업을 위해 모건 기념관과 가까운 공동주택들을 임대했다. 그것들은 적합하지 않았고 비위생적이었으며 불편했고 가격이 비쌌다. 한편, 버리는 물품들을 수거한 자루들은 쏟아져 들어왔고 그를 찾아와 일자리를 구하는 장애인들도 점점 많아져 갔다.

그는 공장을 확대해야 한다는 것을 알고 있었다. 하지만 어떻게 해야 할까? 은행에서 돈을 빌리는 일은 있을 수 없었다. 어린이 복지관의 담보 대출 증서들을 태울 당시에 '이제부턴 우리가 버는 만큼만 씁니다'라고 약속하지 않았던가?

이 문제는 그가 감리교 회의에 참석하기 위해 미니애폴리스로 향하는 여정 중에도 마음에서 떠나지 않았다. 그는 기차에서도 호텔방에서도 회의에서도 기회만 있으면 그에게 새로운 큰 건물, 즉 6층 높이의 현대식 공장이 급히 필요하다는 이야기를 꺼냈다. 그의 룸메이트였던 보스턴대학의 딘 버니는 장애인들에 관한 많은 문제를 알게 되었고 '자선이 아닌 기회'가 그들에게 얼마나 필요한 것인지를 깨닫게 되었다.

"평신도 중에 이 사업에 도움이 될 만한 충분한 여력을 가진 이가 없을까요?" 에드거가 끈질기게 물었다.

"글쎄요." 딘이 곰곰이 생각했다. "최근에 뉴햄프셔주 링컨에 있는 헨리 일가와 연락이 닿았어요. 그 일가는 링컨 도시에 큰 제지 공장을 가지고 있는데요. 꽤 부자인 것 같아요. 이제 가치 있는 곳에 기부하는 일을 시작했다고 하네요."

"어떻게 하면 그들과 연락할 수 있죠?" 에드거가 물었다. "그분들이 우리 사업에 절실히 필요한 이 건물을 사서 기증하는 것에 관심을 가지게 할 수 있다면 좋겠네요!"

딘 버니는 이맛살을 찌푸리며 잠시 생각에 잠긴 듯했다. "린필드라는 사람이 있어요." 그가 말했다. "그 사람이 연결고리가 될 수도 있겠네요. 현재 보스턴대학에서 공부하고 있는 젊은 친구인데 헨리 가족의 목사이죠. 헨리 형제들은 그에게서 주일학교 수업을 받고 있어요."

"린필드!" 에드거가 외쳤다. "아돌프스 린필드(Adolphus Linfield)! 무어의 친구잖아요! 그들은 뉴펀들랜드에서 같이 학교에 다녔었어요. 그 가족이 보스턴으로 이주했을 때도 무어는 커피숍에서 첫 직업을 찾을 때까지 그들과 지냈어요. 린필드는 무어로부터 분명 우리의 산업에 대해 들었을 거예요. 그들은 계속 연락하며 지냈거든요."

약간 피곤해 보이는 딘이 고개를 끄덕였다. "린필드가 연결고리가 될지도 모르겠네요." 그가 하품하며 말했다.

"지금 즉시 프레드에게 야간 전보를 보내야겠어요." 에드거는 기쁜 나머지 피로조차 날아간 것 같았다. "린필드와 연락하라고 말하고 어떻게 하면 그들과 연락이 닿을 수 있는지 알아보라고 할 거예요."

린필드 목사는 조심히 접근하자고 당부했다. 그는 이 가족을 알고 있다고 했다. 그들은 훌륭한 기독교인들이었다. 그리고 너그러운 사람들이었지만, 그들은 예리한 사업가들이어서 기부하기 전에 매우 신중하게 조사한다고 했다. 그리고 어떻게 도움을 주든지 그 가치를 꼭 확인한다고 말했다. 그 일이 그들의 관심을 끌 때까지 천천히 다가가는 것이 현명할 것이었다. 어쩌면 몇 달이 걸릴 수도 있었다.

에드거는 선천적으로 기다리는 사람이 아니었다. 일단 뛰고 보는 사람이었다. 들어오는 물품들이 쌓이고 있었고 사용할 수 있는 공간은 구석구석 다 사용했다. 헌 신발들은 작은 산처럼 쌓여있었다. 그가 회의 참석을 위해 떠나기 하루 전에 두 다리를 잃은 사람이 직업소개소를 찾아와 자신의 강인한 두 손을 내밀며 손은 문제없다는 듯 보여주었다. "목사님, 제게 일자리를 주세요." 그가 애원했었다. 그러는 와중에 그곳에 앉아있던 한 시각장애 여성은 자신의 손가락은 굉장히 민감해서 옷감을 분류하고 등급을 매기며 가격을 매기는 일이라면 시력이 정상인 사람보다 더 잘 해낼 수 있다며 차근차근 설명했었다. 그녀를 고용할 수 있을까?

"우리가 공간을 더 확보할 수 있을 때까지 기다려야 해요." 무어가 슬프게 말했다.

그러나 뉴햄프셔주 링컨이라는 작은 도시에서는 젊은 린필드가 길을 닦고 있었다. 그는 조지 헨리의 부인이 모건 기념관에서 진행되고 있는 사업에 대해 이미 어느 정도 알고 있다는 사실을 발견했다. 그것이 도움이 되었다. 헨리 형제들이 그의 수업에 나왔을 때 그는 굿윌 인더스트리로 인해 도움받은 이들의 이야기를 통해 성경공부를 진행했다. 그의 설교에서는 에드거의 실천 신앙, 즉 '복음을 살아가는 것'에 대해 이야기했다. 마침내, 그는 에드거를 초대했고 그의 작은 교회에서 설교하며 헨리 일가를 만날 수 있도록 해주었다.

"설교 때 기도해주는 거 잊지 말아요." 에드거가 그의 아내에게 부탁했다.

"몇 달 걸릴 수도 있어요." 젊은 린필드가 권고했었다. 6개월이 걸렸다. 그리고 나서야 미스터 조지 헨리(George E. Henry)가 상황조사를 위해 보스턴으로 왔다.

"저희 목사님이 당신이 여기서 하고 있는 훌륭한 사업에 대해 하는 이야기를 많이 들었어요." 그가 이야기를 시작했다.

"미스터 헨리, 아직 부족해요. 우리가 아이들을 도와온 것은 사실이에요. 우리 복지관에는 탁아소, 음악학교, 여름 캠프 그리고 어린이를 위한 특별한 예배당이 있어요. 선생님 모두가 훌륭한 분들이고 가장 선진적인 방법으로 교육하고 있죠. 하지만 우리는 훨씬 더 많은 일을 해야 해요."

헨리 가의 큰아들
조지 헨리(George E. Henry)

"헬름스 박사님, 저는 사업가일 뿐이지만, 관심은 있어요. 무엇을 하고 싶은 거죠?"

"건물이요! 모든 나라의 민족이 함께할 수 있는 교회가 필요해요. 노동자들이 세상을 마주하기 전에 먼저 자신을 발견할 수 있는 농장이 필요하고요."

"당신의 굿윌 인더스트리 이야기는 안 하시네요."

"그곳은 너무 빠르게 성장하고 있어서 우리가 따라가지 못하고 있을 뿐이에요. 미스터 헨리, 사실 새로운 산업 공장과 매장도 필요한 상황이에요."

"그럼 얼마나 드는 거죠?"

"매장과 공장 말인가요? 10만 달러예요. 우리가 감당할 수 있는 선을 넘어선 거죠. 그 돈으로 살릴 수 있는 수많은 것에 대해 생각해보세요!"

"무엇에서 말이죠?"

"사람을 살리고 버려지는 물건들을 살리는 거죠!"

존 헨리(John Henry). 조지 헨리의 동생

그 작은 도시에서 온 큰 사업가는 에드거를 바라보며 생각에 잠겼다. "버려진 사람들과 물건들을 다시 살려낸다…." 그가 조용히 곱씹으며 말했다. "그 말이 맞네요. 동생에게 이야기해야겠어요."

그리고는 작업장을 둘러보면서 비좁은 공간에 대해 이야기했다. 그는 신체나 정신적으로 장애가 있는 사람들이 다리가 부러진 의자와 휘어진 탁자들을 수리하고 축 처진 침대에 탄력을 불어넣는 일을 하는 모습을 보았다. 다른 방에서는 구두 수선공들을 볼 수 있었는데 그들 중 많은 사람이 낡고 닳은 신발을 신고 거리를 활보하는 기분이 어떤지를 알고 있는 이들이었기에 기쁜 모습으로 신발창과 뒤축을 갈고 있었다. 그래서 굿윌 매장을 방문하는 고객들이 1달러도 안 되는 돈으로 괜찮은 신발 한 켤레를 사 신고 다닐 수 있게끔 만들고 있었다. 그들은 일하면서도 휘파람을 부드럽게 불고 있었다.

또 다른 방에서는 여성들이 자신들의 목발을 한쪽에 두고 남성복을 수선하고 있었다. 그리고 옆방에서는 낡은 모자들을 수선하고 있는 여성들이 보였다.

그 방문객은 조용히 서서 두 여성이 훼손된 낡은 인형을 새것으로 만들어가는 모습을 감격스럽게 지켜보고 있었다. 한 직원은 팔이 하나밖에 없었다. 그녀는 팔을 잃은 인형에 능숙하게 또 사랑스럽게 새 팔을 꿰매주었다. 또 한 여성은 소아마비로 하반신이 마비된 상태였다. 그녀는 흥겨운 곡조를 흥얼거리면서 다리가 없는 평범해 보이는 인형의 몸통에 예쁜 새 다리를 끼워 맞췄고 두 발에는 빨간 신발을 신겼다. "완벽히 들어맞네!" 그녀가 킥킥 웃었다.

"놀랍네요!" 미스터 헨리가 나직이 말했다.

"저들은 급여를 받으며 일하고 있어요." 에드거가 자랑스럽게 말했다. "그들이 집으로 가져가는 돈은 다 본인들이 직접 번 돈이에요. 그리고 이 수선된 인형들은 모두 예쁜 옷을 입혀서 인형을 가져 본 적이 없는 공동주택가들의 어린 소녀들에게 크리스마스 선물로 줄 거예요."

미스터 헨리는 시선이 카펫에 고정되었다. "낡은 카펫으로 만든 거예요." 에드거가 말했다. "그리고 여기 있는 것들은 해진 천으로 만들었어요. 하지만 곧 카펫은 대부분 사우스 아톨에서 만들어질 거예요. 우리가 그곳으로 보내는 남자들의 일자리가 마련되는 거죠. 그들은 새롭게 살기 위해 노력하는 사람들이에요. 그들을 감싸고 있는 이 지역의 유혹들에서 벗어나야 하죠."

미스터 헨리는 창가로 다가가 밖의 참담한 건물들을 바라보았다. 어떤 술에 취한 남자가 출입구에 널브러져 있었고 또 다른 쪽에는 한 여성이 엉망진창이 되어 쓰러져있었다. "알겠어요." 그가 말했다. "이 건물 중 몇 개를 구입해서 당신의 작업장으로 한동안 사용하다가 허물어서 큰 창고들로 만드는 건 어떨까요?"

"미스터 헨리, 우리에게 가장 필요한 것은 커다란 공장과 매장이에요."

그리고 이 두 훌륭한 사업가는 직원들이 해진 천과 폐지들을 분류하고 포장하고 장식하고 매트리스를 만들고 시계와 전자제품들을 수리하는 모습을 함께 지켜보았다. 각 작업장의 벽에는 다음과 같은 표지판이 걸려있었다.

"아무리 가난해도 기도는 할 수 있고
아무리 연약해도 이겨낼 수 있다."

그들은 인쇄소로 왔다. 한때 인쇄공이었던 에드거 헬름스 목사에게는 절대 잊을 수 없는 첫사랑이었고 인쇄된 말이 얼마나 큰 힘을 가지고 있는지도 잘 알았다. 이제 그의 인쇄소들은 모건 기념관을 위한 훌륭한 홍보 수단이 될 뿐 아니라 다리는 절뚝거리지만 두뇌 회전이 빠른 '인쇄소 견습공'들에게 유용한 기술을 가르쳐주고 있었다.

그러다가 경쾌한 흥얼거림이 들려와 대화를 멈췄다. 몇몇 사람이 모두 잘 아는 찬송가를 부르기 시작했다. 다양한 부서에서 온 사람들이 함께한 것이었다.

"매일 정오 종이 울리기 바로 직전에 하는 활동이에요." 에드거가 설명했다. "그냥 찬송가 한 곡과 간결한 기도가 전부예요. 그리고 매일 아침 8시 30분에는 30분간 예배를 드리고 하루를 시작해요. 이들에게 있어 삶이란 결코 쉬운 것이 아니에요. 그들은 하나님의 도우심이 필요해요."

그는 말을 멈추었다. 미스터 헨리가 그의 말을 듣고 있지 않았기 때문이었다. 그는 직원들과 같이 찬송가를 따라 부르고 있었다. 에드거는 좋은 목소리라고 생각했다. 음악학교에 대한 이야기는 꼭 해야겠다고 생각했다.

미스터 헨리는 훌륭한 보고서를 가지고 동생을 찾아갔다.

"공간이 비좁고 적은 자본으로 운영되고 있어. 하지만 그들은 그 어떤 것도 낭비하지 않고 있더라고. 그들이 하는 모든 일에는 철저함이 있고 사업적인 마인드와 수단이 있어. 세부적인 부분도 꼼꼼하게 챙기고… 또 신앙이 있어. 우리 가족이 사랑하는 그 신앙 말이야."

그들은 1913년에 첫 굿윌 건물을 기증했다. 이는 6층 높이의 훌륭한 산업 공장이었고 10만 달러가 들었다! 그곳은 일 년 안에 더 확장되고 효율적인 활동들로 채워져 갔다. 5년 후에 헨리 형제들이 두 번째 굿윌 건물을 세웠는데 7만 9천 달러에 가까운 금액이 늘었다. 1922년에는 20만 7천 달러를 들인 거대한 물류창고를 그 산업에 기증했다. 추가로 그들이 이 같은 목적으로 결성한 매사추세츠 주택협회를 통해 12만 5천 달러를 기부하여 모건 기념관 근처의 낡은 주택들을 구입하고 개조하는 데 사용하게 했다. 그런데 그 주택들이 위치한 땅도 함께 기부하면서 미래의 멋진 건물들을 세울 수 있도록 한 것이었다.

"우리가 한 최고의 투자예요." 헨리 형제는 기쁨에 차 있는 프레드 무어에게 말했다. 그는 그야말로 '황금 연결고리'가 되어준 젊은 린필드의 어릴 적 친구였다!

18.

보안관이
남긴
유서

에드거는 20년 이상을 찰스 거리 교도소의 원목으로 있었다. 그동안 그는 보안관이었던 세비(Sheriff H. Seavey)와 여자 간수였던 그의 여동생 데이비스 플로이드 부인(Mrs, David Floyed)과 죄수들에 대해 많은 이야기를 나누었다.

"그들이 제대로 살 수 있는 더 좋은 기회가 있으면 좋으련만." 그가 말했다. "그들 중 대다수는 풀려나면 갈 곳이 없어서 악의 소굴과 옛 동료들에게로 돌아갈 수밖에 없어요. 우리가 지은, 술을 팔지 않는 라운지에서 그들을 도우려 노력하고 있긴 하지만, 그들에게 있어서는 단지 저녁 시간에 와서 게임을 즐기고 책을 읽거나 5센트짜리 점심을 제공받을 수 있는 쾌적한 장소에 불과하죠. 하지만 저녁 10시 반이 되면 우린 그들을 거리로 내보내야 해요."

"가서방되거나 풀려난 초범자들을 도울 수 있는 손길이 필요해요."

보안관의 여동생이 거들었다. "처음 감옥에 갇힌 사람들은 상습범들이 아니에요."

에드거가 고개를 끄덕였다. 꼬부랑길을 걸어야 하는 똑바른 사람들인 거지! 그는 재판을 기다리고 있던 그들을 도우려고 했었다. 에드거는 전에 법정에 선 적이 없는 그들의 문제를 해결해주기 위해 기소된 자들의 친지들을 찾았고 그들의 고향 관리들에게 편지를 썼다. 기소된 사람들의 대부분은 변호사가 없었기에 에드거는 그들이 무료로 법률 상담을 받도록 도와주었고 복역을 마친 죄수들을 더 좋은 위치에서 도울 수 있길 바랐다. 그리고 재기하려는 사람들이 잘 정착할 수 있도록 돕기를 원했다.

"상습범들도 도움이 필요하긴 마찬가지예요." 보안관이 말했다. 술집을 자주 드나들던 '상습범들'은 본인들에게나 사회에 아무런 도움이 안 되었다. 아무 의욕이 없는 사람들이었다. 구제 불능이라고 다른 사람들은 생각할지도 모르지만, 에드거는 더 많은 걸 알고 있었다. 그는 상습범과 같은 사람들에게 도움의 손길이 되어줄 목적으로 만든, 술을 팔지 않는 라운지와 사우스 아톨 농장 안에서 많은 사람을 구제해주었다.

프랭크 챔버스(Frank Chambers)가 좋은 예다. 그는 술 때문에 직장을 잃었고 너무 심한 상황까지 이르자 그의 어머니와 가족이 그를 집에서 내쫓았다. 어쩌다 보니 보스턴 사우스 엔드까지 이르게 되었고 근처 술집에서 눈을 부라리며 술을 요구했었다. 술집 주인이 거절하자 주인에게

욕을 퍼부었던 사람이었다.

"모건으로 가세요." 술집 주인이 그를 내쫓으며 조롱하듯 말했다. "그들이라면 당신에게 직업을 줄 테니 그걸로 술값을 낼 수 있을 거요."

챔버스는 세상을 향한 증오로 시퍼렇게 달아오른 눈을 하고 비틀거리면서 직업소개소를 찾아 들어갔다. 그는 그곳에서 받은 친절한 대우를 결코 잊을 수 없었다. 챔버스는 자베스 페롯(Jabez Perrot)의 부서로 보내져 해진 천과 종이들을 포장하는 일을 하게 되었다.

자베스는 성격이 좀 유별난 사람이었다. 그는 영국에서 한 교회의 집사로 있었다가 나락으로 떨어져 미국으로 피신해야 했고 미국에서 건강을 회복한 뒤 새롭게 출발하고 싶었다. 의사들은 그가 한 달도 살지 못한다고 말했지만, 하나님의 섭리는 그의 비틀거리는 발걸음을 모건 기념관으로 인도했다. 그곳에서 그는 하나님의 평안을 누렸고 수많은 사람이 더 나은 삶을 살 수 있도록 도와주었다.

챔버스는 오전 작업을 끝내기 전에 자베스 페롯과 함께 무릎을 꿇고 종이 서류에 금주 서약서를 쓴 뒤 서명했다. 자베스는 그가 이를 지킬 수 있도록 간절히 기도했다. 그러나 밤이 찾아오면 챔버스는 악취가 나는 저렴한 숙박시설에서 잠을 자야 했다. 그곳은 술 냄새가 풍기고 술을 마시도록 유혹하는 모든 요소가 함께 존재한 곳이었다. 그 서약서를 지키기에 그는 너무 약했다.

모건 기념관에서는 그를 술집에서 빼내고 빼내는 일을 계속 반복했다. 그는 결국 에드기에게 보내졌다.

"사우스 아톨에 있는 맑은 공기의 농장으로 가서 농부를 도와 아이들과 할머니들의 야영지에서 쓸 채소 재배하는 일을 하면서 이 도시의 유혹들에서 벗어나 보실래요?"

"네, 목사님, 언제든지요." 챔버스가 찬성했다.

사실 그는 농사짓고 채소를 뽑고 잡초를 관리하는 일에 관해서는 전혀 아는 것이 없었다. 헬름스 부인은 처음엔 그가 사우스 아톨의 집으로 오는 것을 두려워했다. 그의 두 눈이 여전히 시퍼렇게 이글거리고 있었기 때문이었다.

아침을 먹기 전에 직원들이 성경공부에 참석하는 것은 전통이었다. 이날의 주제는 예수님께서 사람들에게 골방에 들어가 기도하라고 가르치시는 내용이었다. 챔버스는 눈을 커다랗게 뜨고 집중했다. 그는 성경공부가 끝날 때 어색하게 선생님에게 다가가서 혹시 주변 어딘가에 들어가서 기도할 장소를 찾을 수 있을지 물었다. 그는 매우 진지하게 물었다. 그리고 숲에 가면 조용한 장소를 발견할 수 있을 거라는 말을 들었는데 그곳이 챔버스의 골방이 될 것이었다.

챔버스는 그렇게 그곳에서 기도를 했는데 그 후로 챔버스는 변한 것 같았다. 헬름스 부인이 그것을 아주 예리하게 알아챘다. "챔버스의 변화를 눈치챘나요?" 그녀는 남편에게 물었다. "그의 눈을 보세요!" 에드거는 챔버스를 바라봤다. 그 시퍼런 눈빛은 사라지고 아기와 같이 순수하고 맑은 파란 눈빛을 하고 있었다.

챔버스가 보스턴으로 돌아갔을 때 그를 블랙리스트에 올린 공장에서도 재미있는 일이 일어났다. 그가 너무 변한 나머지 그를 고용했던 사람들도 챔버스를 전혀 알아보지 못했던 것이었다.

후에 챔버스는 결혼해서 멋진 가정을 꾸렸다. 그가 병원에서 폐결핵으로 세상을 뜨기 전에 그는 자신의 장례식을 직업소개소에서 진행해 달라고 요청했다. 챔버스가 처음으로 친절한 대우를 받고 또 기회를 선물로 받았던 곳에서 말이다.

에드거는 방황하는 이들을 구제하기 위해 기획되고 설비된 멋진 현대식 건물을 세우고자 하는 꿈을 많은 사람에게 이야기했다. 그런데 특히 보안관 세비와 그의 여동생에게는 자기 생각을 수없이 많이 이야기했다. 그들은 에드거의 꿈을 이해해주었기 때문이었다. 보안관은 종종 이렇게 말했다. "당신의 사업을 위해 뭔가를 해야겠는데요." 그러면 에드거는 웃으면서 대답했다. "보안관님, 전 준비되었어요." 어쩌면 그가 50달러 혹은 백 달러를 기부하려나 보다고 생각했을지도 모른다.

보안관 세비는 세상을 떠나면서 모건 기념관에서 불우한 사람들을 돕기 위해 하는 사업에 뭔가 도움이 되고 싶다는 유서를 남겼다. 이 소원을 이루기 위해 그의 여동생은 그가 남긴 자금에 더 많은 액수를 보탰고 세비 보안관을 추모하며 프레드 세비 복지관이 세워졌다.

7층 높이의 그 멋진 건물은 1915년에 근처 모퉁이에 세워졌고 상층부에는 몇 개의 특실이 있었다. 그 '타워'의 주된 이용자는 모건 기념관의 사업을 돕고 있던 신학생들이었고 그들은 모건 기념관에서 일하면서 본인들의 집세를 벌 수 있었을 뿐 아니라 소중한 실전 경험 또한 얻을 수 있었다.

그 후 다년간 수천 명의 남자가 세비 복지관을 거쳐 갔다. 어떨 때는 복지관에 머무른 사람의 95%가 알코올 중독자였지만, 전부가 부랑자는 아니었다. 나중에 세비 복지관 국장은 이렇게 보고했다. "우리는 다양한 상황을 만나게 됩니다. 어떤 사람들은 꽤 깊은 나락까지 갔습니다. 그리고 또 어떤 사람들은 그냥 운이 조금 없어서 직장을 잃었습니다. 하지만 대부분은 출발점에 있는 청년들이었습니다."

'부랑자'에게 제공하는 다른 많은 도움이 있지만, 세비 복지관으로 들어가면 목표가 하나 주어졌다. 너무 높아서 도달할 수 없는 목표는 아니었다. 이것은 세비 복지관만의 단순한 자율시행 제도였다. 그곳에 들어가면 나이에 상관없이 초급자로 불렸다. 만약 향후 몇 년간 그에게 발전이 있었다고 평가되면 중급자가 되는 것이었고 새로 들어온 사람에게 큰형처럼 되어 처음 온 초급자가 규칙들을 준수하고 일정들을 소화하는 데 도움을 주게끔 만들었다.

만약 지속해서 그가 훌륭한 사람이라는 것이 증명되면 또 한 단계 올라가서 상급자가 되어 기숙사에서 개인 방으로 이전할 수 있었다. 이전에는 인생에서 목표를 갖는다는 것이 무엇인지 전혀 알지 못했던 많은 '부랑자'들이 처음으로 목표를 달성하는 성취감을 경험하게 되었다.

보통은 하루에 몇 명꼴로 세비 복지관을 찾아오곤 했는데 1922년 어느 날, 50명의 실업자가 한꺼번에 몰려왔다. 그때는 전국적으로 취업난을 겪을 시기였는데 그들은 실업자들을 선동하기로 유명한 우르바인 르두(Urbain J. Ledoux)********가 이끈 '실업 부대'였다.

경찰은 '르두의 실업자 호텔'에서 그들을 내쫓았다. 사실, 그들은 바닥에서 잠을 잤던 것이었다. 그러자 대중의 주목을 끌려던 그들의 대장인 르두는 그들을 보스턴에서 가장 훌륭한 두 개의 호텔로 데려갔고 자신들을 들여보내 달라고 요구했다. 호텔 매니저들은 방이 다 찼다고 말했다. "교회도 가봅시다!" 르두가 냉소를 지었다. "기독교 기업이라고 자칭한다지. 모건 기념관으로 갑시다. 거기도 같을 것 같은데. 그들도 도움 하나 주지 않고 우릴 내쫓을 생각만 하겠지."

르두와 흠뻑 젖은 그의 부대가 도착했을 때는 늦은 오후였다. 그들의 상태는 처참했다. 비에 흠뻑 젖어 있었고 몸은 완전히 지친 상태였다. 그들이 놀랐던 것은 문이 활짝 열리면서 그들을 반기는 것이었다.

"어서 들어오십시오." 에드거의 환대였다. "만나서 반갑습니다. 지난 몇 년간 수천 명의 당신들과 같은 처지의 사람들이 저희 기관을 거쳐 갔습니다. 여러분이 지켜야 할 규칙이 몇 가지 있습니다. 여러분은 저희의 게스트로 등록될 것입니다. 따뜻하게 목욕을 하고 깨끗한 잠옷을 입게 될 것입니다. 저희 주치의가 건강검진을 진행하여 일은 할 수 있는지 전염병은 없는지 확인할 것입니다. 하얗고 깨끗한 침대보, 좋은

******** 한때 가톨릭 사제의 길을 걷던 우르바인 르두(1874~1941)는 1919년 제1차 세계대전 이후 노동자들과 새앙 군인들의 실업 상황을 뉴스화하고 사회적으로 이슈화시켜 실업 문제를 해결하려고 한 시회운동가다 – 위키백과 출처

이불, 편안한 매트리스와 스프링이 있는 침대가 제공될 것입니다. 밤새 여러분의 젖은 옷은 소독되고 세탁되며 다림질이 될 것입니다. 아침에는 훌륭한 아침 식사를 제공받을 것입니다. 이 모든 건 무료로 제공됩니다. 그저 기독교인의 손님 대접의 표시로 보시면 될 것입니다. 아침 식사 후에는 일자리가 주어질 것인데 그것으로 돈을 버시면 됩니다. 그 후로는 여러분이 아프지 않는 한 모건 기념관에서의 모든 것에 무료란 없을 것입니다."

흠뻑 젖은 상황에 배고프기까지 했던 그 남자들은 자신들의 귀를 의심했다. 세비 복지관은 50명을 모두 받아들였고 다음 날 아침, 마른 옷을 입고 식사도 잘 마친 이들은 4명을 제외하고는 모두 기쁜 마음으로 일할 수 있는 기회를 받아들였다. 그들은 훌륭한 일꾼들이었다. 22명은 퇴역 군인이었고 몇 명은 전문 장인이었다. 당시 모건 기념관 산업의 책임자였던 에드거의 아들 윌리엄이 아버지의 전화를 받았을 때도 그들에 대한 칭찬을 아끼지 않았다. "빌, 그 사람들 잘하고 있니?" 빌은 아버지에게 이렇게 대답했다. "아빠, 이 사람들은 지난 몇 달간 받았던 직원 중에서도 최고예요."

세비 복지관에서 일하는 일꾼 모습

르두가 순회강연을 마치고 돌아와 그의 부대를 다시 찾아갔을 때 그들은 르두를 따르지 않았다. "우리는 이것으로 만족해요." 부대원들이 한 말이었다. 같이 왔던 사람 모두가 그곳의 다정함과 손에 쥐어 있는 작업 도구에 매료되어 있었다.

그 한 주가 다 지나가기 전에 한때 원통해 하고 적대적이었던 르두의 부대가 모건 기념관의 선교회관에서 특별 기도모임을 신청했다. 그들 중 로마 가톨릭 사제 훈련을 받았던 사람이 있었는데 자신의 성당으로 돌아가겠다는 결정을 내렸다. 러시아인 한 사람은 자신도 돌아갈 것이지만 볼셰비키당의 일원으로서가 아닌 기독교 선교사로서 갈 것이라고 말했다. 한 젊은 학생은 그를 걱정하는 가족에게로 돌아갔고 또 한 젊은 이탈리아인은 자기 나라 사람들을 위해 굿윌 사역을 시작할 목적으로 귀국길을 택했다.

에드거 헬름스 박사는 최상의 설비와 전문 인력들을 배치하여 거주자들이 신체적으로, 정신적으로, 산업적으로 그리고 신앙적으로 발전할 수 있도록 도와주는 그의 멋진 현대식 세비 복지관을 둘러보면서 종종 그의 오랜 친구 세비 보안관이 아주 가까이에서 그에게 이렇게 말하는 것 같았다. "저도 당신의 사업을 위해 뭔가를 할 겁니다."

평생 모은 유산을 에드거의 사업에 기부했던 고마운 친구, 세비(Sheriff H. Seavey) 보안관

19.

모든 민족을
위한
예배당

에드거는 늘 버리는 물건들을 수거했다. 하지만 그렇게 많은 풍화된 적갈색 사암을 받아 본 적은 결코 없었다. 그에게 전화를 건 그의 친구는 유니테리언교의 오래된 제2교회를 허물려고 하는데 그 오래된 신성한 돌들을 쓰레기처럼 버리는 것은 모욕적인 행동이라고 말했다.

그것들은 실로 신성한 돌들이었다. 그 돌들은 담쟁이덩굴로 덮인 제2교회의 외관 겉면을 형성하기 전에 베드포드 거리에 있는 '우리 구세주의 교회'를 허물어 코플리 광장에 다시 세우기 전까지 그 교회의 외관을 장식했었다.

그것들은 역사가 있는 돌들이기도 했다. 제2교회는 영국의 찰스 2세가 참수되었을 때 식민지 개척자들이 새 자유에 대한 자신들의 소망을 축하하는 의미로 세운 것이었다. 그리고 영국 정부가 무력으로 매사추세츠의 특허장을 취소하도록 명령했을 때, 1661년에 목사로 임명되고 하버드대학의 초기 학장 중 한 명으로 지냈던 인크리스 매더(Increase Mather)가 이렇게 외치며 명령을 막아냈다. "만약 우리가 이대로 행하면 하늘의 하나님께 죄를 범하는 것입니다!"

폴 리비어(Paul Revere)는 올드 노스(Old North)로 알려진 교회의 첨탑에 등불을 걸어두었다. 그 교회의 9번째 목사는 랠프 월도 에머슨(Ralph Waldo Emerson)이었다. 올드 노스 교회의 적갈색 사암 하나하나에는 신비하게 반짝이는 기운이 감돌고 있었다.

그 돌들은 에드거가 25년간 마음에 묻어두었던 산산조각이 난 꿈을 되살아나게 했다. 부활절이 다가오고 있었는데 그의 꿈이 승리에 찬 모습으로 되살아났다.

에드거의 두 눈은 흥분하여 검게 변했고 목소리는 기쁨으로 떨리고 있었다. 그는 모든 민족이 함께할 수 있는 교회를 보스턴 사우스 엔드에 세우고자 했던 자신의 계획을 친구에게 말하면서 아직은 준비가 덜 된 상황이라고 설명했다. 에드거가 마음속에 그리고 있던 그 교회는 수십만 달러가 들 것이었다.

그의 친구는 그런 이유라면 자신이 그 돌들을 사서 인부들이 조심스럽게 허물고 표기하고 관리하는지 잘 지켜보기까지 할 거라고 말했다. 그리고 에드거가 그것들을 사용할 준비가 될 때까지 보관해주겠다고 말했다.

그 돌들은 그렇게 2년간 보관되었다. 그리고 건축가는 에드거의 그 장엄한 '가난한 이들의 대성당'을 위한 설계도를 만들기 시작했다.

가장 먼저 대담한 공약을 내건 이들은 믿음으로 똘똘 뭉친 직원들이었다. 모건 기념관 산업의 장애인들이 자신들의 수고로 번 돈을 그에게 내놓았을 때 감동한 에드거는 목이 메어 "고마워요"라는 말을 힘겹게 뱉었다. 음악이 새 교회의 프로그램에서 얼마나 큰 부분을 차지하는지 잘 아는 헨리 형제들의 어머니인 엘리자 헨리 부인(Eliza A. Henry)이 3단 파이프 오르간 한 대를 헌금하기로 약속했다.

감리교 국내 선교 위원회에서 새 건물을 위해 2만 5천 달러를 후원해주기로 했을 때 모두가 기뻐했다. 그리고 조지 헨리가 새 교회의 외관을 품격있게 만들어갈 충분한 자금을 기부해서 그 풍화된 적갈색 사암들의 아름다움과 신성함을 보존할 수 있게 해주었을 때 더 큰 기쁨이 있었다.

모든 민족을 위한 교회의 모퉁잇돌을 놓는 기념식

이 너그러운 후원자는 새 교회의 지하실과 강당들 그리고 1층에서 교육용으로 쓰일 방 12개를 짓는 데 필요한 충분한 돈도 기부해주었다. 에드거는 그 12개의 문 위에 새겨진 나라의 이름을 상상 속에서 보았다. 그것은 그의 교구 주위를 맴돌며 모임을 가질 장소를 찾고 있던 사람들의 나라 이름이었다.

이 독특하고 또 엄청난 돈을 들인 교회의 필요성에 대해 의문을 표한 이들도 있었다. 에드거는 연설, 기사 그리고 인터뷰에서 그 필요성을 설명했다. 사악했던 기운이 보스턴 사우스 엔드에서 사라지게 되면서 점점 많은 외국인이 그곳으로 몰려들어왔다. 그래서 모건 기념관 주변 지역에는 39개국에서 온 사람들이 살고 있었다. 그의 교구에는 사우스 엔드 원주민들은 5분의 1뿐이었다. 통계에 의하면 유대인이 거의 대부분을 차지했고 러시아인 5천 명, 이탈리아인은 3천 명, 시리아인은 2천 명 그리고 그리스인이 2천 명인 것으로 추정되었다.

그의 설명에 의하면 외국에서 온 이 성인 남녀들은 단어와 문법이 전혀 영어와 다른 '피진(pidgin)' 영어만 말할 수 있다고 했다. 그리고 그들은 설교와 찬송을 함께 하는 전통적인 방식의 교회 예배를 이해하거나 감상할 줄을 몰랐다.

그러나 그들의 아이들은 공립학교에 다니면서 영어로 말하고 이해하는 것이 가능했다. 그들 중 수백 명의 아이들이 어린이 복지관에서 진행하는 활동들에 등록하고 참여했다. 그래서 외국인 부모들과 미국화된 아이들 간에 장벽이 생기는 것은 불가피한 일이었다.

이런 현실은 모건 기념관의 한 직원의 경험담에 의해 드러났다. 그가 근처 공동주택가를 지나고 있을 때였다. 한 이탈리아인 어머니가 거리에서 놀고 있는 아들을 2층 창문에서 부르며 강아지를 데리고 집에 들어오라고 말하는 소리를 듣게 되었다. 토니는 들은 체도 안 했다. 그녀가 다시 불렀지만, 결과는 같았다. 그녀의 아들은 그녀를 무시할 뿐이었다. 세 번째도 같은 반응이었는데 그 소년은 계속 놀기만 했다.

"토니!" 그 직원이 꾸짖었다. 그가 알기로 그 소년은 모건 기념관에서 진행하는 청소년 활동들에 참여하는 태도가 순종적이고 협조적이었다. "왜 어머니의 말에 순종하지 않는 거지?"

"오, 어머니라면 신경 쓰지 않아도 돼요." 토니가 반박했다. "그냥 바보니까요."

에드거와 그의 동료들은 아이들이 자신들의 외국인 부모를 멸시하는 문제가 점점 커져가는 현실을 크게 우려했다. 에드거는 각 언어를 사용하는 목사들을 사역에 합류시켰을 때 그들로 하여금 그 지역의 부모들을 방문하여 아이들에게 일어나고 있는 일들에 관해 설명하고 모건 기념관에서 어떤 방식으로 도울 수 있는지 알아봐달라고 부탁했다.

그에 대한 대답은 금방 돌아왔는데 매우 놀라웠다. 그들은 자신들을 위해 이탈리아어, 시리아어, 포르투갈어 등의 예배를 열어달라고 부탁했다. 아르메니아인들과 그리스인들은 이미 모건 기념관 강당에서 본인들의 언어로 예배를 드리고 있었던 터였다.

에드거는 보스턴 사람들에게 모든 민족을 위한 교회는 그런 분열이 가져온 장벽을 조율하는 수단이 될 수 있다고 이야기했다. 외국인들에게 본인들의 언어로 하나님을 예배하는 장소를 제공할 뿐 아니라 또 그의 동료 중 외국어를 구사하는 목사들이 부모들에게 영어를 가르쳐서 그들이 영어를 말하고 읽고 쓰는 것이 가능하게 하여, 미국 시민으로 자리 잡을 수 있게 해줄 것이었다. 당시에는 이 역시도 중요한 문제였다. 그리고 영어를 사용하는 외국인 부모의 자녀들에게는 그들이 멸시하기 시작한 그들 부모의 언어와 바다 건너 그들 고국의 역사와 문화를 가르쳐줄 수 있었다.

사람의 영혼에만 집중하고 그 육신과 마음 그리고 환경에는 무관심한 복음은 신앙에 대한 우롱이라고 외치는 에드거 헬름스 목사의 설교에 감명받은 각계각층의 사람들이 교회 건물에 필요한 자금을 끊임없이 기부해왔다.

정말 놀랄 만큼 짧은 시간 안에 에드거가 꿈에 그리던 교회가 영광스러운 자태로 현실화되었다. 아름다운 고딕식 건축물이 그곳에 서 있었다. 이는 보스턴에서 가장 아름다운 피난처 중 하나였다. 그날의 한 방문객은 다음과 같이 기록했다.

"수천 명의 사람이 새 교회에 발을 들이는 순간 예배당에 들어왔다는 느낌을 받았을 것이다. 그곳의 모든 사역자는 영적으로 임명된 사람들이었다. 아치형으로 된 문, 부드러운 색조, 설교단과 좌석의 배치, 제단, 오르간을 양옆에 둔 넓은 성단소 그리고 상징적인 장식물 등 모든 것이 한 가지 목적을 위해 기획되었다. 바로 그런 기독교적 분위기를 통해 인간의 깊은 내면을 움직이게 했다."

빈민가의 외국인 중 구세계의 아름다운 교회들에 대한 그리움을 갖고 있던 이들은 그들의 새 교회에서 대성당의 장엄함과 평온함을 발견했다. 그들은 고딕식 회색 아치형 문 위의 사금석과 청석 방패 하나하나에, 제단의 난간 혹은 십자석판에 새겨진 무늬 하나하나에, 성 프란치스코가 아이들에게 선물을 수여하고 설교자가 말씀을 읽고 사람들은 찬양으로 경배하는 화면을 그린 3개의 사랑스러운 아치형 벽화의 색조 하나하나에 경건한 눈빛을 보냈다.

모든 민족을 위한 교회 내부 전경

그들은 성경의 장면들을 그린 타일로 장식된 높은 석조 연단을 경외하는 마음으로 바라보았다. 그들은 긴 통로를 걸으면서 말씀이 새겨진 타일들 주위를 맴돌았다. 그 위에 새겨진 믿음, 소망, 형제 사랑 그리고 제단과 가장 가까운 곳에 각인된 사랑, 이 단어들은 영어로 표기되어 있었다. 그들은 어쩌면 그 영어 단어들을 이해하지 못했을 수도 있었다. 하지만 여기서 쓰인 단어의 의미를 이곳에서 찾을 수 있다는 것만큼은 알고 있었다.

에드거는 모든 민족을 위한 교회(Church of All Nations)의 개막식을 기념하기 위한 특별 프로그램을 일주일 내내 편성했다. 달력으로 본다면 외부인들에게는 '1918년 5월 12~19일'로 밖에 보이지 않겠지만, 수천 명의 하객에게는 '봉헌 축제'였다. 보스턴 전 지역에서 그 의식에 참여하기 위해 사람들이 몰려왔다.

언론 보도자료들은 그 교회가 이름에 걸맞게 교회를 모든 교파에 개방하여 어떤 인종의 사람이든지 받아들일 것이고 그 자격을 인종이나 피부색 혹은 신앙과 상관없이 그곳을 찾는 모든 사람에게 부여한다는 사실을 강조했다.

개막식 날, 회교도 2명이 그들과 같은 사람들이 예배할 수 있는 장소를 찾을 수 있을까 하여 매사추세츠주의 퀸스에서부터 걸어왔다. 그들은 그리스 정교회 신부에게도 연락을 취해 그의 회중이 그곳에서 보호받고 있는지 알아보았다. 한 유대인 랍비는 그의 회중에게 개방할 장소가 있는지 물어보기 위해 연락을 해왔다.

한 유대인 여성이 교회로 들어왔다. "영어를 배우고 싶어요." 그녀가 말했다. "어린아이를 대하듯 인내심을 가지고 가르쳐줄 선생님을 원해요. 저는 이제 젊은 나이가 아니에요. 어려울 수밖에 없을 거예요."

그녀는 모건 기념관의 유치원 선생님이 가르쳐주는 오후 영어 수업이 여성들을 위해 열린다는 말을 전해 들었다. 그 선생님은 인내심이 있고 다정하다고 했다.

"하지만 저는 유대인에요." 그녀가 걱정했다. "그리고 당신은 기독교인이고요. 저를 들여보내 주실 건가요?"

"저희는 모든 이를 똑같이 환영합니다." 위로가 되는 대답이었다.

나중에는 더 이상한 일이 일어났다. 한 그리스 정교회 신부가 감리교 목사와 함께 그 교회에서 혼례를 주례했다. 이탈리아인과 시리아인의 결혼식이 거행된 장소에는 신부와 신랑의 바람대로 촛불 의식이 있었다. 게다가 그 교회의 멋진 개신교도들도 촛불을 들었던 것에 기뻐했다.

그 일주일간의 신나는 '봉헌 축제'가 있고 난 뒤, 그 교회는 전면적으로 개방되었고 20개가 넘는 국가의 사람들이 그 쾌적한 지붕 아래에서 예배를 드렸다. 시리아인들은 아라비아어를 사용하는 예배를 드리게 되었다. 이탈리아인 회중들을 위한 예배는 이탈리아어로 드려졌다. 주일마다 열정적인 복음 전도자 벤버리 형제가 인도한 활기찬 예배에는 각양각색의 회중이 대규모로 모였고 그는 그들 모두가 깨어있는 예배를 진행했다.

그리고 한 달에 한 번 모든 그룹이 모이는 '국제 교류의 밤'이 교회 강당에서 개최되었다. 수백 명이 간절히 기다리던 행사였기에 빈 곳은 찾아볼 수 없었다. 목사들은 한 사람씩 돌아가면서 자신들 회중의 언어로 연설했다. 러시아어, 그리스어 그리고 포르투갈어 등 모든 언어가 다 사용되었다. 마지막에는 영어를 사용하는 목사가 다른 목사들의 메시

모든 민족을 위한 교회에 들어가기 위해 줄 서 있는 사람들 모습

지를 간략하게 요약해주었고 모든 사람이 영적인 교류를 통해 더 가까워져 갔다.

언제나처럼 아름다운 오르간 연주로 예배를 마친 후, 사람들은 '우정의 로비'에서 만나 서로를 소개하고 나누는 행복한 시간을 가졌다. "사상 최고의 미국화(Americanization)예요!" 에드거와 같이 사역하는 동료가 말했다.

감동의 밤이 끝나고 사람들이 집으로 돌아가면 에드거는 잠시 아름다운 새 교회 밖에 서서 피로에 지친 눈에 휴식을 주는 시간을 갖곤 했다. 그곳은 마치 구세계에서부터 신세계의 누추한 외곽으로 옮겨온 작고 사랑스러운 성당 같았다. 20만 달러를 들였는데 그들은 얻은 만큼

썼고 빚은 없었다. 그를 기쁘게 했던 것은 사람들이 버리는 물건을 급여로 바꾸어내는 그 작업장과의 거리가 벽 하나 사이였다는 것이었다. 그래서 직원들은 매일 아침 활짝 열리는 그 문으로 들어와 바쁜 하루를 시작하기 전에 이곳에서 간단하게 예배를 드릴 수 있었다. 그의 신앙생활에서 일과 예배가 분리된 적은 결코 없었다.

그는 모든 민족을 위한 교회가 한때 악명 높았던 오즈번 지역이 있었던 그 장소에 세워졌다는 사실에 매우 기뻤다. 그는 꿈이 실현된 것에 대해 겸손한 마음으로 하나님께 감사를 드렸다.

20.

이름 그대로
'굿윌'이에요!

에드거의 '의지할 곳 없는 자들이 스스로 일어설 수 있게 돕는' 이 기발한 기획은 보스턴의 기업으로만 남기에는 너무 소중했다. 이 모델은 대서양에서 태평양으로 또 바다 건너 외국으로 확산될 운명이었다.

먼저 뉴욕의 브루클린으로 퍼져나갔다. 브루클린 선교협회에서는 '굿윌 하우스'라는 이름 아래 구제 프로그램을 운영해왔다. 이것은 모건 기념관의 세비 복지관과 다소 유사한 면이 있었다. 1915년에 2명의 임원이 에드거의 작업장을 견학하기 위해 보스턴으로 왔다. "이것이야말로 우리가 브루클린에서 필요한 종류의 산업 프로그램이에요." 그들이 말했다.

나중에 에드거가 보스턴에서 진행하는 프로그램에 대해 설명하는 것을 듣기 위해 관심을 가지고 있던 사람들이 뉴욕에서 열린 오찬에 모여들었다. 그 오찬에서 브루클린에서 굿윌 사업을 시작할 수 있는 충분한 자금이 약속되었다.

그들은 모건 기념관의 구조와 규칙들을 도입했지만, 에드거가 영국에서 협동조합 운동을 연구하여 얻게 된 '협동조합 산업 구제사업(Co-operative Industrial Relief Work)'이라는 긴 상호는 마음에 들어 하지 않았다.

그래서 뉴요커들은 자신들의 작업장과 매장을 위해 '굿윌 인더스트리(Goodwill Industries)'라는 새로운 이름을 만들어냈다. 당시 보스턴 산업의 국장으로 있던 프레드 무어는 자신들이 어쩌다 그런 탁월한 사업명을 선택을 하게 되었는지에 관해 이야기했다. 새롭게 결성된 산업 프로그램을 책임지고 있던 칼튼 파크(Rev. Carlton Park) 목사는 한 주에 2번씩 오후에 가게를 열어 기증된 옷들을 수선하여 판매했다.

어느 날, 대가족을 거느리고 있던 한 고객이 그곳을 찾았다. 그는 자신이 가진 적은 돈으로 얼마나 많은 것을 살 수 있는지를 알게 되고 나서 이렇게 외쳤다. "이건 정말 놀라지 않을 수가 없어요! 제겐 의미가 남달라요! 이것이야말로 '굿윌(good will)'이에요!"

바로 그거였다! 한 주부가 버리는 옷들을 자루에 가득 채우고 장애인들이 이를 수선하고 세탁하며 가난한 사람들이 살 수 있는 가격으로 판매하기까지의 선의(good will)가 충만한 그 프로젝트를 표현할 수 있는 더 좋은 이름이 있을까?

그때부터 모건 기념관의 산업 프로그램을 개시하는 모든 도시에서는 그 이름을 사용했다.

칼튼 파크 목사에게는 또 다른 아이디어가 있었다. "이 프로그램은 점점 더 커질 것입니다." 그가 에드거에게 말했다. "전국 기관을 만들어서 모든 사업체가 통일된 규칙 아래 시작하도록 해야 합니다." 이 기관은 1910년에 설립되었다.

이 운동은 서쪽으로도 뻗어 나갔다. 샌프란시스코는 1916년에 샘 퀵마이어(Sam Quickmire) 목사가 자신의 저축금에서 후원해준 천 달러의 자금을 통해 굿윌 인더스트리를 시작했다. 미주리주 세인트루이스의 굿윌 인더스트리도 토마스 그린(Thomas E. Greene) 목사가 교회 안에 작은 매장을 차리고 적은 양의 구제 물품들을 판매하는 것으로 시작되었다.

보스턴을 제외한 4번째 굿윌은 캘리포니아주 LA에서 1917년에 설립되었다. 이것의 놀라운 발전에 대해 기록하려면 큰 책 한 권은 필요할 것이다.

처음으로 오픈한 LA의 굿윌스투어 모습

에드거가 신문, 잡지 기자들을 위해 흥미로운 기사를 쓴 지도 오래되었다. 지금 작가들은 에드거를 자신들의 책에 영감을 주는 소재로 삼았다. 어빙돈 출판사는 1915년에 E. C. E. Dorion의 『사우스 엔드의 구원』을 출판했다. 이 책은 교회와 사회권에서 많이 인용되었고 에드거에게는 모건 기념관에서 벌인 그의 사업에 대한 연설 요청이 쇄도했다.

그리고 감리교 백 주년 캠페인이 찾아왔다. 1918년에 '백 주년 기금'의 감사관들이 보스턴 사우스 엔드의 산업을 방문했고 브루클린, 샌프란시스코 그리고 세인트루이스와 LA에서 운영하는 산업들도 방문했다. 그들은 많은 도시에서 자신들이 후원할 수 있는 사업 형태를 보게 되었다.

이 캠페인에서 미국의 35개의 도시에 굿윌 인더스트리를 설립할 수 있을 만큼의 충분한 자원을 제공받았다. 새로운 발전을 추진하고 감독하기 위해 감리교 선교위원회 도시사업부에 굿윌 산업국이 형성되었고 에드거가 그 사무국장이 되었다. 이제 다른 도시들에서 이 사업을 시작하고 새로운 리더들을 양성하는 것이 그의 과제이자 책임이었다. 1919년에 선두자였던 에드거는 모건 기념관에서 17명의 '산업 복음주의의 선구자들과 추진자들'을 양성했고 그들 중에는 중국 푸저우에서 온 첸(W.C Chen) 목사도 있었다.

굿윌 인더스트리는 1918년에 '자선이 아닌 기회를(Not Charity but a Chance)'이라는 국가적인 구호를 내걸었다. 이는 프레드 무어가 '운명으로 이어지는 황금 실'이라 불렸던 우연한 사건 중 하나에서 온 것이었다.

1차 세계대전이 끝날 무렵 클리블랜드의 굿윌은 시의 중심가에 있었던 터라 수많은 연대가 행진하면서 굿윌 작업장을 지날 수밖에 없었다. 그곳에서는 행진하는 청년들의 과부가 된 어머니들이 일하고 있었다.

1918년 겨울에 부상병들을 위해 발행된 〈캐리 온(Carry On)〉이라는 잡지의 사본이 한 직원의 손에 들어갔다. 그 기사의 제목은 '자선이 아닌 기회를'이었다. 그것은 굿윌 인더스트리의 목적과 기획에 대해 아주 완벽하게 설명한 내용이었고 클리블랜드 굿윌에서 이를 홍보에 사용하기 시작했던 것이었다. 이는 1922년 일리노이주 시카고에서 열린 연례 회의에서 미국 굿윌 인더스트리의 표어로 채택되었다.

1920년에 모건 기념관에는 크게 기뻐할 일이 있었다. 에드거가 목사 임직 25주년을 맞이했다. 감동적인 행사가 개최되었고 문장과 사진들을 동원하여 한때 판잣집들에 둘러싸여 있던 1869년의 헨리 모건 목사의 초라한 작은 예배당이 멋진 현대식 건물들이 서 있는 구역으로 발전한 놀라운 성장기를 보여주는 소책자 형식의 기록표가 있었다. 건물들에는 65만 달러를 들였고 빚은 전혀 없었다.

모건 기념관의 이사회에는 모든 교파의 대표가 있었는데 그들 중에는 의사, 변호사, 은행가, 보험설계사, 기업 경영자 그리고 목사들이 있었다. 에드거는 이렇게 말했다. "이 이사회가 없었다면 주님이라 할지라도 일을 진행하기 어려우셨을 것입니다."

1905년에 불과 몇 명의 감리교와 유니테리언교 사람들로 시작한 모건 기념관의 여성 보조 기관은 끊임없이 성장하는 힘 있는 기관으로 자리 잡았다. 그 구성원들은 8개의 교파에서 나왔다. 이 기관은 에드거의 사업에 수천 달러를 기부했다.

그 모든 민족을 위한 교회의 회원으로는 이탈리아인 19명, 포르투갈인 10명, 시리아인 10명, 러시아인 1명, 그리스인 2명, 독일인 4명, 스웨덴 사람 4명 그리고 흑인 56명이 목록에 있었다.

에드거 헬름스 박사는 주교들, 주지사들, 대학 학장들 그리고 일반인들로부터 수많은 인사장을 받았다. 그들 중에는 뉴욕 버펄로에 있는 굿윌 인더스트리의 국장 올리버 프라이드맨(Oliver A. Friedman)이 보낸 것도 있었다. 거기에는 이렇게 적혀 있었다. "하나님께서 보내신 한 사람이 있었습니다. 그의 이름은 에드거 제임스 헬름스였습니다. 하나님께서 그와 함께하셨으므로 그는 자기 주인과 같이 선한 일을 행했습니다."

뉴욕의 굿윌 산업국장 올리버 프라이드맨(Oliver A. Friedman)

에드거는 1922년 9월에 〈굿윌〉이라는 자신의 첫 연합 계간지를 발행했고 같은 해에 첫 사업 설명서와 모건 기념관의 안내 책자를 발행했는데 각 부서의 목표, 인사 그리고 직무를 요약하여 바람직한 사업의 효율성을 깔끔하게 정리한 내용으로 채워져 있었다.

사업 설명서와 안내 책자에서 기도문을 읽는 것을 기대하는 이는 없었겠지만, 에드거의 방식은 사업과 예배를 결합하는 것이었기에 각 장의 머리말에는 짤막한 기도 글이 있었다. 흑인을 위한 사업에 대한 기도는 "하나님 아버지, 아버지께서 아프리카에서 당신의 아들을 위해 행하신 일을 저희는 기억합니다. 예수님께서 십자가에 못 박히러 떠나시는 길에 한 흑인이 예수님을 위해 십자가를 지고 갔습니다. 저희가 기쁜 마음으로 우리 중에 있는 흑인들을 도와 그들의 무거운 짐을 짊어질 수 있기를 바랍니다."

수선된 신발을 판매함으로 상당한 금액을 벌어준 신발 부서에 대해서는 "아버지, 우리 주님께서 돌길을 걸으실 때마다 발이 아프셨고 지치셨을 것을 의심치 않습니다. 지금도 돌판과 메마른 바닥을 디뎌가면서 노동하거나 떠돌아다녀야 하는 수많은 가난한 이의 지친 발들로 인해 아파하고 계실 줄을 믿습니다. 주님, 신발이 필요한 이들에게 편안한 신발을 제공하기 위해 일하는 저희 신발 부서 사람들을 도와주시고 당신을 위해 일하고 있다는 사실을 그들이 알게 하여 주십시오."

그는 사무직 종사자들, 트럭 운전사들, 재활 작업자들, 분류하고 다림질을 하는 사람들, 매장 사람들, 관리인들 그리고 국장에서 경비원들에 이르기까지 모든 사람에 대해 약간 고전적이면서 특별한 기도문을 작성했다.

그 안내서는 오래전에 다른 것으로 대체되었지만, 노동을 중요시할 뿐 아니라 또 신성시하는 그 바쁜 목사가 1922년에 작성한 기도문들은 여전히 모건 기념관의 노동자들에 의해 사용되고 있었다.

1923년에 굿윌 인더스트리는 26개로 늘어났고 그다음 해에는 에드거의 사업에 관한 두 번째 책이 출판되었다. 이는 얼 크리스마스(Earl Christmas) 씨에 의해 쓰였고 제목은 『굿윌의 집(The House of Goodwill)』이었다. 그는 책에서 지친 젊은 에드거가 헌 옷들을 담은 자루 몇 개를 손수레로 끌면서 집으로 터덜터덜 걸어가던 것에서부터 시작해서 오늘날 번창하고 있는 굿윌 사업에 대해 생생하게 설명했다. 그는 다음과 같이 썼다.

"지금은 큰 트럭 부대가 10만이 넘는 주택들에서 버리는 물품들을 정기적으로 실어 오고 있다. 이 트럭들은 보스턴에서 대략 60개의 인근 마을과 지역으로 나갔다가 부유한 집들에서 효용 가치를 잃은 물품들을 싣고 돌아온다."

그리고 2백 명이 넘는 남녀 직원들이 그 물건들을 수선했다. 그는 감탄하며 글을 이어 썼다. "이 물품들에서 직원들이 일 년에 24만 달러가 넘는 금액을 창출해낼 수 있다는 것이다. 생각해보라. 사람들에 의해 버려진 저 물건들에서 25만 달러가 나온다니!"

에드거는 이제 많은 시간을 여행으로 보내야 했다. 그러다가 한 헌신적인 젊은 남성을 모건 기념관으로 데려왔다. 그의 아들 중 한 명은 이미 모건 기념관에 있었다. 에드거는 펄시 트레브덴(Percy J. Trevethan)이

굿윌 자루에 담긴 물건을 정리하는 지체 장애인

일렬로 늘어선 모건 메모리얼 굿윌의 트럭들

라는 그 남자를 불렀다. "만약 당신이 소매를 걷어 올리고 두 손에 때를 묻힐 의향이 있다면 굿윌 인더스트리에 당신을 위한 자리는 항상 있을 거예요."

트레브덴은 인디애나주 덜루스에 있는 스탠더드 석유회사의 영업부 이사직에 있었던 터라 말 그대로 소매를 걷어 올리고 손에 때를 묻히는 일이 전혀 익숙하지 않았다. 하지만 한 사람의 내재된 최고 능력을 끌어내는 에드거의 재능이 다시 효과를 발했다. 젊은 트레브덴과 그의 아내는 1926년에 보스턴에 도착했고 그는 에드기의 지도로 사업을 배우기 시작했는데 자신이 언젠가 방대한 산업 기업의 리더가 되어 6천만 달러의 가치가 되는 회사를 이끌게 될 줄은 꿈에도 알지 못했다.

에드거 헬름스 박사는 굿윌 산업국의 직무로 바쁘게 보내고 있었지만, 가난한 그의 교구 사람들의 수요에는 항상 민감하게 반응했다. 그 중 하나가 나이 많은 여성 노동자들을 위한 편안한 집을 마련하는 일이었다. 모건 기념관 주변에는 그런 사람들이 수백 명이 있었고 제대로 된 집을 살 만큼의 돈을 벌 수 없었기에 칙칙한 다락방이나 지하에서 살고 있었다.

헨리 형제의 어머니 엘리자 헨리
(Eliza A. Henry)

헨리 형제들의 어머니인 엘리자 헨리 부인은 오래전부터 어렵게 사는 불우한 영혼들을 위해 뭔가를 해주고 싶었다. 그녀는 당시 95살이었다. 비록 지금은 부유하고 한가한 부인으로 살고 있지만, 그녀도 힘든 일을 경험했었기에 인생의 고난에 대해 알고 있었다. 산업화되기 전의 원시적 사회 배경 아래 벌목장에서 대부분의 집안 살림을 도맡아 하면서 대가족을 부양했던 그녀였다.

그 위엄 있는 노부인은 모건 기념관에서 1마일 떨어진 곳에 있는 큰 가족호텔을 매입하여 보수했다. 이 건물은 모건 기념관의 다른 공간들이 그렇듯 두 가지 용도로 쓰일 수 있게 개조되었다. 가난한 여성 노동자들을 위한 31개의 방 외에도 편안한 집을 마련하기 위해 공부와 일까지 해야 했던 보스턴대학의 결혼한 신학생들을 위해 가구가 비치된 16개의 특실이 준비되었다. 엘리자 헨리 부인의 후원이 없었더라면 많은 사람이 학업을 마치지 못했을 것이었다.

엘리자 헨리 복지관으로 명명된 그 멋진 건물은 기증되었고 1926년에는 에드거에 의해 모건 기념관 기관의 일부로 받아들여졌다.

21.

드디어
세계로
퍼져나가다

1920년대는 나라 상황이 최고로 좋았던 시절이었고 미국은 전체적으로 돈을 흥청망청 쓰는 추세였다. 어느 날, 두 훌륭한 사업가 에드거 제임스 헬름스와 존 헨리가 보스턴 굿윌 인더스트리 건물 밖에 서서 심각한 대화를 나누었다.

"저는 걱정이에요." 에드거가 말했다. "이 모든 번영은 언젠가 무너질 거예요. 그럴 때를 위해 굿윌 인더스트리는 준비되어 있어야 해요."

헨리는 고개를 끄덕이더니 놀라운 말을 했다. "당신의 굿윌 인더스트리가 세계 각 나라에 세워지는 그때가 올 거예요!"

"언젠가는 오게 되겠죠." 에드거가 동감했다. "제가 그 기획에 시간을 할애하고 자금을 투자해서 다른 나라 사람들에게 기여한다면 말이죠."

"목사님은 항상 원하는 바를 얻게 되는 것 같아요."

"아, 그러네요. 그러고 보니 적합한 때가 오면 하게 되네요. 맞는 말이에요."

"그런 비결이 있나요?" 헨리 사업가가 물었다.

"기도예요." 에드거 사업가의 대답이었다. 한순간의 망설임도 없었다. "기도의 힘은 저를 실망시킨 적이 한 번도 없었어요."

"전 세계를 돌아보는 것에 대해 기도해 본 적이 있나요? 예를 들면, 인도요."

에드거가 눈길을 돌렸다. 그 질문은 아픈 기억을 떠올리게 했다. 인도라…! "있어요…." 그가 나직이 대답했다. "거의 30년 전의 일이네요."

"그럼 목사님의 기도가 곧 응답되겠네요. 각 나라, 각 도시에 그들만의 굿윌이 세워질 기회가 있어야 해요."

얼마 후, 인디애나폴리스에서 열린 국내 선교위원회의 연례 회의에 참석한 에드거는 뉴헤이븐의 미스터 크라우포드(A. J. Crawford)로부터 인도 캘커타의 프레드 피셔(Bishop Fred Fisher) 주교에게서 연락받은 것이 있냐는 질문을 받게 되었다. 에드거는 그와 연락을 안 한 지 오래되었다고 대답했다.

미스터 크라우포드는 세계여행을 막 마치고 돌아왔다고 말하면서 도중에 캘커타에서 프레드 피셔 주교를 만난 이야기를 꺼냈다. 에드거는 크라우포드와의 대화에 집중하고 있었다. 왜냐하면 캘커타의 한 부유한 사업가가 자신의 재산과 사업을 굿윌 인더스트리 설립에 기부하겠다는 제안을 해왔는데, 에드거가 굿윌 인더스트리를 설립할 새로운 도시를 직접 방문해서 검증해야 한다는 조건을 내걸었던 것이었다.

크라우포드는 에드거가 분명 어떻게든 연결되어 있을 것이라고 생각했다. 에드거는 얼마 전에 캘커타에 있는 산업 가정기관의 책임자로부터 굿윌 인더스트리에 관한 문헌을 부탁하고 캘커타를 방문하여 문제해결에 대한 도움을 구하는 편지 한 통을 받은 것을 막연히 떠올렸다. 그때 에드거는 자신의 문제로 바빠서 굿윌 인더스트리에 관한 문헌을 보낸 후 그만 잊어버리고 있었다.

"잊으면 안 되죠." 크라우포드가 강조했다. "당신의 여행경비를 제가 이미 마련했으니 당신은 캘커타로 가서 굿윌 인더스트리를 설립하면 돼요. 언제 떠날 수 있나요?"

에드거는 굿윌 인더스트리 이사회와 모건 기념관 그리고 그의 아내의 동의를 얻어야 해서 자신이 갈 수 있을지는 모르겠다고 대답했다. 하지만 이 문제를 그의 '상관들'에게 꼭 이야기하겠다고 약속했다.

그리고 깜짝 놀랄만한 일이 일어났다! 굿윌 인더스트리 이사회에서 그가 7년간 수고한 것을 생각하여 안식년을 허락했다. 모건 기념관에서 31년간 쉬지 않고 사역한 그에게 안식년을 기꺼이 허락해주었고 헬름스 부인을 데려가는 것을 조건으로 내걸었다. 당연히 기관에서 부인의 경비도 책임진다는 말도 했다. 에드거의 아내도 그가 인도로 가는 것에 동의했다. 대신에 아이들의 학기가 끝날 무렵 유럽 어딘가에서 가족이 함께 합류할 것으로 정했다. 드디어 그때가 온 것이었다. 30년의 기다림 끝에 에드거는 인도로 향하게 되었다!

에드거는 1926년 8월 28에 샌프란시스코에서 출항했다. 동아시아 지역에 관해서는 거의 아는 것이 없었던 그였기에 인도에 도착하기 전에 동양 사람들과 그곳의 사회적 환경을 알아볼 목적으로 그쪽으로 항로를 택했다. 그는 가는 길에 하와이, 일본, 중국, 필리핀, 말레이시아 그리고 실론섬을 방문해서 그 나라들의 필요가 무엇인지 조사할 계획이었다.

에드거의 첫 방문지는 호놀룰루였고 그곳에서는 그를 맞이하기 위한 만반의 준비가 되어 있었다. 호놀룰루의 지도자들은 그 섬에 가장 절실하게 필요한 것은 여러 언어를 쓰는 사람들이 직면하고 있는 만연히 악화된 산업화 환경을 바꿀 수 있는 복음이라고 말했다.

다음은 일본이었다. 도쿄에는 한때 보스턴대학에서 에드거의 제자였던 마크 쇼(Mark Shaw) 목사가 살고 있었다. 그는 일본 광고주들에게 에드거의 보스턴 사업 소개와 박사가 이번 주에 도쿄에 도착한다는 기사 내용을 작성해주었다. 그 결과, 에드거가 요코하마에 도착했을 때 기자들과 사진사들이 그를 인터뷰하기 위해 배에 올라탔다. 다음 날 아침, 그는 자신이 사람들에게 '위대한 미국인 사회복지 사업 개혁가'로 불린다는 사실을 알게 되었다.

그리고는 도지사를 방문했고 다음은 유명한 사업가들과의 인터뷰 요청에 응했다. 또 한 주 동안은 공식 행사 차를 타고 여러 도시 단체들을 돌아보았다. 시부사와 자작은 부자인 동시에 애국심이 강했는데 그는 특히 대접하기를 좋아하는 사람이었다. 그는 3번이나 에드거를 초대해서 그와 그의 친구들과 식사를 했고 도쿄에 굿윌 인더스트리를 개설하는 것을 돕기로 결심했다.

미국 보스턴에서 온 굿윌 사업가에게 가장 극진했던 사람은 도지사였다. 그는 에드거를 위해 그가 방문하게 될 모든 도시의 시장들에게 소개장을 썼고 덕분에 그가 어디로 가든지 그를 공식적으로 환영하는 인사가 있었다.

에드거는 고베, 오사카, 교토, 나라 그리고 쿠모모토와 나가사키를 방문했다. 그는 자기 청중들을 맞춰주기 위해 다양한 이야기를 들려주었다. 하지만 그 모든 것의 중심 내용은 아주 간단했다.

"우리는 자선 단체가 아닙니다. 우리가 목표하는 바는 사람의 자존심을 회복하는 것, 즉 일자리를 찾아주는 것입니다. 요컨대, 그 사람에게 한 번 더 기회를 부여하는 것입니다. 우리는 불우하고 가난한 이들과 장애인들만을 대상으로 합니다. 그들이 원하는 것은 자선이 아닙니다. 그들이 원하는 것은 또 한 번의 기회인데 우리는 그것을 제공해줍니다. 이것은 근사한 일이고 존중할만한 것입니다. 우리는 작년에 보스턴에서만 5천 명이 넘는 노숙자에게 일자리를 찾아주었습니다. 우리가 어떻게 처리하고 있을까요? 우리는 각 사람에게 자신이 자존감이 있는 인간이라는 것을 증명할 수 있는 기회를 제공하고 그 나머지는 본인이 해

나갑니다."

한국의 서울에서는 총독이었던 사이토 자작이 에드거를 맞이해주었고 보스턴으로 한국인을 한 명 보내서 굿윌 인더스트리에 관한 훈련을 받을 수 있도록 약속했다.

에드거는 상해를 떠나기 전에 그 도시에서 가장 비참한 상황에 처해 있던 수천 명의 러시아 난민들을 위해 그곳에 굿윌 인더스트리를 개설할 수 있도록 여러 가지 방법을 시도했다.

마닐라에서는 현지 로마 가톨릭대학 교수를 만났고 그는 에드거를 인터뷰하고 나서 주요 일간지에 모건 기념관에서 진행되고 있던 사업에 대해 가장 정확하고 읽기 쉬운 기사를 작성해주었다. 결과적으로, 미스터 티어도어 양초가 에드거를 오찬에 초대했다. 그리고 그는 마닐라의 주요 사업가들, 전문가들과 정치인들을 만나는 자리를 주선했다. 미스터 양초(Mr. Yangcho)는 에드거에게 굿윌 인더스트리를 위해 필리핀 사람을 훈련하는 데 필요한 비용은 자신이 부담할 것이라고 말했다. 그리고 마닐라에서 시작하는 굿윌 인더스트리에서도 자신의 역할을 다하겠다고 말했다.

그런데 계획에 변동이 생겼다. 싱가포르와 말레이시아로 향하고 있던 에드거의 배가 암초에 걸려 항로를 바꾸어 호주로 향하게 된 것이다.

그러나 이는 에드거가 모건 기념관 직원들과 한 약속을 지킬 수 있는 기회가 되었다. 그는 여행 중에 자신과 그가 여기까지 이끌어온 사업에 관한 책을 쓰기로 약속했었다. 그때까지는 1시간을 내는 것조차 불가능했는데 호주까지의 긴 항해로 인해 필요한 시간을 벌게 되었다. 그리하여 1927년에 『도시 선교 개척(Pioneering in Modern City Missions)』이라는 책이 출판되었고 비록 지금은 절판되었지만, 훗날 헬름스와 그의 철학 그리고 모건 기념관에서의 사업에 관한 글을 쓴 모든 사람에게는 소중한 자료집이 되었다.

호주는 두 팔을 벌려 그를 환영했다. 시드니에서는 웨슬리언 선교센터의 책임자였던 포먼 박사가 열변을 토했다. "당신은 실로 주님이 우리에게 보낸 사람이에요! 시드니의 실업자들에게 현명하게 사용해달라는 조건으로 기부된 유산을 막 전달받은 참이었거든요. 어떻게 하면 좋을지 몰라서 난감했어요. 이제 우리가 굿윌 인더스트리를 세워야 한다는 뜻이 명백해졌네요."

멜버른에서는 굿윌 인더스트리로 인한 복음 전도가 그들이 다음으로 해야 할 일임을 동감했다.

애들레이드에서는 그곳 웨슬리언 선교센터의 책임자였던 칸 박사가 에드거를 데리고 나가서 자신에게 보내진 헌 옷들과 버리는 물품들로 가득한 방들을 보여주었다. 그는 정기적으로 그 물건들을 가난한 이들에게 판매하고 있었다. 모건 기념관의 사업 방식을 늦게 된 그가 개탄

했다. "난 왜 저 일자리가 없는 가난한 사람들에게 일자리를 주어 이 물건들을 더 쓸 만한 물건으로 만들고 꼭 구매해야 하는 다른 사람들이 쓸 수 있도록 만들 기회를 제공할 생각을 하지 못했을까요? 반드시 미국으로 돌아가서 굿윌 인더스트리에 관한 공부를 하고 있는 형제들과 합류해야겠어요. 그것이 우리에게 가장 필요한 거니까요."

퍼스에서는, 그곳 웨슬리언 선교센터의 우드 박사의 부탁을 받아서 굿윌 인더스트리 사업에 관해 설명하는 시간을 가졌다. "주님께서 때마침 당신을 보내셨네요!" 우드 박사가 외쳤다. 그리고는 올해에 미국으로 가서 탬퍼런스 컨벤션에 참여할 예정이었던 동료에게 연락했다. 그들은 그가 6개월을 더 체류하면서 굿윌 인더스트리에 관해 공부하게 했고 일자리를 구하기 어려운 서호주에 굿윌 인더스트리를 도입할 계획을 세웠다.

다음 방문지는 실론섬의 콜롬보였다. 친절한 에드거는 거기서 심각한 실의에 빠진 싱할라인인 나다니엘즈 목사를 만났다. 그는 예일대학을 졸업했는데 아버지가 세운 산업학교가 부적절한 대우를 받는 것에 대해 절망하고 있었다. 자선 단체들의 방식은 사람들을 가난하게 만들고 있었고 교회 당국은 편견에 차 있었으며 산업학교가 소멸 직전 상태인 것 같았다. 게다가 실론의 웨슬리언 감리교 신자들로부터 그가 옥스퍼드나 케임브리지가 아닌 예일대학을 졸업한 것에 대해서도 편견의 시선을 느꼈다.

에드거는 이를 이렇게 기록했다. "우리는 일주일을 같이 보내면서 기도에 임했고 또 전체적인 상황을 신중하게 고민해보았다. 자선 단체는 내 이야기를 매우 귀담아들었다. 나다니엘즈 목사는 내가 떠날 때 희망으로 가득 차 있었다.

그리고 나서 그 여행의 가장 멋진 순간이 찾아왔다. 드디어 캘커타에 도착했다. 에드거는 피셔 주교와 그의 위원회 그리고 자신의 재산과 사업을 캘커타의 굿윌 인더스트리 설립에 기부하기로 한 사업가 미스터 제럴드 스미스(Mr. Gerald Smith)를 만났다. 그는 에드거가 그 도시를 방문해서 검증해주는 조건을 내건 바로 그 사람이었다.

에드거는 일을 시작했다. 그는 낮이건 밤이건 그곳의 사회적, 산업적 그리고 종교적 상황들을 알아보았다. 그는 이전의 모든 설문조사를 유용하게 사용했다. 그는 모든 모순되는 부분과 불확실한 결과들을 검토해보았다.

피셔 주교의 위원회와의 첫 회의에서 그 위원들은 에드거가 자신들을 위해 준비한 자료를 어디서 구했는지 궁금해했다. 타자로 쳐진 원고와 제안들은 그들이 공부하기에 충분했다.

위원회와의 다음 회의에서 모든 이를 놀라게 했던 것은 에드거의 제안들이 만장일치로 채택된 것이었다.

에드거 헬름스 박사의 제안을 이야기하자면, 캘커타의 빈민가에서만 그 프로그램을 운영하는 것이 아니라 사회 계급에서 추방된 사람들과 최하층 사람들의 절실한 산업적 수요에도 부응해야 한다는 것이었다. 이것은 휴가 중에 있는 선교사 몇 명이 미국 굿윌로 돌아가서 훈련을 받아야 함을 의미했다.

에드거는 미국에서 사람을 보내 그곳의 사업을 책임지는 것보다 수년의 시간을 들여서라도 '인도에 관해 배울' 필요가 없는 사람을 미국으로 보내서 인도를 위해 굿윌의 이념과 기술을 배우는 것을 제안했다. 또한, 인도에서는 버리는 물건이 거의 없어서 캘커타 인더스트리에서는 인도 자체에 필요한 새로운 물품들을 만들어내야 했다.

에드거가 제안한 프로그램 전체에 대해 미스터 제럴드 스미스는 진심으로 동의하고 찬성했다. 피셔 주교는 기쁘기 그지없다고 말하면서 만면에 미소를 띠었다. 바로 다음 날, 외국에서 최초의 굿윌 인더스트리가 되기 위한 초기 작업이 시작되었다.

이틀 후, 좋은 결과에 기쁘기도 했지만, 몸이 지치기도 했던 에드거는 다마스쿠스와 콘스탄티노플(이스탄불)로 떠났다. 그런 다음 성지를 방문했고 다음으로 아테네와 나폴리를 방문했다. 그리고 거기서 그의 아내와 합류했다.

마침내, 수년간 지속될 경제 공황이 1929년에 미국을 덮쳤다. 세계를 돌아다니며 모건 기념관에서의 그의 사업을 전파하는 이 개척 여행의 결과로 굿윌 인더스트리가 해외로 뻗어 나가기 시작했다. 이제 일본의 도쿄, 필리핀의 군도, 멕시코의 멕시코시티, 호주 전 지역(즉 시드니, 멜버른, 애들레이드와 퍼스), 실론의 콜롬보, 인도의 캘커타, 우루과이의 몬테비

데오, 페루의 리마, 베네수엘라의 카라카스와 콜롬비아의 보고타에 굿월이 세워져서 굿월 인더스트리는 이제 국제 '기구'가 되었다.

22.

기쁜 마음으로
기부하는
사람들

전 세계적으로 악몽 같은 경제 공황과 제2차 세계대전이 수년간 지속되었다. 미국은 1929년의 초반 9개월 동안 어마어마한 부가 급속도로 축적되는 사회구조가 형성되었다. 그러다가 은행의 파산과 주식시장의 폭락을 맞이했다. 영국은 1931년에 화폐가치가 흔들렸고 사태는 더욱 악화되기 시작했다. 1930년대 말에 이르러서는 그동안 부유했던 미국에 천만의 실업자와 2천만의 생활보호 대상자들이 생겼다.

은행과 기업체들이 문을 닫았던 그 아픈 시절 가운데 굿윌 인더스트리는 꿋꿋하게 전진했고 굿윌이 필요한 곳들에 새로운 매장을 개설했다. 1930년과 1934년 사이에는 새로운 굿윌 인더스트리가 30개나 세워졌다.

어려움을 겪고 있던 모든 사회 계층의 사람이 목숨을 부지하고 체면을 세워주는 굿윌 매장들의 문을 열고 들어갔다. 그들 중에는 일반적으로 '부랑자'로 분류되었던 사람에서부터 체면을 차리던 매장감독 혹은 대학교수나 무일푼 신세가 된 화가도 있었다.

어떤 부랑자는 자신의 업무 일지를 직업소개소 국장에게 가져가 그가 일한 만큼의 돈을 찾아갈 수 있는지 물어보았다. 전부 3달러였다. 그는 자기 아이에게 신발과 옷을 사주고 싶었다. "그리고 크리스마스 선물로 작은 장난감도 하나 사고 싶은데 인형으로 가능할까요?"

"당신은 굿윌의 멋진 고객이네요." 국장이 미소를 지었다. "당신이 좋을 대로 사서 선물하세요."

"너무 좋아요!" 해진 옷을 걸친 그 사람이 기뻐하며 외쳤다. "즐거운 크리스마스 보내세요!"

경제 침체를 겪고 있던 미국의 크리스마스는 활기를 찾아볼 수 없었다. 어떤 사람은 체면을 차리고 굿윌 매장의 문을 여러 번 지나치다가 겨우 용기를 내어 들어갔다. 그는 매장 종업원에게 괜찮은 양복 한 벌이 절실히 필요한 자신의 상황을 이야기했다. 직장 상사로부터 그가 즉시 구해오지 못할 경우에 해고하겠다는 경고를 받았던 상황이었다.

그 사람은 곧 턱을 치켜들고 어깨를 곧게 펴서 새사람이 되어 걸어 나왔다. 그는 깔끔하고 맵시 있게 다려진 양복 한 벌을 입고 있었다. 계산은 할부로 하거나 그가 여가를 이용해 노동으로 갚을 수 있게 해 주었다.

무명 대학이나 유명 대학의 졸업생들이 모건 기념관의 작업장들로 들어왔다. 옥스퍼드 졸업생, 케임브리지 졸업생 그리고 미술에 대한 풍부한 지식으로 에드거가 가장 필요했던 시기에 2만 달러의 자금을 벌어다 준 초라한 신세의 화가도 있었다.

그 화가는 일을 찾으러 왔다. 그리고 헌 신발과 고장 난 시계들과 함께 기증되어 온 오래된 그림들을 정리하는 일을 맡게 되었다.

어느 날, 그 화가는 너무 흥분해서 말도 제대로 못 하는 상태로 사무실로 뛰어 들어왔다. "그거 알아요?" 숨을 헐떡이며 말했다. "아주 귀중한 그림을 발견했어요! '레오나르도 로레단 총독의 초상(Doge Leonardo Loredan)' 같아요. 만약 그렇다면, 이건 보물이에요! 보스턴 미술관에 가져가서 감정받고 싶은데 허락해 줄 수 있나요?"

지오바니 벨리니(Giovanni Bellini)가 그린 레오나르도 로레단의 초상화(53cm X 43cm Museum of Fine Arts, Boston 소장품)

전문 지식이 없는 사람들에게는 그저 누군가의 다락방에서 먼지와 거미줄로 뒤덮인 채로 수년간 묵혀 둔 헌 그림들과 다를 바 없어 보였다. 전화벨이 곧 울렸고 화가는 숨을 헐떡이면서 말했다. 미술관 전문가의 말에 따르면 그 그림은 진품이 틀림없다는 사실이었다. 그리고 미술관 측에서는 작품을 보관하면서 더 세밀한 검증 후에 결과를 알려주어도 되는지 물어보았다.

놀랍게도 정말 지오바니 벨리니의 '로레단 총독 초상' 작품이 맞았고 보스턴 미술관에서는 이를 2만 달러에 구매하겠다는 제안을 해왔다.

불황을 겪던 날들 가운데 에드거가 작업장에 사용하기 위해 꼭 필요했던 돈이 2만 달러였다. 하지만 굿윌 인더스트리가 소유권을 주장할 수 있을까? 누가 그것을 굿윌 자루에 넣어서 보냈단 말인가? 운전기사들과 면담하고 기록들도 살펴보았지만, 아무런 단서가 없었다. 그들은 결국 보스턴 미술관에 그 그림을 팔기로 합의했지만, 만약 원주인이 소유권을 주장하며 그림을 돌려받기 원할 경우 모건 기념관에서 전액 환불한다는 조건을 내걸었다.

그림은 복원된 후 출처에 대한 언급 없이 전시되었다. 그리고 복사본은 보스턴 신문사들로 보내졌다. 전시회 셋째 날, 한 여성이 그림을 보기 위해 전시관에 들어왔고 자신이 모건 기념관으로 보낸 그림이라고 인정했다. 그녀는 남편이 몇 년 전에 사 와서 다락방에 치워두었던 것이라고 말했다. 그녀는 그것의 가치에 대해서 전혀 아는 바가 없었다. 미술관 관리인은 에드거에게 전화해서 소유권을 주장하는 여성이 나타났다고 전했다.

에드거에게는 끔찍한 소식이었다! 그림을 매각한 돈은 받은 후에 이미 세탁소 한 곳과 세탁기를 구매하는 데 사용했기 때문이었다.

그 후로는 극도로 불안한 시간이 뒤따랐다. 에드거는 편지와 전화로 법적 소유주에게 모건 기념관의 사업에 관해 설명했다. 그리고 현재 보스턴 미술관에서 그림을 소유하고 있는 상황이 대중에게 주는 유익과 모건 기념관에 유익이 되는 측면에 관해서도 조심스럽게 이야기하면서 혹시 그녀가 그 그림을 기증으로 여겨주면 안 되는지 물어보았다. 그렇게 하겠다는 그녀의 대답을 듣고서야 에드거와 무어는 안심할 수 있었다. 그리고 그림을 판 돈으로 구입하여 이미 많이 사용된 세탁소와 세탁기 앞을 지날 때도 편하게 숨을 쉴 수 있었다.

1935년에 모건 기념관은 엄청난 재산을 상속받았다. 에드거는 대리인으로부터 아주 멋진 현대식 저택과 두 개의 캠프장을 보유한 호수 근처의 땅이 이제 모건 기념관의 소유가 되었다고 전해 들었다. 그 땅은 뉴햄프셔주 헤니커 마을에 있었고 크기는 80에이커였다.

재산을 소유했던 여성은 그 땅을 헤니커 마을에 넘긴다는 유언을 남기면서 해당 마을에서 원하지 않는다면 모건 기념관에 주라고 했다. 그 마을에서는 재산을 받아들이지 않기로 했고 결국 에드거가 기쁜 마음으로 받았다.

그는 해당 기증자들로 하여금 이렇게 축복된 방식으로 모건 기념관을 기억할 수 있게 만들어준 '운명으로 이어지는 황금 실'이 무엇인지 궁금했다. 알아보니 카펫이었다. 그것이 기증자와 굿월의 유일한 연결고리였다. 땅을 기증한 여성이 보스턴 비콘 힐에 살고 있을 때 그녀는 에드거의 굿월 인더스트리에서 만든 카펫을 소유하고 있었다. 그런 우연한 접촉이 그녀로 하여금 모건 기념관을 높게 만든 것이었다.

운명으로 이어지는 황금 실이 되었던 굿윌에서 생산한 카펫과 에드거 헬름스

같은 해, 헤니커 마을에 위치한 아름다운 호수를 풍경으로 한 별장이 보스턴 사우스 엔드의 지친 노동자들을 위해 개방되었을 때 아름다운 지역에 있는 또 다른 건물이 모건 기념관에 기증되었다. 그 건물은 도체스터에 위치한 유서 깊은 여성운동가 루시 스톤의 집이었다. 기증한 사람은 루시 스톤(Lucy Stone)의 딸 앨리스 스톤 블랙웰이었다. 루시 스톤은 여성 참정권론자의 선구자였고 매사추세츠에서 학사 학위를 받은 최초의 여성이었다. 그녀는 일생을 바쳐 여성 참정권을 옹호했을 뿐 아니라 노예 폐지론을 지지했으며 매사추세츠주 우스터에서 열린 최초의 '여성 인권 운동 전국회의'를 주도했다.

이제 그녀의 용감한 정신은 그녀의 옛 저택과 수목으로 그늘진 지대가 수많은 빈민가의 어린이와 혹사하고 있는 어머니들 그리고 병든 아기들에게 여름철 나들이와 햇빛과 휴식, 건강에 좋은 휴양 그리고 맑고 깨끗한 공기를 누릴 수 있는 기회를 제공하게 했다.

1930년대에 떠돌아다니는 소년들과 청년들에게 도움이 절실하다는 것을 모건 기념관은 알고 있었다. 에드거와 무어의 마음을 오랫동안 아프게 했었던 일이었다. 떠도는 청년과 소년들의 인원수는 상당히 많았고 그들은 경제 공황이 덮친 후에 수년간을 마치 길 잃은 군부대같이 이 도시를 저 도시 방랑하며 다녔다. 그들은 떠돌아다니는 것이 익숙한 소년들이 아니었다. 다시 말해 방랑은 그들에게 있어 새 경험이었다. 그들 중 많은 청년과 소년은 여행자 후원 협회, 법원 보호 관찰 부서들 그리고 아동 보호 단체들과 같은 사회복지 기관들이나 혹은 성직자들에 의해 모건 기념관으로 보내졌다.

"일자리를 주세요." 그들은 간청했다. 에드거는 그를 찾아와 도움을 청하는 이들에게 늘 일자리 그 이상의 것, 즉 새 삶을 시작할 수 있는 기회를 주고 싶어 했다. 그런 이유에서 저 방랑하던 소년들에게 세비 복지관에서 방 하나를 주는 것 이상의 무언가를 제공해주어야 했다. 물론 수년간 떠돌아다니던 사람들이나 오래된 공동주택가의 아직 휴양할 기회를 얻지 못한 이들도 마찬가지였다.

하지만 때는 어려운 시기였고 수많은 길 잃은 소년들과 청년들을 위해 적합한 집이 될 만한 건물을 세우려면 엄청난 자금이 필요할 것이었다.

"인력을 이렇게 낭비하다니 얼마나 큰 비극인가요." 무어가 슬프게 말했다. "이 아이들이 가지고 있는 장점들을 보여줄 수 있는 기회가 정말 없단 말인가요?"

그러다가 피할 수 없는 '운명으로 이어지는 황금 실'의 사건이 찾아왔다. 어느 날, 헬름스는 신문에서 우연히 한때 보스턴에 살았던 브루클린 출신의 은행가 찰스 헤이든(Mr. Charles Hayden)********이 청년들과 소년들을 돕기 위해 9천만 달러를 남겼다는 기사를 보게 되었다.

그다음 알게 된 사실은 미스터 윌러드 헤이든(Mr. J. Willard Hayden)이 해당 자금을 관리하는 위원회의 일원이라는 사실이었다. 마침 무어의 친구 미스터 호더(Mr. Hodder)가 이 중요한 사람의 회사와 연계가 있었다. 그래서 곧바로 모건 기념관에서 소년들을 위해 지을 건물에 대한 문서를 호더에게 보냈다. 호더는 기회만 있으면 이 내용을 헤이든에게 넘겨줄 것이고 가능하면 면담의 자리도 주선해보겠다고 약속했다. 호더는 약속을 지켰고 애타게 기다리던 프레드 무어는 찰스 헤이든 재단에 직접적으로 도움을 청할 수 있는 소중한 기회를 얻게 되었다.

그러는 동안, 에드거는 불가능도 가능으로 바꿀 수 있다는 그의 평소 신념대로 그들의 산업 건물 옆에 있는 땅을 얻어냈다. 그리고 건축가에게 집이 없는 소년들을 위한 건물 3개의 설계도를 그려달라고 부탁했다. 그가 정말 원했던 건물은 세 번째 설계도가 보여준 7층 높이의 멋진 체육관과 지하 볼링장 그리고 취미 생활을 즐길 수 있는 공간들이 있는 건물이었다.

******** 찰스 헤이든(1870~1937)은 미국의 자수성가형 은행가이자 사업가이고 자선가다. 구리광산업 투자로 큰 부를 이룬 그는 프랭클린 루스벨트 대통령의 부탁을 받고 미국 보이스카우트 연맹의 회장직에 있었다. 그는 또 자선가로서 적십자, 소년 클럽, 병원과 뉴욕에 있는 아이들을 위해 많은 기부를 했고 지금까지도 찰스 헤이든 파운데이션이 뉴욕과 보스턴의 아이들을 위해 운영되고 있다. – 위키백과 출처

하지만 그것이 너무 무리한 기대라면 4층 높이를 그린 두 번째 설계도가 있었다. 만일 이것도 아니라면 단 2층 높이지만 시멘트 기반으로 짓기 때문에 나중에 감당할 수 있을 때 층을 높일 수 있는 첫 번째 설계도가 있었다.

그들은 희망을 품고 헤이든을 찾아가 설계도들을 보여주었다. 아주 작은 격려와 함께 그는 심사숙고하겠다고 말했다. 그리고 어쩌면 뉴욕에 있는 찰스 헤이든 재단의 위원회에서 이 문제를 다룰 수 있을지도 모른다고 이야기했다.

그는 "어쩌면"이라는 말을 사용했다. 에드거와 무어는 6개월간의 불안한 정적 때문에 슬픈 시간을 보내고 있었다. 그들의 필요를 이후에 헤이든에게 몇 번이고 이야기했지만, 아무런 대답이 없었다. 그들의 바람은 헛된 것 같았다.

하지만 마침내, 헤이든이 미스터 무어에게 전화를 걸어왔고 뉴욕에 가서 그 문제를 그의 위원회와 논의하겠다고 말했다. "무어." 그가 권고했다. "한 푼도 못 받을 수 있으니 너무 기대하지는 말아요. 하지만 12시 정도에 뉴욕에서 전화할 수도 있으니 기다려 보세요."

무어는 거의 포기한 채 전화기 옆에서 기다렸는데 정오가 되자 전화가 울렸다. 윌러드 헤이든이었다. "무어, 내일 아침에 제 사무실로 오시면 그 건물을 지을 자금 13만 달러와 가구 비치 비용 5백 달러를 드릴게요. 건물 이름은 '소년들을 위한 모건 메모리얼 찰스 헤이든 굿윌 숙

소년들이 교육받고 있는 모습

소'입니다."

이 건물은 1938년에 세워졌고 그 후 수년간 수천 명의 소년이 그곳을 통해 진정한 자신의 모습을 찾아갔다. 그들은 더 이상 목적 없이 떠돌아다니지 않게 되었다. 어떤 아이들은 얼마간 있다가 부모에게 돌아갔다. 다른 아이들은 교육 과정을 수료하고 또 성실하게 일하여 생계를 꾸려나가기 위한 전문 훈련을 받기 위해 그곳에 머물렀다.

소년들 대부분은 좋은 성과를 거두었다. 그들은 의사, 변호사, 교사, 사회복지사, 프로 음악가, 보험 설계사, 인쇄공, 화가, 건설업자 그리고 사업가로 성공했다. 또 나환자 요양소의 선교사에서부터 창문 닦기 일을 하는 사람까지 각양각색의 분야에서 일을 하고 있었다.

다음 해에는 에드거가 굿윌 작업장을 시작하면서부터 간절히 소원했던 건물이 세워졌다. 직원 중에는 특별히 장애가 있는 사람들이 있었는데 그들에 대한 훈련은 좀 더 많은 시간과 관심이 필요했다. 이 시간이 걸리는 훈련을 장애인들에게 제공하는 것이야말로 필수적인 일이었다. 왜냐하면, 직업 훈련을 가장 필요로 했던 사람들이 장애인들이었기 때문이다.

어느 여름날, 해리 노이스(Mrs. Harry K. Noyes)라는 부인이 다른 사람들과 함께 사우스 아톨을 방문했다. 그녀는 오랫동안 모건 기념관의 장애인 프로그램에 관심을 가지고 있었는데 그때는 특별히 더 관심이 있었다. 그녀는 캠프 기간에 찰스 헤이든 굿윌 마을의 소년들을 만나서 이야기를 나누었다. 얼마 전까지만 해도 미래에 대해 아무런 계획이 없던 그들은 미래에 대한 계획들에 무한한 열정을 가지고 있었다.

그녀는 굿윌 작업장에 있는 장애인들에게 돈을 벌 수 있는 능력, 즉 자급자족할 수 있는 미래를 부여하고, 그녀의 남편을 추모하는 의미로 모건 기념관에 워싱턴 거리에 위치한 건물을 산업 훈련의 목적으로 기증하기로 결심했다. 그리고 바로 그곳에서 시각장애인, 심각한 소아마비와 뇌성마비를 지닌 사람들이 교사들과 훈련생들의 무한한 인내심 아래 마침내 공공 복지기금이 아닌 자신의 힘으로 급여를 받을 수 있는 기술을 배우게 되었다.

입하고 있는 시각 장애인, 소아마비 장애인, 시체 장애인

23.

사랑과
섬김의
삶이었다

1940년대 초, 히틀러가 유럽에 진군할 당시 이제 70대 후반으로 접어든 에드거는 몸이 지칠 뿐 아니라 아프기까지 한 상황이었다. 그는 죄와 가난 그리고 인류의 고통과 끊임없는 투쟁을 했고 새로운 굿윌 인더스트리를 추진하고 발전시키기 위해 세계 여행까지 했기에 그의 건강이 나빠질 수밖에 없었다. 오직 그와 친한 친구들만이 그가 몇 년 동안 건강이 좋지 않았다는 사실을 알고 있었다. 대중들 앞에서 그는 유쾌하고 언제나 미소를 보이는 키가 큰 사람이었지 얼굴에 피곤한 주름이 가득하고 넓은 어깨가 축 처져있는 사람이 아니었다.

세계는 변하고 있었다. 산업도 마찬가지였다. 1930년대의 경제 공황이 있기 전에는 섬김의 대상이 대부분 경제적으로 가난한 이들이었다. 이제는 연방 및 주 정부에서 가난한 사람들을 위해 제공하는 구제 프로그램들이 활성화되어 굿윌에서는 신체적으로나 다른 부분에 장애가 있는 사람들을 더 주목하기 시작했다.

에드거의 정책은 항상 그랬다. 그는 다른 사람들을 위한 길잡이였고 사람들이 따라오면 다음 것을 진행했다. 1940년대의 굿윌은 구제에서 자활로 바뀌었다.

에드거는 유럽 전쟁이 미국에까지 확산되면서 신체적으로 정상인 노동자들과 경쟁할 수 없는, 전쟁에 참전했던 상이군인들이 보호받을 수 있는 작업장으로 돌아올 것으로 예측했다. 따라서 그들을 위한 일자리에 대한 수요는 훨씬 더 커질 것으로 내다보았다.

"우리는 이 국가적 문제를 해결할 준비가 되어있어야 합니다." 그가 강력하게 권고했다. "우리는 이 일을 하기 위한 정책과 목표는 늘 가지고 있었습니다. 이제 우리에게 필요한 것은 설비와 훈련된 인력입니다."

그래서 에드거는 악화된 건강 문제를 가까운 사람들을 제외한 모든 이에게 숨긴 채 신체적으로, 정신적으로 그리고 사회적으로 장애가 있는 사람들을 위해 빠른 사회 복귀 프로그램을 제작했다. 그리고 이 프로그램은 오늘날 세계에서 가장 큰 규모와 최고의 설비를 갖춘 프로그램 중 하나가 되었다.

에드거는 낭비되는 것은 전부 싫어했는데 특히 전쟁으로 인한 낭비는 더 그랬다. 1941년 12월 7일, 진주만(Pearl Harbor) 사건이 미중립에 대한 모든 희망을 깨뜨렸다. 미국 전체는 곧 '승리를 위한 수집'에 집중했다. 다음과 같은 지시가 내려졌다.

"생산관리국에서는 모든 굿윌 인더스트리에 구제 물품 및 다른 버리는 물품들에 대한 수집을 가능한 한 빨리 더 늘리라고 건의했다. 새로운 원료로 가공하는 데 필요한 종이, 해진 천, 금속과 고무들이 있었다. 굿윌 인더스트리에서 다른 폐기 물품들을 수선하는 일은 소비 물자를 절약하는 데 도움이 될 것이다."

에드거는 당시 굿윌 인더스트리의 리더로 있는 미스터 프리드먼에게 인사하기 위해 피곤한 눈을 치켜떴다. 그가 1941년의 연차 보고서를 가지고 온 것이었다.

"에드거 헬름스 박사님, 잘 지내셨습니까?"

"네, 잘 지냈어요. 고마워요. 미스터 프리드먼, 여기 앉으세요. 우리가 장애인 노동자들을 위해 진행하고 있는 새로운 훈련 프로그램은 어떤가요?"

"훌륭합니다! 그건 정말 때와 방법이 딱 맞아떨어진 거라고밖에 볼 수 없습니다. 1941년에는 3만 5천 명의 노동자들을 고용했고 개인 사업체에는 만 명이 넘는 인력을 배정했습니다. 올해는 더 좋아질 것입니다. 훈련된 노동자 모두가 산업의 일부분이 되어야 합니다. 여기 회계 보고서입니다."

"흠…, 총수입이 6백만 달러를 넘었네요!"

"에드거 헬름스 박사님, 그 출처들도 있습니다. 매장 매출이 있고 모금 운동과 기증도 있습니다. 그리고 우리가 망각하지 말아야 할 사실이 있습니다. 바로 전국의 2백만이 넘는 주부들이 기증해준 폐기 물품들로 인해 이 사업이 이토록 크게 발전했다는 것입니다."

에드거의 피곤한 눈에 다시 웃음기가 보였다. 그가 싱긋 웃으면서 말했다. "있잖아요, 난 어떤 젊은 사회복지사가 '해진 천과 낡은 종이들 위에 세운 굿윌 인더스트리는 극심한 재정적 위기 그 자체'라고 했던 말을 잊을 수가 없어요. 그로부터 37년이 흘렀네요."

"해진 천과 낡은 종이들…." 프리드먼이 되뇌었다. "이건 정부가 전에 우리에게 구제 물품 수집을 늘려달라고 했던 요청을 생각나게 하네요."

머리를 끄덕이던 에드거의 흐려진 두 눈은 기발한 아이디어로 인해 빛나고 있었다. 그는 마지막까지 더 나은 세상을 만들기 위해 노력할 것이었다.

"미스터 프리드먼, 그거 알아요?" 에드거는 이야기했다. "굿윌 인더스트리는 전쟁 기간과 그 후에 가장 큰 상황에 직면하게 될 거예요. 하지만 어떤 일이 일어나든지 각 사람에게 있는 인간의 가치와 영적 가치는 항상 첫 번째가 되어야 해요."

프리드먼은 병든 그의 최고 상관을 다정한 눈길로 바라보았다. 그는 보고서들을 걷으면서 대답했다. "헬름스 박사님, 우리는 당신이 보여준 본보기를 따르면 됩니다. 굿윌 인더스트리는 계속 세계와 함께 성장해 나가야 합니다."

"그렇게 되길 바랍니다." 에드거가 나직이 말했다. "그렇게 되길 바랍니다."

에드거는 이듬해인 1942년 12월 23일에 세상을 떴다. 그의 나이 79세였다.

천5백 명이 넘는 사람이 그가 세운 아름다운 모든 민족을 위한 교회에서 거행된 그의 장례식에 참석했다. 보스턴의 상류층과 그와 가까웠던 사람들 그리고 신체적으로, 정신적으로 그리고 영적으로 장애가 있었으나 그로부터 희망과 도움을 받고 살았던 사람들이 함께했다.

에드거의 장례 예배는 모든 민족을 위한 교회의 여러 명의 목사가 같이 진행했다. 에드거와 40년 이상을 함께 사역했으며 과거에 이 교회에서 에드거의 열두 번째 아이이자 일곱 번째 아들인 리처드에게 세례를 받는 영예를 안겨준 흑인 복음주의 목사 토마스 벤버리(Rev. Thomas Benbury) 목사가 시편 23편을 읽었다.

성경은 에드거의 절친이자 모건 기념관에서 이탈리아 사역을 담당한 니콜라 노타(Rev. Niccola Notar) 목사가 낭독했다.

찬사는 한때 보스턴대학의 젊은 신학생으로서 한동안 모건 기념관에서 굿윌 자루들을 수거하는 일을 하다가 나중에는 그곳에서 정식으로 일을 배우기도 했었던 브롬리 옥스남 주교(Bishop G. Bromley Oxnam)가 담당했다.

옥스남 주교는 에드거에 대해 이렇게 이야기했다. "전 그를 잘 알고 있습니다. 그래서 그의 소원을 존중하는 의미에서 오늘 제 영혼에 솟구치는 찬사는 올리지 않겠습니다. 찬사가 없는 것이 그의 소원이었습니다. 그를 사랑하는 사람들의 소원이기도 합니다."

그는 말을 멈추고 세계적으로 유명한 모든 민족을 위한 교회의 고전적인 아름다움을 둘러보았다. "이곳에서는 말이 따로 필요 없습니다." 그가 말했다. "벽들이 스스로 말해주고 있습니다."

수많은 조문객 중에 서 있던 프레드 무어는 그의 둘도 없는 친구이자 동역자였던 에드거를 잃은 것에 대한 슬픔으로 인해 마음이 무거웠다. 이제 에드거가 함께하지 않는 상태로 그 사업을 계속 진행해나가야 하는 사람들에게 그의 임종의 말을 어떻게 전한단 말인가?

1943년 1월 15일에 프레드 무어는 미국에 있는 굿윌 인더스트리의 모든 임원에게 편지를 썼다. 그는 편지에서 '지난 2년간 매주 에드거를 방문했는데 그때마다 에드거가 모건 기념관과 굿윌 인더스트리의 사업에 관해 이야기하고 싶어 했다'라고 말했다. 에드거는 무어가 어떻게 해서든지 그가 크게 우려하고 있던 문제들을 그의 '굿윌 사람들'에게 이야기해주길 바랐다.

그래서 이 편지가 있는 것이었다. 그들이 사랑하는 리더가 그들에게 보내는 마지막 말이었다. 에드거는 그들이 굿윌 운동이 시작된 목적에 충실하길 원했다. 그렇지 않으면 그들도 '그저 또 다른 사회복지 단체'가 되는 위기에 처하게 될지도 모른다고 전했다.

무어는 이렇게 썼다. "그는 세상을 떠나기 하루 전에 매우 안타까운 표정으로 제게 말했습니다. '프레드, 내가 시작한 사업에 관련해 매우 염려되는 부분이 있는데 바로 종교적 특성은 절대 지켜져야 합니다. 만약 신앙적 원동력이 사라지게 되고 물품들과 사회복지 부분에만 몰두하게 되면 예배당 사역이 중단되고 우리 사업장에 와서 일하는 사람들의 영적인 부분에 소홀히 하게 될 겁니다.'

그런 다음 그는 침대에서 몸을 일으켜 팔꿈치로 지탱하면서 아주 단호하게 말했습니다. '프레드 무어, 난 하나님께서 그런 일을 허락하시지 않으시길 바라지만, 단언하는데 만약 그런 날이 오게 된다면 굿윌 운동은 사라질 것입니다!'"

무어가 작성한 바에 따르면 연로한 그들의 리더가 늘 마음에 담아두었던 문제가 하나 더 있었다. 바로 굿윌 사람들에 대한 훈련이었다. 그가 강조하기로는 그 사업에 선택된 사람은 어느 누구 할 것 없이 반드시 훈련을 받아야 했다. 영업 부문과 버리는 물품들을 다루는 일뿐 아니라 진정한 기독교 사역 부분도 포함했다.

무어가 밝힌 바로는 에드거가 의식이 있는 상태에서 취한 마지막 행동은 그들에게 보내는 크리스마스 메시지를 구술한 것이었다. 그 편지를 두 번의 낭독하고는 그가 말했다. "네, 맞아요. 지금 내가 할 수 있는 말은 그게 전부예요…. 프레드, 우리 같이 기도할까요?"

기도를 마치고 난 그는 심히 피곤해 보였다. "많이 안 좋은가요?" 무어가 물었다. "네." 그가 나직이 대답했다. "의사들은 내가 지금 어떤 상황인지 모르는 것 같아요."

그러다가 잠깐 의식이 또렷해진 것 같았다. 그는 무어의 손을 잡고 그에게 웃어 보이며 이야기했다. "하지만 프레드, 어쨌든 다 괜찮아요."

그것이 그의 마지막 말이었다. 그는 곧 의식을 잃었고 몇 시간 후 세상을 떠났다.

미국 전역의 굿윌 인더스트리 임원들은 프레드 무어의 편지를 읽었다. 그리고 그들은 세상이 어떻게 돌아가든 간에 사랑하는 그들의 리더 에드거의 말처럼 '어찌 되었든 다 괜찮다'는 것을 알고 있었다.

에드거는 모든 '굿윌 사람들'에게 유언을 남겼다. 이는 1952년 3월 6일, 매사추세츠주 보스턴 굿윌 인더스트리의 50주년 기념식에서 낭독되었다. 그 내용은 다음과 같다.

"저, 에드거 제임스 헬름스는 종종 굿윌 인더스트리의 창시자로 언급되어 왔습니다. 엄밀하게 말해서 이것은 진실이 아닙니다. 굿윌 인더스트리의 창시자는 천9백 년 전, 갈릴리 산에서 말씀을 전하시고 제자들에게 '남은 조각을 거두고 버리는 것이 없게 하라'고 명하신 인류의 주인이십니다. 그분의 제자들인 우리는 '가서, 너도 이와 같이 하라'는 명령을 받았습니다. 우리는 그분으로부터 '잃어버린 자를 찾아 구원하라'는 진격의 명령을 받았습니다. 그분은 우리가 말 그대로 '주린 자들을 먹이고 벌거벗은 자들을 입히며 병든 자들과 옥에 갇힌 자들을 찾아가는 것'을 원하십니다.

우리 굿윌 인더스트리에서는 최고의 기준과 최선의 방법들을 유지하며 인간의 가치와 영적 가치를 최우선으로 생각합시다. 우리 굿윌 인더스트리의 50년 역사 동안 우리는 세 번의 경제 공황과 두 번의 세계 전쟁을 겪었습니다. 우리는 매우 잘해왔지만, 더 잘할 수 있습니다.

굿윌 인더스트리는 비즈니스 플러스(business plus)입니다. 이는 이익이 아닌 봉사를 위해 존재합니다. 굿윌 인더스트리는 사회복지 사업 플러스(social service plus)입니다. 이는 자선이 아닌 기회를 제공합니다. 굿윌 인더스트리는 종교 단체 플러스(religious organization plus)입니다. 이는 인종, 종교 또는 국적에 상관없이 불쌍한 자들을 실질적으로 섬기기 위한 곳입니다.

굿윌의 친구들이여, 여러분 주변에 있는 모든 장애인과 불우한 사람이 자신의 역할을 충분히 발휘할 수 있는 기회를 얻고 최대한의 풍족한 생활을 즐길 수 있을 때까지는 만족하지 마십시오.

여러분은 좋은 출발점에서 시작했지만, 이것을 기억하십시오. 어떤 어려움이나 문제들에 직면하더라도 하나님의 나라를 위해 일하면 실패란 없다는 것을 항상 기억하십시오. 과거는 서막입니다. 미래는 여러분들의 손에 있습니다."

일러두기

저, 베아트리체 플럼은 모건 기념관 주식회사(Morgan Memorial, Inc.)의 사무국장이자 돌아가신 에드거 제임스 헬름스(Edgar James Helms) 박사의 아들인 헨리 헬름스 목사가 제게 풍부한 자료를 제공해준 것에 감사합니다. 그리고 제가 매사추세츠주 보스턴에 위치한 굿윌 인더스트리를 방문했을 때 제게 보여준 친절함에 깊은 감명을 받았습니다.

워싱턴 D. C에 있는 미국 굿윌 인더스트리 주식회사(Goodwill Industries of America, Inc.)의 부사장인 트레블덴 박사의 유익한 비평과 따뜻한 격려에도 감사드립니다.

저는 엄청난 크기와 무게로 인해 운반대를 사용해야 책상까지 옮길 수 있었던 프레드 자파스의 귀중한 책부터, 제가 앞치마 호주머니에 넣고 다녔던, 프레드 무어가 그의 84번째 생일에 작성한 작은 소책자 등 제게 도움이 되어준 여러 책에 감사함을 전하고 싶습니다.

그 훌륭한 자료집들 중에는 다음과 같은 책들이 있습니다.

PIONEERING IN MODERN CITY MISSIONS, by Edgar James Helms.

THE REDEMPTION OF THE SOUTH END, by E. C. E. Dorion.

THE HOUSE OF GOODWILL, by Earl Christmas.

THE GOLDEN THREADS OF DESTINY, by Frederick C. Moore.

PROSPECTUS AND MANUAL OF MORGAN MEMORIAL, 1922.

THE GOODWILL INDUSTRIES, A MANUAL, 1935.

WALKING WITH GOD (Edgar Helms and The American Scene), by W. J. Smart.

LIFE STORY OF EDGAR JAMES HELMS AND HISTORY OF GOODWILL INDUSTRIES OF AMERICA, 1962, by Fred C. Zarfas.

Also the script of the radio play, *THE MAN OF GOODWILL*, produced by The Little Blue Playhouse over WJZ, New York, Dec. 19, 1942.

LIFE WITH FATHER, dramatic sketch, written by Henry and Eugenia Helms for the Golden Jubilee of Goodwill Industries of America, 1952.

A GOODWILL STORY, by Murial Moore Gessner, daughter of Fred Moore, which appeared as a serial in *TRAILS FOR JUNIORS*, in 1964, and gave additional material not found in other sources.

BOSTON WAYS, HIGH, BY AND FOLK, by George F. Weston, Jr.

사명선언문

너희가 흠이 없고 순전하여……세상에서 그들 가운데 빛들로
나타내며 생명의 말씀을 밝혀 _ 빌 2:15-16

1. 생명을 담겠습니다
만드는 책에 주님 주신 생명을 담겠습니다.
그 책으로 복음을 선포하겠습니다.

2. 말씀을 밝히겠습니다
생명의 근본은 말씀입니다.
말씀을 밝혀 성도와 교회의 성장을 돕겠습니다.

3. 빛이 되겠습니다
시대와 영혼의 어두움을 밝혀 주님 앞으로 이끄는
빛이 되는 책을 만들겠습니다.

4. 순전히 행하겠습니다
책을 만들고 전하는 일과 경영하는 일에 부끄러움이 없는
정직함으로 행하겠습니다.

5. 끝까지 전파하겠습니다
모든 사람에게, 땅 끝까지, 주님 오시는 그날까지
복음을 전하는 사명을 다하겠습니다.

서점 안내

광화문점   서울시 종로구 새문안로 69 구세군회관 1층
02)737-2288 / 02)737-4623(F)

강남점   서울시 서초구 신반포로 177 반포쇼핑타운 3동 2층
02)595-1211 / 02)595-3549(F)

구로점   서울시 동작구 시흥대로 602, 3층 302호
02)858-8744 / 02)838-0653(F)

노원점   서울시 노원구 동일로 1366 삼봉빌딩 지하 1층
02)938-7979 / 02)3391-6169(F)

분당점   경기도 성남시 분당구 황새울로 315 대현빌딩 3층
031)707-5566 / 031)707-4999(F)

일산점   경기도 고양시 일산서구 중앙로 1391 레이크타운 지하 1층
031)916-8787 / 031)916-8788(F)

의정부점   경기도 의정부시 청사로47번길 12 성산타워 3층
031)845-0600 / 031)852-6930(F)

인터넷서점   www.lifebook.co.kr